尘封的历史
汉学先驱邓嗣禹和他的师友们

彭靖 著

壹嘉出版
1 Plus Books

尘封的历史：汉学先驱邓嗣禹和他的师友们 彭靖

©彭靖 2018

本书平装版由彭靖授权壹嘉出版公司在美国独家出版
所有权利保留

ISBN：9781949736007

出版人：刘雁
装帧设计：Lan Gao
出版：壹嘉出版/1 Plus Publishing & Consulting
定价：US$ 32.80
美国·旧金山·2018
www.1plusbooks.com
contact: 1plus@1plusbooks.com

  彭靖，邓嗣禹外孙，教授级高工、管理学博士，曾在大连、上海等地国内著名企业、上市公司担任常务副总裁、总裁助理职务，兼任北京大学、香港国际商学院特聘（客座）教授、中国传记文学协会会员，上海市政府专项资金评审专家、政府采购评审专家，"中山讲堂"、"天一讲堂"、"龙江讲堂"、"泰达文化讲坛"等特邀嘉宾。38岁时获得正高职称，2017年1月，入围"2016年中国经济发展杰出人物"，2017年11月，以杰出人才移民身份获得美国绿卡。

  近年，主要从事东方管理理论、科举制度、美国汉学家研究，曾出版《家国万里》、《一代英才邓嗣禹》、《中国历史的海外观察》等多部书籍。在海内外著名刊物、报纸上发表学术论文、传记文学作品100余篇。曾获得过"第十届丁玲文学奖"，入选"2014年不应该错过的108本好书"。在宁波"天一讲堂""龙江讲堂"主讲"科举制度与中国文化软实力"、"中国旧制度影响新美国"；为北大EMBA总裁班主讲"商业模式与创新发展"、"毛泽东军事谋略与企业商战"等课程，为复旦大学、上海企业家联合会主办的"全国管理咨询师考前培训班"授课，深受广大学员与听众的好评。

1950年邓嗣禹在哈佛大学

1943年6月，邓嗣禹（右）在芝加哥大学接待第一批到美考察的著名学者费孝通（左）、金岳霖（中）

1982年邓嗣禹（左二）与王伊同（左一）、周一良（右一）在美国匹兹堡大学合影

1956年邓嗣禹（左）与女儿邓同兰（中）在香港合影

作者与母亲（右二）、妹妹（右一）在周原馆长陪同下参观芝大东亚图书馆

作者与母亲在美国馆员陪同下，访问印第安纳大学东亚图书馆并在外公纪念牌匾下留影

作者（右一）与芝大东亚图书馆周原馆长（右二）作学术交流

作者在广东"中山讲堂"的讲座结束后，听众要求签名的场景

2017年2月，作者在广东"中山讲堂"作学术讲座

2018年3月，作者在天津"泰达文化讲坛"作科举演讲

目 录

推荐序/张平
自 序 1

燕大师友往事

冯友兰的燕大往事 8
顾颉刚与邓嗣禹在燕京大学的岁月 15
教会大学史上的一座丰碑
　　——评陈远的《燕京大学，1919-1952》 25
洪业对燕京大学学科建设与人才培养的贡献
　　——《洪业传》中未曾提及的事项 29
斯诺在燕京大学鲜为人知的往事 37

典籍英译

林语堂：鲜为人知的《红楼梦》译著与红学情结 46
《中国哲学史》联结中美韩的学术纽带 52
李剑农与英文版《中国近百年政治史》 62
《中国政治史》英译本背后的故事 68
《颜氏家训》英译及其传播意义 71

大师风采

裘开明：美国第一位华裔图书馆馆长 81
"胡适聘我在北大任教" 88
邓嗣禹：中国科举学领域的"陈景润" 96
他们令芝加哥大学成汉学重镇
　　——邓嗣禹、董作宾、钱存训在芝大 106
赵元任、胡适、费孝通、金岳霖等给美军上课
　　——二战期间美国陆军特训班中的中国学者 116
胡适与邓嗣禹在四十年代的交往 126
裘开明与邓嗣禹未刊往来信札 139
钱存训、邓嗣禹往来信札（为文集补遗）161
杨联陞与邓嗣禹：在美国的学术交往与汉学研究 170
追忆钱存训先生 187
林语堂：中国首位诺贝尔文学奖提名者的多彩人生 193
胡适故居：留给上海的遗憾与期待 207

费正清研究

胡适对于青年费正清的影响 214
费正清与中国鸦片战争研究
　　——纪念费正清诞辰111周年 217
美国汉学家费正清的中国情结 228
二战期间费正清夫妇推动中国学者访美始末 236
费正清与他的首位弟子白修德 246
尘封的历史
　　——邓嗣禹与费正清50年合作内幕 254
费正清首部中文著作出版始末 285
促进中美交往的美国学者费正清 292

师友佳话

顾立雅与邓嗣禹:美国第一代汉学家鲜为人知的学识与交往 303
《清代名人传略》谱写中美两代史学家交谊佳话 316
《明代名人传》续写中美史学家合作佳话 323
《我与中国》作者:特里尔眼中的毛泽东与江青 331
美国学者视野中的毛泽东与中国革命 341
邓嗣禹与芝加哥大学早期中文教学
　　——纪念邓嗣禹先生诞辰110周年 352
六十年前邓嗣禹与贝德士之间的一场激烈争辩 364
威廉·麦克尼尔:奥巴马总统颁发过大奖的历史学家 373

附:胡适出生地考证 385
后　记 390

推荐序

欣悉北大EMBA总裁班客座教授、教授级高工，彭靖博士的新著《尘封的历史》即将由美国壹嘉出版公司出版。我很赞赏该著的写作风格，通过以其外祖父邓嗣禹先生的人生经历作为主线，将众多留美学者与燕京大学、哈佛大学、芝加哥大学串联在一起，揭示了这些著名学者在西方世界不为人知的交往与学术成就，在世界文学、历史领域作出的杰出贡献，以及他们对于传播中国文化，讲好中国故事的感人事迹。该著所考证出的众多史实，可为国内从事汉学研究的学者提供丰富、可借鉴的史料。

彭靖博士的另外一个身份，他还是上海民盟的成员。书中介绍的许多著名学者，如费孝通、冯友兰、金岳霖等，都曾是中国民主同盟早期的重要领导与前辈。其中，费孝通先生是中国社会学和人类学的奠基人之一，历任民盟第五、六、七届中央委员会主席。第七、八届全国人民代表大会常务委员会副委员长；冯友兰先生是中国现代史上杰出的思想家、哲学家，是对中国学术史、中国思想史、中国哲学史诸多领域做出了重大贡献的伟大学者，民盟中央常委；金岳霖先生也是中国著名的哲学家、逻辑学家，曾任清华大学文学院院长，民盟中央委员、常委。彭靖出版这本书的另外一个目的，相信他也是为了表达对于民盟前辈的一种敬意。

在中国现代史上，中国民主同盟曾一度是仅次于国民党、共产党之外的第三大政党。在挽救民族危亡、实现战后和平等诸多方面，民盟都发挥过重要作用。毫无疑问，伴随着中国现代化的向前推进，民盟也必将大显身手，承担起重要历史使命。研究民盟这些早期的重要领导人物，可为他们编纂文集、编撰年谱、撰写传记提供更多可借鉴的史料。不仅是对他们最好的纪念，更是盟史研究的重要组成部分。因此从一定意义上来说，该书的出版也是对于盟史研究做出了一定的贡献。有感于此，是为序。

张 平

第五届茅盾文学奖获奖作者

民盟中央驻会副主席

2018年8月24日

自 序

中国在改革开放四十年后的今天，有一些历史档案还是被尘封着的。涉及燕京大学的档案资料就是其中之一。但是，许多著名学者的成名作，又都是20世纪30年代在这所大学完成的。如冯友兰的《中国哲学史》、邓嗣禹的《中国考试制度史》、斯诺的《红星照耀中国》等。作者有责任将写作背景与史实告诉读者。

基于家族的背景与渊源，近年作者为了开展对于外公邓嗣禹以及相关汉学家的研究，曾去过国内许多档案馆、图书馆查阅相关资料。尽管燕京大学以档案保存完备而著称，但我遇到的困难出乎意料。我去过上海档案馆、北京档案馆，发现燕京大学的档案大多都被标注为"不开放"。调取、复印民国时期的其它文献资料，必须要经过馆长审阅，签字批准之后才能实施。

我第一次去北京大学图书馆，想查阅1935年邓嗣禹在燕京大学的硕士论文以及燕大的发展史资料。工作人员告知，目前这些资料都归类在"特藏部"，只有经过馆长批准才能查阅。在不得已的情况下，我亮出了我的身份后，他们说：如果读者是燕大教职员工的亲属，也必须提供相关证明才能复制。第二次，我出示了侨眷证、身份证，经馆长签字批准后，才如愿以偿。

外公长期在美国工作与生活，与美国许多著名学者与汉学家有广泛的交往。但是他们的许多回忆录、论文、日记等，国内的图书馆、档案馆是没有收藏的。为了能够获得更多的第一手资料，我曾利用休假的时间，三次去过美国，跟随外公的足迹，寻访他曾经工作过的美国高校和研究机构。我到过美国国会图书馆、芝加哥大学、印第安纳大学，也曾去过新加坡的国家图书馆、南洋理工大学，查询他与师友的交往书信、日记与文献资料。还曾委托在香港中文大学、台湾大学工作的朋友查询、复制所需要的材料。

利用这些来之不易的资料，近年来我先后在海内外十多种著名期刊、报纸上，以纪实文学、散文等体裁形式，写作发表了四十余篇作品，披露许多被尘封的历史，弘扬中国留美学者对于世界汉学研究的贡献。同时，也包括对于"传播中国声音"，并与外公有长期交往的美国著名学者，如费正清、顾立雅、威廉·麦克尼尔、罗斯·特里尔的专题研究文章，可为历史研究学者提供参考与佐证材料。同时，本书也可为希望开启一个阅读新视野，对于文史有爱好的读者朋友，提供全新的阅览空间。

但是，由于期刊、报纸的版面有限，这些文章在发表时，编辑们或多或少地都要对于原文进行删减，有些甚至达到了内容的50%。因此读者在期刊、报纸看到的文章，并非是其"原貌"。此次，感谢美国的壹嘉出版公司，将作者的文章汇编成集，并以全文的形式呈现给读者。

基于上述种种原因，本书最后确认的书名为《尘封的历史：汉学先驱邓嗣禹和他的师友们》。此次选入文集的文章，分为五个专题，分别为：燕大师友与往事、典籍英译、大师风采、费正清研究、师友佳话。

1998年6月29日，美国前总统克林顿来华访问期间，曾应邀到北京大学参加"北大百年校庆"纪念活动。他来到燕园，在贝公楼礼堂讲台前，面对八百多名师生发表演讲。在开场白过后，他着重提到了燕京大学："众所周知，燕京大学校园就是美国传教士创建的，许多建筑都是美国建筑师设计的。从前，很多美国学生和教师来这里学习和授课，我们感觉到与你们有一种特殊的关系。"

从克林顿的演讲词涉及到燕京大学的历史片段中，北大的师生能够看得出来：为了这次北大之行与演讲活动，这位美国总统做了精心的准备工作。克林顿的演讲视频经由电视台直播，引发了海内外中国人对于消逝已久的燕京大学的高度关注。

燕京大学创建于"五四时代"的1919年。1952年，随着中国高等学校的院系调整，燕京大学退出了历史舞台，至今已经消逝近七十年。现在北京大学的所在地，就是原燕京大学的校址。但是，这一段历史并非所有人都十分清楚。

燕京大学在中国教会大学的历史上，有着举足轻重的地位。虽然存在的时间仅有短短的33年(1919-1952年)，但却创造了中国教育史上的奇迹：在不到十年的时间内，从一无所有的"烂摊子"，一跃成为中国乃至国际一流综合性大学；在不长的时间内，为中国各个领域培育了众多顶尖级人才。在两院院士中，燕大学生多达52人，这还未计算获选台湾"中央研究院"院士的人。1979年邓小平访美时，21人的代表团中包含了七名燕京人。因此，燕京大学的历史是值得大书特书的。

本书收录了关于燕京大学，以及在燕大工作过学者的五篇文章，涉及到对于冯友兰、顾颉刚、洪业、斯诺等人的研究，以及与邓嗣禹的交往历史，力图从不同侧面，揭示燕京大学快速发展的动因。

作者的外祖父邓嗣禹，早年曾毕业于燕京大学。他1928考入燕大本科，1935年获得硕士学位，后又在燕大任教二年，1937年赴美国，协助美国著名汉学家恒慕义博士编写《清代名人传略》。他在燕大学习与工作的时间，前后有近十年之久。开展对于他的研究，燕京大学是绕不开的话题。

邓嗣禹（1905-1988年），1928年考入燕京大学史学系，1932年当选燕京大学历史学会主席，同年获得学士学位。大学毕业后，考入燕大史学研究所，1934年任《史学年报》主编，1935年获得硕士学位。在此期间，师从邓之诚、洪业等著名史学家，并留母校任讲师。1938年，他到哈佛大学师从费正清，于1942年获得博士学位，并成为费正清日后的得力助手与长期合作伙伴，两人先后合作出版了《中国对西方的反应》、《清代管理制度：三种研究》等著作，这两种著作长期被哈佛、牛津大学用作教材。邓嗣禹还是最早将《颜氏家训》、《中国近百年政治史》等中国名著译介到西方的华人学者，并被当代著名学者誉为科举学研究领域中的"陈景润"。

邓嗣禹先后历任美国芝加哥大学东亚研究院院长兼远东图书馆代馆长，印第安纳大学历史系主任、东亚研究中心主任、讲座教授，美国亚洲协会理事等职位，并被哈佛大学、香港中文大学等名校聘为客座教授。1972年中美联合公报发表后，他成为随同费正清访问中国的第一批华裔历史学家。

费正清是美国哈佛大学终身教授，美国最负盛名的中国问题观察家，哈佛东亚研究中心创始人。他生前曾历任美国远东协会副主席、亚洲协会主席、历史学会主席、东亚研究理事会主席等重要职务，还曾是美国政府雇员、社会活动家、中美关系政策顾问。费正清致力于中国问题研究长达50年，曾经主持编写过一套15卷容量的《剑桥中国史》。从他进入哈佛大学直到1991年去世，其著作绝大部分都是论述中国问题的。他漫长的学术生涯虽然毁誉交加，但就其崇高的学术地位及巨大的影响力而言，在西方汉学界诸贤中，依然无人能与之比肩。

目前，国内学者虽然对于他的学术成就做过大量研究，但是就作者所掌握的史料来看，关于他的研究仍有许多盲点与空白。由于外公与费正清多年的师友关系，作者认为自己有责任与义务，将有关史实提供给从事相关学者，以及关注费正清研究动态的文史爱好者。

比如，中国"新文化运动的领袖"胡适，为何能对于青年时期的费正清产生影响？费正清出版的第一部中文著作是《美国与中国》吗？抗战时期，美国对于中国的援助，除了经济与军事方面，还有文化方面的援助。有关具体细节有哪些内容，您知道吗？

此次在"费正清研究"一辑中，收录了作者近年分别发表在《中国作家》、《百年潮》、《党史纵览》、《中华读书报》上的七篇文章，以飨读者。

林语堂是我国著名作家、翻译家和语言学家，现代文学大师，也是第一位以英文写作扬名海外的中国作家。他一生著作颇丰，其译作和外语创作多于母语创作，汉译英作品超过英译汉作品，因此在国际上受到广泛关注。但林语堂还曾将中国名著《红楼梦》翻译成英文出版，后来又有多种日文译本，却很少有人知晓，或一直以来表述不详。

实际上，林语堂早于1954年2月，在纽约完成了英文版的《朱门》一书的写作之后，即开始着手将《红楼梦》翻译成英文，1973年11月在香港定稿。但考虑到《红楼梦》故事情境与西方的巨大时空差异，会影响西方读者的兴趣和理解能力，从而影响对于书中内容的接受程度，他所采用的方式为变译，即对于原著进行大量的增减、编缩的变通式翻译，对于《红楼梦》一书进行再创作，英译本书名为 The Red Chamber Dream。

林语堂翻译的《红楼梦》节译本，不但将全书给予适当重组，以便让读者了解整个故事的连贯性，并对原作稍加修改，使故事情节更加合理。本书收录了两篇有关林语堂的研究文章，分别是："林语堂：鲜为人知的《红楼梦》译著与红学情结"、"林语堂：首位中国诺贝尔文学奖提名者的多彩人生"。相信读者阅读过这两篇文章之后，一定会对林语堂有一个全新的认识。

  此外，在这本文集中，涉及到的中国留美学者、美国汉学家还有20人以上，基于篇幅所限在此不便一一介绍。作者将带您回到20世纪中期，徐徐地拉开这些知名人物的人生画卷，用尽可能挖掘到的客观史实，向您展示他们不为人知的丰富经历，以及在世界汉学领域做出的重要贡献。

彭靖

2018年7月27日

01

燕大师友往事

冯友兰的燕大往事

燕京大学在中国教会大学的历史上,有着举足轻重的地位。与其它教会大学相比,燕大成立的时间较晚,但却能一跃成为"教会大学之首"、"世界一流大学",其内在动因则更是值得学者们去探究。冯友兰是我国著名的哲学大师,他的成名作《中国哲学史》也正是在这一时期开始创作的。但目前国内出版和发表的书籍与文章,对冯友兰在这一时期的活动提及的很少,2013年8月出版的《燕京大学》一书(陈远著,浙江大学出版社出版),对燕大哲学系与冯友兰在燕大任教方面的内容则只有只言片语。而论及冯友兰在燕京大学早期的活动,对于研究冯友兰哲学思想的形成,探究燕京大学迅速发展的动因都有着十分重要的意义。

一

1926年2月,应燕京大学哲学系主任,美国学者博晨光(L.C.Porter)

邀请，冯友兰来到燕京大学。当时博晨光还兼任燕大的校务委员会委员。他在哥伦比亚大学教授中文时，与正在哥大学习的冯友兰相识。博晨光到燕大后，聘请冯友兰任哲学系教授兼燕京研究所导师。冯友兰在燕大任教两年半（1926年2月—1928年8月），讲授中国哲学史。这两年多的时间，奠定了冯友兰从事哲学教学和研究的基本方向。后来多次再版、流芳千古的冯著《中国哲学史》一书，也正是在这一时期开始创作的。笔者外公邓嗣禹于1928—1937年期间，在燕京大学学习与任教，曾聆听过冯友兰的哲学课程，十年时间获得了哲学与历史两个学位。受冯先生哲学思想的影响，他于1931年曾在《北平晨报》学园栏目中发表过一篇"儒家之社会政策"的文章。该文章经译成日文后，还曾刊载于日本学术刊物《支那问题》第11期上。

初创的燕大位于北京城东隅的盔甲厂，校舍狭窄，教师和学生为数都少，学校设备简陋，"筚路蓝缕，以启山林"。冯友兰来到燕京大学的时候，该校在北京西郊的新校园还没有修建好，仍在北京城内授课。据《燕大周刊》描述："课堂分布在城里盔甲厂的几栋旧楼里，全校有336个男生，94个女生，教员中有52个是传教士，其余28个中国人"。那时的燕大，只不过是一所名不见经传的教会大学。当时的北京教育界也是非常困难，为数不多的教育经费也被军阀们挪用了，许多学校经常仅能发几成的工资。有一个教授，同时在四个大学里兼课，可是到了年底，四个大学都发不出工资，被称为"四大皆空"。当时在北京，被教育界人士所羡慕的学校只有两所，一所是清华大学，另一所则是燕京大学，只有这两所学校中，教师每月的工资照发。

1919年，燕大的缔造者、美国传教士司徒雷登（1876—1962）担任燕大校长，此后十五年内他十次漂洋过海，以传教士的虔诚、教育家的执著为学校募集捐款，将一所曾以蜗居面貌出现的学校，迅速建成中国乃至世界最美丽的校园之一。在冯友兰到校后的第二年，燕大便迁入了西郊海淀美轮美奂、湖光塔影的新校园。据说，新校址是在清朝王公官僚的一所废园基础上修建的。这座园林原名"淑春园",曾是乾隆的宠臣、大贪官和珅喜爱的园子,民国初期被陕西军阀陈树藩所占有。据冯友兰在《自传》中介绍:"燕京得到这个地基后,就在美国募捐。谁能捐出一座楼的建筑费,这座楼就以他的名字为楼名。对着西本校门的那座楼,原名叫'贝公楼',这座楼规模比较大,是燕京的主楼。"司徒雷登以25万巨款购买地基之后,十分下功夫地将一座美丽的新校园建设于此。校园内大量采用了被焚毁后的圆明园石料和石雕,作为装饰材料。1952年,北京大学与燕京大学合并后,燕大的校址就是现在北大校园中最古老的一部分。不少圆明园的遗物,如一对精美绝伦的汉白玉华表、一对雕刻精美的麒麟、一方雕龙的"云阶"等,至今仍完好无损地保存在北大的校园里。

校址和资金的解决,为燕大的起步奠定了良好的基础。而真正让燕大从一所名不见经传的教会大学跻身为与北大、清华齐名的一流大学的,还是学术水平的迅速提升,以及为此付出努力的一流学者们。早期在中国创办的教会大学,大多是由外籍教师担任,中国教师处于从属地位。司徒雷登认识到,如果不能在短期内改变这一现状,要把燕大办成一流大学便无从谈起。为此他决定从三个方面着手,为燕大招募人才。

首先,他针对过去教会学校所有教师都由教会组织委派的惯例,向纽约托事部提出申请,要求给燕大聘请教师的自主权;第二,为了吸引更多的人才到燕大任教,司徒雷登决定不过问教师的政治倾向、宗教信仰和学术观点,只要有真才实学,具备任教资格,燕大都可聘用;第三,司徒雷登决定从燕大自筹经费中拿出一笔钱,大幅度提高中国教师的待遇,使他们与外籍教师同工同酬。

在刘延芳和洪业相继来到燕大的第二年,燕大宣布正式实行中西籍教职员待遇均等。教授月薪360元,校长亦是如此。1920年代之后,燕大校长改由中国人担任,月薪增加到500元,担任校务长的司徒雷登还是与其他教授一样领着360元的月薪。司徒雷登的这些举措,吸引了一大批在学术界深有影响的大师来到燕园。到20世纪30年代，燕大已是大师云集，在从国外归来的博士、硕士中，除了冯友兰之外，还有洪业、吴文藻、雷洁琼等；在国内享有盛名者，如陈垣、周作人、顾颉刚、钱穆、朱自清等，也相继来到燕大任教。燕大的教师队伍，一下子变得人才济济、名师璀璨。名教授的到来，不仅使燕大比较薄弱的文史专业得到提升，也大大提高了它在中国学术界和社会上的地位。燕大之所以能够在短时期成为国内一流大学，与这批学者的贡献是分不开的（陈远《燕京大学》，第90—91页）。

二

冯友兰到燕京大学后，大体上有一半时间为大学生们讲授中国哲学史课程，另一半时间担任研究所的导师，从事研究工作。与此同时，冯友兰还被北京大学聘为兼职讲师，讲授西洋哲学史课程。教学的需要促使他在中西方哲学两方面进一步下功夫，这些经历为冯友兰日后从事中西方哲学史研究，打下了良好的基础。冯友兰回国之后，他的主观意愿是想向中国介绍西方哲学。然而，燕京大学所提供的客观机缘，使他做了许多向西方介绍中国文化的工作，并且最后归结到研究中国哲学史。

燕大良好的教学环境与稳定的工资收入，也为冯友兰创造了潜心学术研究的条件。在这一段时间里，他首先将哥伦比亚大学完成的博士论文《人生理想之比较研究》翻译成中文，并经多次修改，最后定稿易名为《人生哲学》，于1926年9月在上海商务印书馆出版。在之后的两年时间里，他先后在《哲学评论》、《燕京学报》等著名刊物上，发表了《郭象的哲学》、《儒家对于婚丧祭礼之理论》、《孔子在中国历史中的地位》等多篇学术论文，为创作《中国哲学史》一书积累了大量素材，并形成了此书的雏形。按照冯先生自己所述："我在燕京两年多，在讲课这方面，我开始写两卷本的《中国哲学史》"（《三松堂自述》第65页）。

这一时期冯友兰发表的有关中国哲学史的论文，大多是针对胡适《中国哲学史大纲》上卷内容所发的议论。正是在这种批评性的论文中，冯友兰经过反复思考，酝酿形成了他关于整个中国哲学史的构思和雏形。

胡适的《中国哲学史大纲》只写了上卷，没有写下卷，因此在当时学术界内，不仅有"断头哲学史"之讥，更有"烂尾哲学史"的恶评，这也许和胡适成名太早，牵扯的精力太多有关。不过，冯友兰还是比较谦虚、客观地评价胡适的著作。他认为无论什么事物，都是后来居上，因为后来者可以视先来者为鉴，从其中吸取经验教训。冯友兰肯定，"在中国哲学史研究近代化的工作中，胡适的创始之功，是不可埋没的"（《三松堂全集》第一卷，第213页）。

在这一时期，博晨光还为冯友兰介绍过一份额外的工作，即为当时在北平的外国人自发组织的、每星期一次的中国文化课程，讲授《庄子》。后来由商务印书馆1930年出版的英译本《庄子》，相当一部分就是这项教学工作的成果。其中，"天下篇"是冯友兰与博晨光共同完成的。按照冯友兰所述，"原来说要同博晨光合作翻译的是中国哲学史资料，但他也是燕京的一个忙人，时间不多，只翻译了一篇《庄子·天下篇》，没有正式出版。"（《三松堂自述》第65页）

冯友兰《庄子》英译本前言写于1928年6月，应该是冯友兰离开燕大前的最后一篇作品。从前言所述内容中，我们可以了解到相关信息："现在这个译本虽然只限于《庄子》的前七篇，但可相信它包含着著者主要的见解或观念，加上引言（本是为在北京各处讲课准备的讲稿）和附录（本是为北京《哲学评论》而作），可望对于正确理解道家哲学有所贡献"。从前言结尾的鸣谢部分，我们还可了解到，除博晨光参与过此项工作以外，恒慕义（A. W. Hummel）、吴宓等"都审读过原稿，发现错误，即予改正"。

1936年，博晨光曾与邓嗣禹翻译过英译本的《颜氏家训》，一起讨论翻译的技巧与修辞（该书后来于1968年在英国出版）。在此期间，两人还在燕大共同开设过一门中英翻译的课程（陈润成：《邓嗣禹与战后美国汉学的发展》）。

在华语学校讲授《庄子》的同时，冯友兰还为学校组织了一门"中国文化系列讲座"，每星期一次，邀请了梁启超、王国维、顾颉刚、黄侃等人，这也是一项对于弘扬中国文化颇有意义的工作。但冯友兰"在华语学校只做了一年，以后燕京大学搬到西郊，我也不再到华语学校了"。可以推测，冯友兰在华语学校兼职授课的时间，应该是在1926年7月到1927年夏季之间。

《中国哲学史》（两卷本）后来成为一部划时代的学术成果，被胡适等人称为"正统的哲学史"。这部书给冯友兰带来了极大的名誉，从此奠定了他在中国学术思想的地位。这背后固然凝聚着冯友兰多年的心血，但他的一些思路与资料的运用，则要追溯到他回国后在燕京大学发表的一系列学术论文，以及讲授"中国哲学史"、"庄子"相关课程。这一系列活动，实际也是《中国哲学史》一书的孕育过程。

三

燕京大学在当时北京众多的大学中，以经费充裕、环境优美而令人羡慕。所以从经济和学术研究的条件上来说，冯友兰当时的处境应当是非常不错的。但是燕京大学毕竟是一所教会学校，在冯友兰看来，"教会学校出身的人，总是有一种教会味，其精神面貌，跟中国人办的学校出身的人，有显著不同，"在他内心深处仍有"此处不是久留之地"的感情困扰。

当时，中国的教会学校都是由教会创办与管理，这与19世纪以来帝国主义对中国的侵略活动有着千丝万缕的联系。另一方面，冯友兰在燕大的后期，也渐渐对于美国人博晨光与他合作从事的学术研究中，所投入的精力太少感到不满。他写信给在广东大学当文科主任的北大同学傅斯年，表示燕京并不是他自己"安身立命之地"的想法。

1928年暑假中，历史的机遇终于来临。冯友兰在北大时的同学、哥伦比亚大学时期的朋友罗家伦，被蒋介石任命为清华大学校长。罗家伦初到清华时，只带来了一个秘书，差不多是单枪匹马来的，到任后才开始物色他的接收班底。由于他与冯友兰在美国时过从甚密，又是北大校友，自有一番情谊，于是罗家伦很自然地把正在燕大任教的冯友兰视为"亲信"，从燕大"挖"出来为他所用。冯友兰此时也正愁待在燕京不是长久之计，罗家伦之邀正中下怀，于是一拍即合。而主持燕大校务的司徒雷登也颇具眼力，预见他将来一定要和国民政府打交道，不如做个"顺水人情"，答应放冯友兰离开燕大。于是，作为罗家伦接收班子的成员，冯友兰任哲学系教授兼校务秘书长，踌躇满志地从燕大来到清华，寻觅他由学术转为学术加从政之路。

（原文发表于《联合时报》2014年3月28日，第七版）

顾颉刚与邓嗣禹在燕京大学的岁月
——纪念顾颉刚先生诞辰120周年

顾颉刚（1893—1980）作为现代中国最为重要的历史学家之一，在古代史、古代地理和边疆地理、民俗学和民间文学，以及古籍整理等领域，都取得了极其丰硕的成果。1949年新中国成立之前，他先后在北京大学、厦门大学、中山大学、燕京大学、云南大学、齐鲁大学、中央大学、复旦大学、兰州大学等校执教和从事教学研究工作。其中，以在燕京大学的时间最长，自1929年6月受聘，到1937年7月因名列"抗日分子"黑名单而被迫离开北平，前后有八年多的时间。但目前学界对于这方面的史料却很少有人提及。笔者外公邓嗣禹自1928年考入燕京大学，师从洪业、顾颉刚、邓之诚三位先生，1935年获得硕士学位，并留校任讲师，曾担任历史学会主席、《史学年报》主编等职，1937年受邀赴美参加《清代名人传略》的编写工作，并师从费正清攻读哈佛大学博士学位，他曾见证了顾颉刚在燕京大学工作和活动的全过程。2013年是顾颉刚先生诞辰120

周年,重新梳理和回顾这段历史,以期纪念他对燕京大学史学发展所做出的杰出贡献,同时也可为学界提供更多的研究史料。

一

顾颉刚先生1929年到燕京大学时,他的职衔是"国学研究所研究员兼历史系教授"。他在北大任国学讲师期间,曾与胡适、钱玄同等人书信来往,探讨中国上古史上的一些问题,并于1926年编写、出版《古史辨》第一册,在国内外学术界引起轰动,一年内多次重印,影响深远。当时各大学纷纷设立历史系、国学研究所,历史研究人员和历史系学生人数剧增,其原因之一就是这场历史大讨论所产生的影响。燕大于1928年4月成立国学研究所,所长由著名史学家陈垣担任。经郭绍虞、容庚介绍,顾颉刚来到燕大任教。据《顾颉刚年谱》记载:1929年5月1日"抵平";5月5日"郭绍虞邀赴凡社之宴,同席有陈垣,时任燕大国学所主任"。6月21日至23日"将书籍由大石作寓舍运至燕大"。当时聘请他的还有北大和清华,但他选择了燕大,在《顾颉刚自序》中他曾说,"理由很简单,只为燕京是一个教会学校,我既非教徒,也非校友,不至叫我办事,便可一心一意读书写作,实现我企望的生活。"

顾颉刚对于来到燕京大学也是相当满意的。他在晚年所写《我是怎样编写<古史辨>的?》一文中还说:"当时因为北大欠薪太多,生活太苦,我回到北京后,就去了美国教会办的'燕京大学'。燕大待遇很优,每月给我二百四十元工资,电灯、电话等等,都不要钱,生活很好,我于是每日写作。"由于生活安定、心情舒畅,顾颉刚来到燕大之后,就着手编写《古史辨》第二册。又过了不到一年,第三册就出版了。如果说顾颉刚是因1926年在编写《古史辨》第一册,而在学术上取得了轰动效应的话,在燕京大学八年的时间内,他连续编写、出版了二到五册,就更加说明了他在燕大期间取得的突出成就。第六册后来由罗根泽编辑,由上海开明书店发行，第七册则是顾颉刚离开燕大之后，由童书业在上海编成的。

顾颉刚在燕大期间，先后参与及主办了三种学术刊物：《燕京学报》、《史学年报》、《禹贡》半月刊。编杂志、办刊物，一直是顾颉刚的拿手好戏也是他的特殊偏好。他同时还组建了燕京大学历史学会，并以此来扶持燕大年青学子，可谓甘为青年作嫁衣裳。顾颉刚一受聘，就为《燕京学报》组稿件，到校后他即名列学报编委会成员，并于1929年12月出版了第六期，同时还发表了《周易卦爻辞中的故事》。自第七期起，他接替容庚任编委会主任，直到1934年6月第十五期为止。

燕京大学历史学会成立于顾颉刚到任前的1928年秋，当时正是北京学界重新活跃之际。燕大历史学会是燕京大学历史系师生早年共同参与组织的史学研究机构，与燕大历史学系共生存。在当时北平很多学会无法生存的情况下，这个学会却存在了14年之久，连续出版了12期《史学年报》，并在北方史学界组织的活动中表现异常活跃。围绕着这个学会，聚集了一批日后成为国内外史学大家的著名学者，同时培养了一大批史学人才，深受学界瞩目。

据《顾颉刚年谱》记载，顾颉刚正式加入学会是时间是在1930年10月，也就是说在成立正式会员之前，他就已经默默地为这个学会做了许多工作，如帮助学会联系参观单位，并为《史学年报》提供稿件。1931年《史学年报》第三期出版，就是通过顾氏的关系，由景山书社代为印刷、销售，从而缓解了学会经费紧张的困难。1936年起顾颉刚担任历史系主任，这一时期也是燕大历史学会最活跃的时期，由此可见他在其中的重要作用。

笔者外公邓嗣禹于1928年考入燕京大学历史系，1932年曾任燕大历史学会主席，1934年任《史学年报》主编。1935年他获得燕大历史学硕士学位，任历史学系讲师，并继续担任《史学年报》主编。这一年，他相继在《史学年报》、《大公报·史地周刊》上发表了《中国科举制度起源考》、《城隍考》和《城隍史略》等系列论文,成为国内最早研究科举制度、城隍历史的学者,论文至今仍然被国内外许多学者所引用。同时他也见证了历史学会、《史学年报》从草创到发展的全过程。

二

燕大历史学会大致经历了草创、发展、全盛、维持四个时期,至1941年因日军封闭燕大结束,共存在了14个年头。当时历史系组建学会有三个基本目的:一是为了共同研讨学术,"以发扬史学,整理国故";二是为了辅助历史学系教学;三是为了联络师生感情。《史学年报》在第一期中就对会员提出了三点希望。

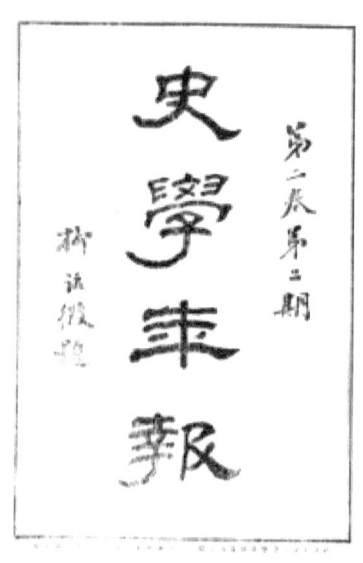

早年出版的《史学年报》

草创时期（1928—1931年）。这一时期学会组织尚不稳定，随时都有终止的危险。成绩比较突出的是《史学年报》的出版工作。学会主席由韩叔信担任，齐思和连续三年主持研究兼出版股工作。1931年朱士嘉担任一年学会主席，并同时负责研究兼出版股工作。

发展时期（1931—1934年）。这一时期韩叔信、齐思和等人先后离开后，学会主席由邓嗣禹、周一良、侯仁之等人相继担任，张维华、翁独健主持研究兼出版股工作。1933年前后，历史学会由"草创时期"进入"发展时期"，此时，洪业返校后参与了学会工作，加上有邓之诚、顾颉刚两位老师的帮助，使学会工作更上一层楼。齐思和后来在回忆录中，特别提到邓嗣禹、翁独健的功绩，他认为这个阶段《年报》能够取得如此成绩，以他们二人居功最高。

在学会的组织、编辑年报等等活动中，学生会员表现出色，发挥了极其重要的作用。如在1934年6月，顾延龙写信给顾颉刚说："邓嗣禹君因公南归，前允《史学年报》之文不能即得，着急异常，嘱商能否即以初稿付印，初稿携南下否？"（详见《顾延龙年谱》），即可见邓嗣禹在其编务工作中的负责精神。

全盛时期（1935—1937年）。在"一·二九"运动之后，日本人在北方的侵略企图越来越明显，国人的危机意识也日益提高。研究本民族的历史，就成为很多青年学生维系、抒发民族感情，以此保存民族文化的重要途径；另外还有很多青年希望从史学的研习中寻找救国图存的道路。各大学报考历史系的人数渐渐增多，旁听历史系课程的青年学生更不在少数。燕京大学历史学会人数也在这样的形势下逐渐多起来。此时期学术成果如何？仅仅人数多不足以称为"全盛"。

维持时期（1937—1941年）。1937年7月7日，抗战全面爆发，7月28日日军侵占北平，"校园里人人惊恐万状，连最荒诞的谣言亦信以为真"。为了保护校园免受日军的破坏，燕大升起了美国国旗，而此前一直只升中国国旗和燕大的三角校旗。外公此时已接到美国国会图书馆的邀请,正准备办理签证赴美,看到旗杆上升起的美国国旗,不由得流下了眼泪。顾颉刚也因为"办通俗读编刊社,宣传民族意识于下层民众,久为日本特务注意"(顾颉刚《西北考察日记》),因此上了日本人的黑名单,不得以匆忙离开北平,辗转到后方,学会进入了维持时期。1938年,学会还专门为纪念学会创建和《年报》创刊十周年,出版了一期特刊。

1934年2月,顾颉刚还与谭其骧等人编辑出版了《禹贡》半月刊,同年5月发起组织禹贡学会,引导燕京、北大、辅仁三校同学,把大家在考察时见到的关于中国地理沿革的材料公布出来,互相交流,共同进步。这份刊物和这个学会团结、培养了一批历史地理人才,并在燕大促成了"边疆问题研究会"的诞生,使学术研究和实际问题进一步结合起来,其中就有顾颉刚的一番苦心。同年8月,邓嗣禹将考察隋唐遗物的材料整理成论文《唐代矿物产地表》,发表在《禹贡》杂志第1卷第11期上;1935年7月,他又将《行省的意义与演变》的论文发表在《禹贡》杂志第3卷10期上,对于禹贡学会的工作给予了大力支持。1934年邓嗣禹还编写了《太平广记篇目引得》一书,由燕京大学引得编撰处出版,由此他成为最早研究太平广记的学者。该书1966年在台北再版,同年被翻译成日文版,精装本由上海古籍出版社1990年出版。《燕京大学图书馆目录初稿——类书之部》一书,于1935年由燕京大学出版社出版,1970、1982年由台北大立出版社二次再版。

这些课外活动是由顾颉刚讲授的《中国古代地理沿革史》课程引发出来的。1936年7月,历史系主任洪业出国,由顾颉刚继任,8月2日他就写信给燕大校方,建议增设《古物古迹调查实习》课程。这门课程每周一次,一个学分,由学校派车,将选课同学送到某古物或古迹所在地,实地参观,由熟悉该古物或古迹的教师负责指导,并当场回答问题。曾在燕大任教,后任全国人大副委员长的雷洁琼,在评价顾颉刚的治学方法时曾说:"他治学有一个特点:即他不只注重高文典册,而且善于实地考察，随处收集材料，裨所学不受书本限制，而收到'多所见闻，用以证明古代史事'之功效"。将古籍考察作为一门课程，可谓创新之举，目前国内各大学的历史系能开设这样的课程也是很少见的。

三

顾颉刚在教学之中，还非常注重与国外汉学家的交流与合作，并引荐他的众多学生参与，这些都对他的弟子们产生过极其重要的影响。如他为第二年级讲授《中国疆域沿革史》时，就亲自请来美国著名的边疆史专家欧文·拉铁摩尔（Owen Lattimore），作关于中国边疆问题的演讲，晚间宴请拉氏时又邀请梅贻宝、邓嗣禹、侯仁之等师生作陪。拉氏是美国著名的汉学家、边疆史学家，曾任蒋介石的政治顾问。他生长于中国，又曾遍访中国的西北边疆，深入中亚细亚地区，在研究西北草原民族和中国历史上的关系，提出过许多新鲜观点，创建了一系列"地缘政治"的概念，对于费正清的博士论文课题研究起到过重要的影响。邓嗣禹后来在哈佛大学、印第安纳大学教学时，多次建议他的学生读拉氏的著作，并给予他很高的评价。

1936年5月，顾颉刚还曾邀请来美国年青汉学家毕乃德（Knight Biggerstaff）、卜德（Derk Bodde）等与燕大师生结识和交流。据《顾颉刚日记》1936年5月30日记载，邓嗣禹曾于当日晚作为主人，在东兴楼饭店宴请毕乃德夫妇、卜德三人，并邀请顾颉刚、朱士嘉等人作陪。卜德于1930年到北平，是第一个领取哈佛燕京学社的奖学金，来中国学习的美国汉学家，他以翻译冯友兰的《中国哲学史》而知名，回国后任教于宾夕法尼亚大学。后来他还曾多次提议，要将邓嗣禹1936年出版的《中国考试制度史》一书翻译成英文，但因为多种原因没能完成。

顾颉刚曾为卜德修改过中文论文，他在1934年10月14日的日记中记道："将卜德（Derk Bodde）所著《左传与国语》汉文本重作，一天毕，约4000字。……卜德，哈佛大学派到北平之研究生，来平两年，竟能以汉文作文，其勤学可知"。这篇由顾颉刚根据卜德原文大加修改的论文，两个月后发表在《燕京学报》第16期上。顾颉刚一生提携后学无数，但似乎对于卜德格外奖掖，修改的文章虽然只用了一天的时间，但充分表现出一位中国史学大师对于美国年青学者的关爱；毕乃德与邓嗣禹同龄，当年正好都是30岁的年青学者，俩人在1936年曾合作出版了《中国文献参考叙录》一书，由哈佛大学出版社首次出版。该书被费正清在回忆录中称为"是一部不朽的著作"，并于1950年、1969年、1971年多次再版，1972年还被翻译成韩文版。顾颉刚在其中所起到的桥梁作用也是功不可没的。

《中国考试制度史》一书，是邓嗣禹在1932年毕业论文的基础上扩充而成的。1936年邓嗣禹经过对中国科举制度发展史多年的深入研究，将他的学士论文进行补充、完善，并将已在《史学年报》上发表的《中国科举制度起源考》一文作为绪言部分，撰写成了一本专著。这本书通过对大量史料列举分析，形象生动地展示了"科举制"在中国产生、发展、繁荣、衰弱、消亡的历史。书中既有横向各朝代考试制度的详尽史料分析，也有纵向的历史沿革描述，并且还对历代考试制度进行了得失略评。目前这本书早已成为国内外研究中国科举制度的学者广泛引用的经典著作。

该书最早的版本是在1936年，由南京国民政府考试院出版，陈大齐、顾颉刚、邓之诚三人分别作序言；1966年由台北学生书局再版，1977年出版了第三版，到1982年已出版到第四版。在这一版本中，应台湾大学吴相湘教授提议，将1943年发表的《中国考试制度对西方的影响》一文的中文本编入其中，形成了一本对于中国科举制度系统研究的集成著作。

顾颉刚于1936年3月在杭州家中为该书撰写了长篇序言。据《顾颉刚日记》记载，3月21日："草邓嗣禹《中国考试制度史》序文毕，凡一千八百字，未改讫"。3月22日："改作《考试史》序毕，即抄清寄出。"顾颉刚在他所作序言中强调指出，《中国考试制度史》一书"终之以结论，则列举其在政治、文化、社会风俗诸方面所发生之利弊，以备借鉴者之取舍。其搜集之广博，考证之精确，裁断之正平，凡在读者，谅有同感，不须颉刚作私好之誉也"。同时，他对于科举制度研究给予高度评价，他认为，科举考试制度为中国古代制度文明的重大发明，在促进考试公平、区域均衡、体现民意和限制方面具有积极贡献，堪称"吾国政制中之最可称颂者也"。顾颉刚的推荐序言为此书的再版起到了很好的推动作用。但原书中顾颉刚所作序言的时间一直标注为1937年3月21日，经由《顾颉刚日记》考证，准确的时间应该是1936年3月21日。

到1996年，该书由上海书店出版社出版第五版；2010年，由国家图书馆出版社汇编出版第六版；最新版本第七版，则是由吉林出版集团在2011年12月，以横排简体字的方式出版。由此可见该书的社会影响力和对当今学术研究的价值。厦门大学考试研究院院长刘海峰教授在他2010年出版的《中国科举文化》一书中强调指出："30年代'科举学'成果当以邓嗣禹的《中国考试制度史》最有水平，该书至今仍有相当高的学术价值。"2012年，他又补充说明："邓嗣禹在1936年由国民政府考试院印行的《中国考试制度史》，是民国时期科举研究水平最高的著作，在今天看来还很有分量，仍具有重要的参考价值，所以后来两岸又出版了四种以上的版本。"

1936年9月7日，燕大成立"中国教职员会"，顾颉刚当选为理事长，理事有谢景升、容庚、雷洁琼等。那时，成都、昆明等地相继发生了反日事件，10月顾颉刚以燕大"中国教职员会"的名义，发表了《对时局的宣言》一文，主张中日交涉绝对公开，不得有辱主权，并分送各报馆。此后，他又将宣言译成英文，发往国外，扩大影响。顾颉刚在燕大的一系列活动充分表达了他的拳拳爱国之心。

哈佛燕京学社成立后，哈佛大学和燕京大学之间就有了交换留学生项目，第一个获得此项目奖励，于1936年被派往哈佛的是齐思和，1938年翁独键、邓嗣禹为第二批，此后周一良、王伊同、王锤汉等人也陆续前往。此前，邓嗣禹于1937年7月接到美国国会图书馆的邀请，前往纽约协助恒慕义博士编撰《清代名人传略》，结束了他在燕京大学九年多的学习生活。

顾颉刚于"七七事变"后不久，也被迫离开了北平，但他并未与燕大了断关系。据他的《西北考察日记》记载，他曾写信给燕大校方，要求只给他一半工资，供他留京的老父生活所需。1941年12月，顾颉刚还与吴文藻、梅贻宝等人在重庆会面，商讨燕大在后方复校的问题，并负责草拟了恢复燕大研究院的计划书。这些活动充分反映了他对于燕京大学的依依眷念之情。

（原文摘要发表于《中华读书报》2013年10月9日，后被《教育家》杂志转载于2013年11期）

教会大学史上的一座丰碑
——评陈远的《燕京大学,1919—1952》

燕京大学在中国教会大学的历史上,有着举足轻重的地位。虽然存在的时间仅有短短的三十三年(1919—1952年),但却创造了中国教育史上的奇迹:在不到十年的时间内,从一无所有的"烂摊子",一跃成为中国乃至国际一流综合性大学;在不长的时间内,为中国各个领域培育了众多顶尖级人才。在两院院士中,燕大学生多达五十二人,这还未计算获选台湾"中央研究院"院士的人。1979年邓小平访美时,二十一人的代表团中包含了七名燕京人。因此,燕京大学的历史是值得大书特书的。

中国教会大学是指19世纪末至20世纪上半叶,由西方教会组织与传教人士在华创办的,有别于中国传统教育体制的新型高等教育机构。在1919年燕京大学成立之前,由基督教创建的大学,还有圣约翰大学(上海,1879)、东吴大学(苏州,1900年)、沪江大学(上海,1906年)、之江大学(杭州,1910年)、金陵大学(南京,1910年)、华西协和大学(成都,1910年)、华中大学(武汉,1910年)、奉天医科大学(沈阳,1912年)、湘雅医学院(长沙，1914年)、华南女子大学(福州，1914年)、金陵女子大学(南京，1915年)、福州协和大学(福州，1916年)、岭南大学(广州，1916年)、齐鲁大学(济南，1917年)等。由天主教创建的大学则有震旦大学(上海，1903年)、津沽大学(天津，1923年)、辅仁大学(北京，1925年)等。这批教会大学既是中国近代高等教育体系中的重要组成部分，也是中国教育史上不可或缺的篇章。与其它教会大学相比，燕京大学成立的时间较晚，但却能一跃成为"教会大学之首"、"世界一流大学"，其内在动因则更是值得学者们去探究。

西方史学界从20世纪50年代，就开展了对中国教会大学史深入、广泛的研究。但在中国大陆，由于受"左倾"思潮的长期影响，这一历史产物曾被粗暴地视为"帝国主义的侵华工具"、"文化租界"和"反动堡垒"，因而长期处于被遗忘的角落，鲜有学者涉及。因此，对于教会大学的研究，可以说一直是中国近代史研究的一个薄弱环节。

《燕京大学》一书，是陈远所著《消逝的燕京》(重庆出版社，2011年)的姐妹篇。为撰写好这两本书，并不断挖掘这一段被尘封的历史，作者曾走访了多位国内健在的燕京学人，以及他们的亲属及后人(尚未涉及曾执教于海外的燕京学人及其后人)；查阅了大量不易见到的、涉及燕京大学的档案资料。尽管这些资料并非珍本秘籍，但作者善于从中发现蛛丝马迹，进行合理考证，并提出新的观点。正如余英时先生在序言中所评价：本书取材丰富、分析精密、叙事流畅、论断公允，不但如实地保存了燕京大学三十三年间的光辉业绩，而且更将它"因真理、得自由、以服务"的内在精神生动地呈现了出来。

"因真理、得自由、以服务"是燕大当时的校训，来源于《圣经》中的两句格言：一是"你们晓得真理，真理必叫你们得以自由"(《约翰福音》第8章第32节)。这一句话也是美国弗吉尼亚大学的校训，由美国第三任总统杰斐逊书写在该校的校门正上方。另一句是"人本来不是要受人服侍，而是要服侍人"(《马太福音》第20章28节)。司徒雷登校长将这两句话揉合在一起,作为燕京大学校训,可以说对于燕大的发展产生了深刻的影响。"注重学术"和"服务社会"是现代大学两个最重要、最基本的办学理念,而燕大的校训恰恰是这两个重要办学理念的具体化。它明确指引师生通过学习或研究去认识、探索和发现真理,从必然王国进入自由王国,用自己的学识服务社会。

作者在书中的一些提法具有独创性。譬如,在以往的研究中,学者们对于燕京大学是中国"教会大学之首"、"世界一流大学"的地位都作出了肯定。但到底是从哪一年起,燕大才能称得上是一流大学,之前并没人给出明确的界定。作者谨慎地认为:"1928年,可以说是燕京大学确立起世界一流大学地位的一年。其一,是因为之前叙述到燕大在国民政府教育部所举行的考试中的表现。其二,是因为在同一年,美国加州大学对亚洲高等院校的学术水平进行调查,结果燕大被列为全亚洲最好的两所基督教大学之一,并认定燕大的毕业生可以直接进入美国的研究生院攻读学位。""最为标志性的事件,则是至今仍在运行的哈佛燕京学社的建立。"虽然说,目前学术界还没有对作者的这一观点给予明确的肯定,但作者对于这一问题的探究,无可置疑是具有创新性的。

第七章"司徒雷登"无疑是此书的精华。可以说,在中国现代史上,没有几个外国人能像司徒雷登(1876—1962)那样接近中国社会,融入中国文化,并卷入中国政治。在中国早期高等教育史上,也没有哪一个外国人能与司徒雷登相比。1919年,他在担任燕大校长之后,曾十次漂洋过海,以传教士的虔诚、教育家的执著为学校募集捐款,在不到10年的时间内,将燕大建成中国乃至世界最美丽的校园之一,并使燕大这所曾名不见经传的学校,发展成为与北京大学、清华大学齐名的学府。但由于他1946年担任了美国驻华大使,在新中国成立前夕,毛泽东撰写了著名的《别了,司徒雷登》一文,对其进行了点名批评,司徒雷登也就成为了当时中国家喻户晓的反面人物。此后,中国对于司徒雷登教育思想和在华教育活动的研究,几乎成为空白。作者在本章节内容中,对于上述史实都有较好的介绍与描述。

本书也存在一些错误。如在第96页，作者指出"二战之前美国最著名的中国问题专家欧文·拉铁摩尔，在1930年至1931年间为哈佛燕京学社研究生"，但并没有给出这一说法的依据。笔者查阅了多种资料，均未见欧文·拉铁摩尔曾经是哈佛燕京学社研究生的记载。据《顾颉刚日记》记载，拉铁摩尔1937年5月28日来校，作关于中国边疆问题的演讲，晚间宴请拉氏时又邀请梅贻宝、邓嗣禹、侯仁之等人作陪。另外，将拉氏定性为"二战之前美国最著名的中国问题专家"也有失偏颇，准确的定性应为"美国著名的汉学家、边疆史学专家"。

在第55页，"人子来不是要受人服侍"一句，应该为"人本来不是要受人服侍"（参见《马太福音》第20章28节）。第108页："直到1941年太平洋战争爆发，北平燕大停办，取得硕士学位的研究生共有42人"，应该为31人（详见《燕京大学史稿》，第106页），42人应该是到1952年，燕大并入北大时总计培养的硕士人数。第108页："燕大历史学会成立于1927年"，应该为"1928年秋"。第108页："历任学会主席：韩东信……"，应该为"韩叔信"。第127页：燕京大学历史系硕士论文一览表(1926—1951)，陈观胜的硕士论文题目，应该用中文表述："中国清代西方地理知识的产生"，则更为合适（其他人的题目均是以中文表述）。以上问题希望该书再版时能予更正。

再有，作者对于燕大早年毕业并在美国执教的著名学者如邓嗣禹、王伊同等人的学术成就介绍很少，可能是作者掌握的资料较少所致。笔者认为，这也是本书在内容方面的不足之处。作者正值学术研究的盛年，我们期待着，他能在燕京大学及中国教会大学研究项目中继续开拓，为世人提供更多、更新的成果。

（原文发表于《中华读书报》 2013年10月30日）

洪业对燕京大学学科建设与人才培养的贡献

——《洪业传》中未曾提及的事项

取消预科，创办文理科研究院，加强中文系的师资，严格学生成绩的考核管理——在洪业大刀阔斧的改革下，燕京大学从一所默默无闻的教会学校，迅速上升为"教会大学之首"、"世界一流大学"。他又下大功夫充实图书馆。最初燕京大学的藏书不过三四万册，且西文书多于中文书。到1950年，燕大藏书已达40万册，在国内高校中首屈一指。

在中国大学里，洪业是最早提出设立学位制度的。1940年，洪业撰写《给哈燕社的建议书——在燕京开展研究生教育与研究的五年计划》，争取国民政府批准燕大在语言、文学、艺术、考古、历史、哲学和宗教七个学科中培养自己的博士生。在当时全中国的大学都没有设立博士学位的情况下，这无疑是一个很激进的目标。

今年年初，商务印书馆隆重再版了上世纪八十年代哈佛大学出版社出版、陈毓贤著《洪业传》一书，在国内引起了强烈的反应。读者们看过此书后,并不满足于书中的内容,纷纷发表评论。许多媒体对陈毓贤进行了采访,探究洪业为何被忽略的原因。作者仔细描画了洪业(1893—1980)一生的奋斗与感慨,也展示了他宽阔的胸怀及人生的无奈。本书原本用英文写作而成,是为了给美国读者看的,所以在时代背景、生活习俗等方面有非常详细的介绍,但有一些重要的细节没能提及,比如他在燕京大学任教期间,对于学科建设人才培养方面的贡献,以及对众多学生日后学术成就的影响,这些人后来大多成为学术大家和各学科的奠基人。

洪业1923年从美国回到北平,受聘燕京大学,对中国教育界的贡献甚大。他是哈佛燕京学社创办人之一,曾任燕京大学教务长,门下英才辈出,如谭其骧、邓嗣禹、周一良、王伊同、王钟翰、侯仁之等。胡适曾在为司徒雷登的自传所作的序言中说:"我趁此向燕京的中国学人致敬,特别是要向洪业博士致敬;他建立燕京的中文图书馆,出版《燕京学报》,而且创办一项有用的哈佛燕京引得丛书,功劳特别大。"

1963年,在洪业先生七十岁生日时,《哈佛亚洲学报》曾发表过一篇献辞,称赞他"对中国文学历史的贡献,以及对几代学者严慈并加的辅导"。笔者外公邓嗣禹曾于1928—1937年就读、任教于燕大历史系,师从洪先生攻读硕士学位,后协助洪先生授课,并出版过多部有影响的引得类书籍,见证了洪业在燕大活动的主要过程。今年是洪业先生诞辰120周年,论述洪业对于邓嗣禹学术成就的影响,并以此为案例,将有助于重新认识他对于中国教育界的杰出贡献。

办学理念与治学方法

1924年,洪业出任燕京大学文理科科长,相当于教务长,负担起改造学校课程设置的重任。在洪业任教务长期间,取消预科,创办文理科研究院,加强中文系的师资,严格学生成绩的考核管理。在他大刀阔斧的改革下，燕大从一所默默无闻的教会学校，迅速上升为"教会大学之首"、"世界一流大学"，上世纪二三十年代国学研究的重镇。

笔者曾发表过一篇《教会大学史上的一座丰碑》(详见《中华读书报》2013年10月30日第10版)，提出燕京大学在中国教会大学的历史上，有着举足轻重的地位，值得大书特书。与其他教会大学相比，燕京大学成立的时间较晚，却能后来居上，其内在动因则更是值得学者们去探究。历史证明，燕京大学的成绩与洪业的办学理念有直接的关联。在洪业看来，把中国几千年积累下来的学问全部笼统归于"国学系"很难让人满意。在他的设想中，应把先人知识分为语文、数学、科学、人文四类：人文一类下中国文学应自成一门，而中国的考古、历史、艺术、宗教、哲学等科目都该与西方的这些科目相衔接，这也是他日后解散了燕大国学研究所的原因。他不赞成国学研究的说法，他认为学问无国界。所谓国学，不应该孤芳自赏，而应按学科归纳到各院校。洪业深信，中国的学问，应该让有现代训练、有世界常识的人来研究(魏泉《洪业与二三十年代中国学术的转型》)。

在香港中文大学宗教研究中心，收藏有美国亚洲基督教高等教育联合董事会档案，其中保存了两份燕京大学当年的学术计划。第一份写于1929年4月15日，由洪业起草，与时任哈佛燕京学社执行干事兼燕京大学哲学系主任、美国学者博晨光(L. C. Porter)联名提交的《哈燕社备忘录》，我们可以从中清晰地看到燕大在其后的五年中，将以资料建设、学术研究、培养学生为工作重点。在资料建设方面，除了收集中国方志、丛书和杂书外，洪业主张大量收集欧洲的汉学著作，要求斥资15000美元购买这类著作，因为燕京这方面的书很少，我们希望中国研究生能知道欧洲汉学家在干什么。在学术研究方面，洪业提倡纯学术的研究，要用科学方法指导学术研究，强调避免重复，避免新闻评论式的和通俗的东西。在学术出版方面，要求坚持最高标准。在对学生的培养方面，洪业请求学社采用西方的学位培养制度，培养中国文史哲的国学研究者。他设想燕京培养硕士，特别优秀的送到哈佛攻读博士学位，也提出对美国学生来中国学习中国文化的具体要求（陶亚飞、梁元生《哈佛燕京学社考论》）。

博晨光当时任燕大的校务委员会委员，他在哥伦比亚大学教授中文时，与正在哥大学习的冯友兰相识。博晨光任燕大哲学系主任后，邀请冯友兰在燕大任哲学系教授兼燕京研究所导师，讲授中国哲学史。在燕大任课的这两年半的时间(1926年2月—1928年8月)，奠定了冯友兰从事哲学教学和研究的基本方向。后来多次再版，流芳千古的冯著《中国哲学史》一书，也正是在这一时期开始创作的。

按照洪业的培养计划，齐思和是第一批由哈燕社资助，输送到哈佛大学攻读博士学位的学者；1938年的翁独健、邓嗣禹属于第二批。此后，周一良、王伊同、王钟翰等相继到哈佛大学攻读博士学位。

在中国大学里，洪业是最早提出设立学位制度的。他的目的是要鼓励中国年轻人对中国文化产生兴趣，并用最好的现代科学方法对之进行再研究。另一方面，他希望提高中国学研究的地位，使其在学术上获得美国学者的尊重。哈佛燕京学社成立的1928年，正是洪业担任燕京大学历史系主任、燕大图书馆馆长的一年。洪业在任文理学科科长和燕京图书馆馆长期间，花了很大的力气充实燕京图书馆的收藏。他精心制定图书管理制度，采购国内外新出版的书刊杂志和明清史志善本图书，并多次通过个人关系向美国朋友募捐以扩大馆藏。最初燕京大学的藏书不过三四万册，且西文书多于中文书。经过几年的努力，特别是1928年哈佛燕京学社成立后，燕京图书馆得以补充了大量的中国古籍。到1929年，燕京的中文图书已达14万册。1933年，燕京图书馆的中西文藏书共22万多册。到1950年，燕京藏书已达40万册，在国内高校图书馆中首屈一指。

在洪业导师的要求与具体指导下，邓嗣禹在1935年获得硕士学位，并留任史学研究所讲师，当年即完成了《燕京大学图书馆目录：类书之部》一书，把燕大图书馆所藏类书，暨传统的杂家小说总集共三百六十种，分为十个门类进行编目，由燕京大学于1935年出版。该书曾被海内外学者广泛引用，并多次再版。第二版题名：《中国类书目录初稿》，台北进学书局出版(1970年)；第三版由台湾大立出版社出版(1982年)；第四版由知识产权出版社出版(2007年)。

在洪业的影响下，邓嗣禹在燕京大学的10年期间(1928—1937年)，不负师长的期望，1934年起担任《史学年报》主编和历史学会主席，并先后在《史学年报》、《燕京学报》、《禹贡》等权威性学术期刊上发表了12篇论文，内容从《城隍考》、《明大诰与明初之政治社会》，到《唐代矿物产地表》、《中国科举制度起源考》，早年即取得了治史方面的丰硕成就。

1935年，邓嗣禹在燕大留校任讲师期间，还与美国学者博晨光共同开设过一门中英翻译的课程，并着手将颜之推所著《颜氏家训》翻译成英文的工作。两人朝夕相处，共同研究翻译的技巧与修辞。1937年，邓嗣禹接到燕大同学房兆楹从美国拍来的电报，邀请他协助恒慕义(Arthur Hummel)编辑《清代名人传略》的工作，不得不中止此书的翻译工作(陈润成《邓嗣禹与战后美国汉学的发展》)。后来英文版《颜氏家训》按照洪业审定的意见，多次修改，几易其稿之后，1968年才在英国出版。余英时先生在纪念洪业先生的文章中曾提到："1958年周法高先生在哈佛大学访问时，曾以《颜氏家训汇注》的稿本送请洪先生评正，后来周先生告诉我，洪先生曾指出其中可以商榷之处不下百处。"可见洪业对于学生出版的著作要求之严。"凡是读过洪先生论著的人都不能不惊服于他那种一丝不苟、言必有据的朴实学风。他的每一个论断都和杜甫的诗句一样，做到了'无一字无来历'的境地"(《顾颉刚、洪业与中国现代史学》)。

对于中国目录学的贡献

洪业是位学识渊博、治学严谨的史学家,对我国索引学作出了巨大的贡献。由他发起和领导的引得编纂处把中国最主要的经书史籍系统地重新校勘,加编引得和词汇索引,取得了很大的成绩,为当时正在兴起的"索引运动"推波助澜,使索引的编纂进入了一个新的高潮。1930年9月到1951年冬天,21年时间,一共编印出引得64种81册,其中正刊41种50册,特刊23种31册,开创了我国有组织、有计划、大规模地编纂现代索引的历史。洪业亲自撰写了一批索引研究论文和专著,早期重要著作有《引得说》(1932年)、《勺园图录考》(1933年)、《清画传辑佚三种》(1934年)等。

《引得说》出版时索引一词传入中国仅十余年,国内索引编纂并不多见。洪业在使用编纂索引的基础上,对索引的定名、性质和功能作了准确、全面的归纳和概括,与当时国内一些学者生吞活剥、照搬照抄国外的做法形成了鲜明的对照。该处出版的引得书前均有一篇十分精彩的序文,它对文献的内容进行细致的有深度的评介,其中最长的一篇是洪业为《春秋经传引得》所写的序,共86页。这些序文篇篇都是学术上乘之作。几位编辑如聂崇岐、邓嗣禹、李书田、齐思和、赵丰田等都是我国的历史专家。

洪业要求他的学生头脑清楚,有独立精神,抓住问题的要点,有条理地分析,所用史料,必须一一备注。在洪业的影响下,邓嗣禹对于编纂图书目录颇感兴趣,他利用一个暑假的时间,分工负责编纂《太平广记篇目及引得》一书,并列入41种正刊之一,1934年由燕京大学引得编纂处出版。该书第二版由台北古亭书屋出版(1966年),同年在日本出版日文版;第三版由上海古籍出版社出版(精装本,1990年)。邓嗣禹因此成为国内最早对《太平广记》进行研究的学者。

次年,邓嗣禹又与留学燕大的美国博士毕乃德(Knight Biggerstaff)

合作，编写了一本《中国参考书目解题》(An Annotated Bibliography of Selected Chinese Reference Works)，由燕京大学出版社出版。在这本书中，作者有系统地分类介绍当时中国各种参考书，可以说是国外汉学家研究中国的入门参考书籍。这也是邓嗣禹首次与美国学者合作，为以后他在美国与其他汉学家的合作奠定了很好的基础。该书第2、3、4版分别于1950、1969、1971年由哈佛大学出版社出版；1972年，由韩国图书馆协会出版韩文版，沈俊、刘俊镐译。

培养人才的五年计划

香港中文大学保存的第二份文件，完成于11年后的1940年2月10日。这是洪业在燕京学社驻北平总干事任上，撰写的《给哈燕社的建议书》，副标题是"在燕京开展研究生教育与研究的五年计划"。比起1929年的第一份计划，洪业对于培养人才的目标更加推进了一步。他希望在学社的支持下，在这个"五年计划"内，争取国民政府批准燕大在语言、文学、艺术、考古、历史、哲学和宗教七个学科中培养自己的博士生。

洪业设想要实现这一目标，需要12到15位受过博士训练的教授来当导师。他说燕大目前已有4人，还要增加8—11名博士来充实燕大师资。他预计如果当时还在美国留学的翁独健与邓嗣禹(哈佛博士)、高名凯(法国博士)、王静如和于道泉(英国博士)能回到燕大的话，只缺少3—6人就能够实现该计划。洪业曾颇有信心地说："让我们把这一点作为目标，在五年的持续准备后，哈燕社在中国的活动将发展到足以支持燕京大学在中国学研究领域中有一个受人尊重的博士学位计划。"这一建议被燕京学社批准，令燕大教师极为振奋。

洪业在燕大任职期间制定的两个计划，实际上都是以哈佛大学教学制度为蓝本，其目的是通过培养高级师资，有目的地建立、健全学位制度，从根本上提升燕大文史哲学科的教育与研究水平，在国际上取得一席之地。他这种合理使用基金的计划是非常有远见的，在当时全中国的大学都没有设立博士学位的情况下，这无疑是一个很激进的目标。

齐思和、翁独健在哈佛大学获得博士学位后，当年即回到燕大任教。翁独健先后任历史系主任、燕大最后一任代理校长、北京市教育局局长等职；邓嗣禹于1942年在哈佛大学获得博士学位后，在芝加哥大学任教4年，先后任东方研究院院长、兼东亚图书馆馆长等职，1946年应胡适聘请到北大历史系任教。

洪业任历史系主任、教授长达23年之久，为了办好历史系，他更竭尽全力。在司徒雷登与校方负责人的支持下，他先后聘请了好些学术泰斗如陈寅恪、陈垣、冯友兰、顾颉刚、邓之诚、钱穆、裴文中来系执教，聘请的外国教授则有瑞典的汉学家王克斯和日本著名考古学家鸟居龙藏等。燕大许多非历史系的本科生也因此乐意来选修这些学术名家所开的历史课程。更值得称道的是，洪业还很注意发现有造就前途的学生，更有计划地栽培他们。如鼓励齐思和研究春秋战国，邓嗣禹研究各种制度史，瞿同祖研究汉代，周一良研究魏晋南北朝，杜洽研究唐代，冯家升研究辽、金，聂崇岐研究宋代，翁独健研究元代，王钟翰研究明清两代，侯仁之研究历史地理等等。他这样做，就是要为中国史学多个领域培育出更多的专家，使我国史学事业更加后继有人。

洪业晚年在康桥哈佛为传播中国文化，培养这方面的人才仍是不遗余力。陈毓贤在《洪业传》一书中也提到"好几代哈佛研究中国文学历史的学生陆续发现康桥有这位渊博的学者，像一座宝矿任他们挖掘。先生虽已年迈退休，但仍义务辅导这类学生，无数的博士论文都是在他的指导下完成的"。正如当今一些学者所述，洪业这一代兼通新旧中西的学者所完成的工作，以及他们所开启的新领域、新方法，在给后来学者奠基铺路的同时，也设立了难以逾越的学术高度。

(原文发表于《中华读书报》2013年12月25日，第22版)

斯诺在燕京大学鲜为人知的往事

美国著名记者、作家埃德加·斯诺（1905—1972），在中国是家喻户晓的人物。他是第一个去陕北苏区采访毛泽东和多位中共高层领导人，向西方全面报道中国共产党和中国工农红军真实情况的外国记者，在燕京大学任讲师期间，写出了《西行漫记》（英文名《红星照耀中国》）这部对世界产生重大历史影响的著作，让全世界人民了解到中国革命的真相。新中国成立后，他又三次访华，多次重访燕园。回国之后，他把西方不了解的新中国的真实情况，以及决策者的思维及时传递给美国政府，最终帮助促成尼克松访华的破冰之旅，为中美建交做出了历史的贡献。在2009年国庆节之际，他被评选为"为新中国成立做出突出贡献的英雄模范人物"、中国"十大国际友人"之一。

2018年是《红星照耀中国》中文本出版80周年。作为纪实文学的经典之作，目前这本书的节选内容，已收进了新编的初中语文统编教材八年级上册。本文回顾了斯诺在燕京大学创作与传播《西行漫记》的经历，揭密这段时期他所从事的不为人知的社会活动，希望让更多对历史有兴趣的人们，以及中学生们了解《红星照耀中国》这本书写作与出版的内幕，以纪念这位驰名中外的新闻人物为中国革命做出的杰出历史贡献。

任教燕大初期完成《活的中国》

1905年，斯诺出生在美国密苏里州的一个小印刷厂出版商的家庭。1925年他进入密苏里大学新闻学院学习，这是当时美国最著名的新闻学院。中国的圣约翰大学和燕京大学有着当时中国最好的新闻系，其办学理念、课程设置、人员组成等，皆脱胎于密苏里大学新闻学院。1928年7月，23岁的斯诺怀着"在三十岁之前发财致富，然后致余生于闲适的读书与写作"的憧憬来到中国，在上海《密勒氏评论报》工作，之后又任《芝加哥论坛报》和"统一新闻协会"（报联社）驻华记者。在此期间，这个有着古老文明，但却贫穷落后的国家，深深地吸引了这位美国年轻人。他在这个东方古国一住就是13年。

1931年，斯诺在中国遇上了有同样游历世界梦想的海伦·福斯特，两人很快相恋结婚，海伦也成为斯诺事业上的坚定支持者。在海伦·福斯特眼中，斯诺"个子很高，很潇洒，有一双明亮的棕色眼睛和长长的睫毛，他喜欢中国"。从日本到东南亚的蜜月之旅结束后，斯诺夫妇移居到北平。1934年1月，斯诺应燕京大学之聘兼任新闻系讲师。笔者外公邓嗣禹（1905—1988）曾于1928—1935年在燕京大学历史系攻读本科、硕士学位，1935—1937年期间任历史系讲师，他与斯诺同龄，在燕大工作期间参与过斯诺在校组织的许多活动，见证过这一段历史。

燕京大学新闻学系设立于1924年，前身为报学系，是燕京大学成立最晚的一个系。当时新闻学系中有一半教师是美、德、英等国的通讯社驻华记者。首任系主任聂士芬（Vernon Nash）毕业于美国密苏里大学新闻学院，在他的推动下，1929年密大与燕大新闻系结为姐妹系，互派教授和学生。与此同时，第一位从密大毕业的中国人黄宪昭进入燕大任教。新闻系在最初的八年中只有四名教师，采用的教学方式都是美国式的，因为四名教师不是美国人就是接受美国教育。当时所有的教科书或参考书，没有一本是中文的。新闻系成立的第一学期，共有四十六名男同学和三名女同学选读新闻课程，其中只有二十名主修新闻。当时新闻系也开办短期的新闻课程。正是在此背景下，斯诺走进燕京大学，开设"新闻特写"、"旅行报道"等短期课程，向中国青年传播美国式的新闻理念。

斯诺在来北平之前，曾接受鲁迅先生的建议，选编现代中国短篇小说集《活的中国》。斯诺打算通过这部小说集，将中国"五四运动"以来的新文学成就介绍给西方读者。到燕大之后，斯诺找到他的学生萧乾和杨刚，请他们帮助介绍中国作家，并协助完成翻译工作。

《活的中国》一书中，共收集了15篇优秀的现代文学作品。此书在1936年8—10月由英国哈拉普书店和美国纽约的约翰·戴书店出版，在国外曾经产生过很大影响，为斯诺以后采写《西行漫记》打下了很好的基础。但在之前发表的文章中一直认为，斯诺是在这一时期的学生萧乾和杨刚帮助下完成这本书的编译的。近期，萧乾夫人、著名翻译家文洁若女士发表回忆文章"萧乾的记者生涯"（台湾《传记文学》2015年632卷，第2期，P47—54），文章介绍，"斯诺来燕大不久之后，得知1930年萧乾曾与美国青年威廉·阿兰合编过《中国简报》一事。萧乾和杨刚就像帮阿兰那样来帮斯诺。斯诺在上海时，在姚莘农（笔者注：又称姚克）的帮助下，翻译了七篇小说，是鲁迅亲自选的，那是《活的中国》的上半部。在萧乾和杨刚的帮助下，斯诺非常顺利地把下半部编写出来了。"由此可见，《活的中国》是斯诺在姚莘农、萧乾和杨刚三人帮助下完成的，萧乾和杨刚两人仅是完成了下半部分的翻译工作。这是一部最早将中国左翼作家的文学作品介绍给西方的书籍，斯诺与姚克后来成为无话不谈的好朋友。

宋庆龄评价《活的中国》时曾指出：书中的作品"生动地反映了中国人民的生活，使长期以来被人冷漠地称为'神秘不可测'的中国人民能为外界所了解"。萧乾在1978年所写的《斯诺与中国新文化运动》一文中谈到《活的中国》，也认为：三十年代上半期，斯诺和海伦花了不少心血，把我国新文艺的概况介绍给世界广大读者，在国际上为我们修通了一条精神桥梁。可以说，斯诺和海伦通过编译《活的中国》，不仅修通了与世界联系的桥梁，奠定了写作基础，同时也了解到世界对于了解中国文化现状的迫切需求。这就是他们后来冒着生命风险访问陕北苏区，去探索中国革命的真相，写作《西行漫记》、《续西行漫记》的部分思想背景与动因。

《西行漫记》最早在燕大的传播

1936年6月，在宋庆龄先生的精心安排下，斯诺以赴内蒙古旅行采访的名义，从北平出发，经过西安，最后秘密抵达陕北革命根据地宝安，开始了他92天的采访生活。遵照毛泽东"到前线去看看"的意见，斯诺到前线生活了一个月，对于中国红军有了进一步的认识，他把自己在陕北的所见所闻和所记的事情写成了一系列通讯，首先在英美报刊上发表，客观公正地报道了中国共产党领导的中国革命，扩大了中国革命与中国共产党人在国内外的影响。10月末，斯诺回到北平，在夫人海伦·斯诺的支持与协助下，开始写作《西行漫记》。海伦在此期间，帮助斯诺整理、冲洗和打印他在陕北的采访笔记、日记及照片（包括毛泽东戴八角帽的著名照片），形成了《西行漫记》雏形。由于这本书的写作与在国外出版时间较长，而当时中日全面战争已经一触即发，海伦建议抢时间先出一本简单的书，把有关中共与毛泽东在陕北的真相告诉人们。在中国朋友的翻译配合下，作为《西行漫记》的一部分，《外国记者西北印象记》一书于1937年4月在北平出版并风行全国，比《西行漫记》整整早了十个月。

这本书的原版封面上，印有斯诺所拍摄的八位红军女战士在跳"统一战线舞"，给人以欢乐"红区"的印象。书的首页，印着斯诺为毛泽东拍摄的那张著名的戴八角红星帽的照片。这就是这张后来广为流传的照片的首次发表。在当时的环境下，能够发表这样的照片是很不容易的。

《外国记者西北印象记》全书294页，用了五十多页刊登了《毛施会见记》。这是斯诺（施乐）四次会见毛泽东的谈话记录。会见的时间、地点，以及谈话的主题是：

> 1936年7月15日，在陕北保安，《外交》；
>
> 1936年7月16日，在陕北保安，《论日本帝国主义》；
>
> 1936年7月18日，在陕北保安，《内政问题》；
>
> 1936年7月23日，在陕北保安，《特殊问题》。

这四篇谈话记录，后来并没有收入《西行漫记》一书，也没有收入其它的书，因此显得格外珍贵。

在这本书中，还收入了美国经济学家韩蔚尔所著"关于中国红区的研究报告"。在附录中，收入了廉臣的《随军西行见闻录》。"廉臣"乃陈云的笔名。在遵义会议之后，陈云奉命经上海前往莫斯科，向共产国际汇报中国共产党和中国红军的情况。陈云在莫斯科化名"廉臣"，发表了《随军西行见闻录》。由于陈云的这篇文章写得非常生动、翔实，被斯诺全文收录。

在《外国记者西北印象记》中，还收入了《红军长征路线图》，以及十首红军歌曲，其中就包括众所周知的《三大纪律八项注意》。书中还有毛泽东所作的《长征》一诗。这些都是斯诺从延安带回来，在国民党统治区首次发表的作品。

斯诺延安之行的成果最早是在燕大开始传播的。1936年12月5日出版的《燕大周刊》第7卷第17、18期中，连续刊登了长达万余字的《毛泽东访问记》，署名为埃德加·斯诺。这篇文章在校园中轰动一时。数十年后，在燕大学生撰写的回忆文章中，有不少人提到斯诺给他们展示陕北之行拍摄的照片和纪录片，也包括毛泽东、周恩来、彭德怀等红军领导人的肖像，以及部队操练、抗日剧团演出的画面。纪录片里有毛泽东站在窑洞口微笑、周恩来留着大胡子在马背上奔驰，一队队红军士兵扛着枪走在山路上等镜头。

据燕大学生在回忆录中记载："一九三七年三月，一个春光明媚的下午，我们二十多个进步学生，在燕大同情学生运动的美国进步教授夏仁德的家中，听埃德加·斯诺介绍陕北苏区的情况，看斯诺自己拍摄的陕北风光电影。斯诺是一九三六年夏季进入陕北苏区，而于当年十月回到北平的。几厚本《红星照耀中国》的英文打字原稿费了他几个月的时间完成，我们荣幸地首先看到这部后驰名世界的著作原稿，又细看了他放大成为明信片那么大小的二百多张陕北照片，觉得眼界开阔了，心情非常激动。"

斯诺一面操纵放映机，一面作口头解说。他基本上说的是英语，中间也夹杂着一些生动活泼的汉语。影片放映到最后，出现了长胡须的周恩来副主席和另外一个满腮黑胡须的人握手的镜头。斯诺幽默地用汉语对大家说："你们知道这个和周恩来握手的大胡子是谁？他是一个'帝国主义者'。"乍一听来，这话令人摸不到头脑，可是大家定睛细看这个"大胡子"以后，立刻爆发出哄堂大笑，接着又是一阵鼓掌，原来这个大胡子就是斯诺自己。影片最后几个镜头，是斯诺请别人代他拍摄的。

放完电影，斯诺扼要地介绍了他和毛泽东谈话的要点，又介绍了他在红军中生活了三个月的见闻和他所听到的红军爬雪山、过草地的长征故事。斯诺最后展示出一项宝物，就是用中文抄写的毛泽东的七律《长征》，"红军不怕远征难，万水千山只等闲，……"。龚澎则借去了《红星照耀中国》原稿，后来她翻译了几章节，在燕大的民生成员中传阅。

斯诺的《红星照耀中国》（中译名《西行漫记》），1937年10月由英国伦敦戈兰茨公司出版，1938年1月在美国出版。此书一出版便在全世界产生了深刻而持久的影响。1938年2月，中译本又在上海出版，让更多的人从书中看到了中国共产党和红军的真正形象。胡愈之先生等翻译《西行漫记》一书时，因不知作者还曾有过一个"施乐"的中文名字，而将作者译作"斯诺"二字，并一直沿用下来。斯诺的这本书，不止影响了老一代中国人，也影响了后来的一代又一代的中国年青人。他们从书中认识了中国共产党，并投身于它领导的革命事业。抗战时期，斯诺曾自豪地写道："抗战爆发后，无论我走到哪里，总会出其不意地在什么地方突然碰到一个年青人，胳膊下挟着一本未经申请而偷印的《西行漫记》，询问我如何才能到延安去学习。"时至今日，世界各国还在不断地再版《西行漫记》，它成为人们永远阅读和研究的经典著作。

据有关书籍介绍，《红星照耀中国》出版之前，斯诺曾经为该书稿拟了五六个书名，其中有《陕北的岁月》、《红区访问记》、《红星在中国》等，在几个朋友的建议下，最后选中了《红星在中国》这个书名。可是，当斯诺把书名写好请代理人转交给英国伦敦戈兰茨出版公司时，由于他的疏忽，把书名抄错了一个词：把 Red Star in China 误写为 Red Star over China。一字之差，却成就了一个伟大的错误，令斯诺拍案叫好。从此，《红星照耀中国》红遍全世界（丁晓平《埃德加·斯诺》）。

1937年3月，毛泽东曾专门给斯诺撰写了一封感谢信，由燕大教授徐冰转交给海伦。

> 史诺先生：
> 自你别去后，时时念到你的，你现在谅好？
> 我同史沫特列谈话，表示了我们政策的若干新的步骤，今托便人寄上一份，请收阅，并为宣播，我们都感谢你的。

此问健康!

毛泽东

三月十日于延安

毛泽东在信中，同时还给他寄来了美国记者史沫特列（莱）与他的一段谈话记录，内容是关于抗日战争与国共合作问题，希望斯诺能帮助发表。斯诺后来又利用了许多国外媒体的关系，将两人谈话的内容进行了转载。

斯诺乔装打扮护送邓颖超

卢沟桥事变爆发后，日本士兵开始大规模追捕参加过抗日活动的进步学生，许多青年学生都躲藏在盔甲厂13号斯诺家里。斯诺则多次协助他们乔装成小贩、商人，有时在黑夜里让他们攀越小院的后墙，逃出北平，到郊区参加游击队。斯诺甚至还冒着生命危险，同意几个进步青年在他的家里，设置了一部短波无线发报机。在此期间，斯诺还曾经乔装打扮，护送邓颖超离开北平，这是鲜为人知的事。

当时，邓颖超因病正在北平西山的平民疗养院休养，接延安指示，要尽快返回陕北。邓颖超找到斯诺帮忙，斯诺一口答应。他将邓颖超化妆成他的女佣，瞒过了日本人和汉奸。他们一起乘火车到天津，来到住在天津租界的合众社记者、他的朋友爱泼斯坦的住处。爱泼斯坦当夜便护送邓颖超上了去烟台的轮船，下船后赶往济南，坐上开往西安的火车，一直将她送到了八路军西安办事处。

对于这一段不寻常的经历，邓颖超在新中国成立之后，每一次见到斯诺时都会提及，并始终充满感激之情。

(原文摘要发表于《党史博览》2018年第6期)

02
典籍英译

林语堂：鲜为人知的《红楼梦》译著与红学情结

林语堂是我国著名的作家、翻译家和语言学家，现代文学大师，也是第一位以英文书写扬名海外的中国作家。他一生著述颇丰，其译作和外语创作多于母语创作，汉译英作品超过英译汉的作品，因此在国际上受到广泛关注。1937年出版的《生活的艺术》在美国高居畅销书榜首长达52周，曾被译成十几国语言，在欧美掀起了"林语堂热"。1939年出版的长篇小说《京华烟云》，让他跻身为中国首位诺贝尔文学奖被提名人。

一

从1930年代末，日本就开始翻译、出版林语堂的著作，到20世纪末，林氏著作的日文翻译本已超过26种。随着林语堂在国际文坛上的崛起，国内外对于林语堂及其作品的研究表现出极大的关注和热情。但林语堂还曾将中国名著《红楼梦》翻译成英文出版，后来又有多种日文译本，却很少有人知晓，或一直以来表述不详。

近年，美国著名学者余英时在《试论林语堂的海外著述》中（《余英时文集》（第五卷）：现代学人与学术，广西师大出版社，2006年），对于林语堂及其海外著述进行了全面而深入的评述，但并未提及林曾写作并出版过《红楼梦》英文版之事。林语堂之女林太乙，在1989年所著《林语堂传》（台北联经出版事业公司出版），以及于2002年再版的《我心中的父亲——林语堂传》（陕西师大出版社出版）一书附录《林语堂中英文著作及翻译作品总目》中，均未列入。

2013年5月，黑龙江大学翻译科学研究院院长黄忠廉，在《光明讲坛》发表的演讲《林语堂：中国文化译出的典范》（载《光明日报》2013年5月13日第5版），论及了林语堂在国外发表的各种英文著作的特点及其翻译方法，也未曾提及林语堂《红楼梦》英文版之事。目前国内史学界公认，对于《红楼梦》英文版全译本有二个：一个版本翻译者是中国学者杨宪益与夫人戴乃迭；另一版本翻译者是英国汉学家，牛津大学教授大卫·霍克斯。

但笔者近期见到台湾"汉学研究中心"所编《中国文学著述外文译作书目（初稿），1990年》"分类册"第217页及"语文册"第78页曾经收入林语堂《红楼梦》英文版。冯羽在《日本"林学"的风景——兼评日本学者合山究的林语堂论》（载《世界华文文学论坛》2009年第1期）述及："另外，佐藤亮一还译有一册林语堂的红学著作，名为《红楼梦》，其出版社和出版年月不详。"

实际上，林语堂早于1954年2月，在纽约创作完成了英文版的《朱门》一书的写作之后，即开始着手将《红楼梦》翻译成英文的工作，1973年11月在香港定稿。但考虑到《红楼梦》故事情境的与西方读者的巨大时空差异，会影响西方读者的兴趣和理解能力，从而影响对于书中内容的接受程度，他所采用的方式为变译，即对于原著进行大量的增减、编缩的变通式翻译，对《红楼梦》进行再创作，英译本书名为 *The Red Chamber Dream*。笔者虽然目前还无缘见到这部英译本，但查到了日译本书籍。

据日本查询索引 Webcat Plus 显示，涉及林语堂《红楼梦》的书共有六个版本，翻译者均为佐藤亮一。1983年的日文译本，是东京"六兴出版社"出版，共四册。1992年东京"第三书馆"又对其再版，书名为《红楼梦全一册》，曹雪芹作，林语堂编，佐藤亮一译。在此书的封面中，第三书馆称此书为"中国近世小说的金字塔"。另有一本"六兴出版社"出版的《红楼梦》合订本，出版年限不详。由此可见，林语堂《红楼梦》节译本在日本是极受欢迎的。另外，在1964年7月，《红楼梦》译本还曾以希腊文出版（何明星：《新中国图书在希腊的翻译出版与传播》，载《中国翻译》2013年第3期）。

佐藤亮一现任日本翻译家协会副会长，2012年曾应邀到厦门大学做日语翻译方法的演讲。从50年代开始，佐藤亮一就曾将林语堂的英文著作《京华烟云》（1950年）、《杜十娘》（1956年）、《朱门》（1973年）等先后翻译成日文版。

1939年，林语堂在美国出版英文小说《京华烟云》，其书中含有强烈的反日内容，并涉及到南京大屠杀许多事件的描写，但并未影响该书于一年之后在日本的翻译和出版，可见《京华烟云》一书在日本的影响力。但鉴于作品内容的敏感性，当年的两个译本都有不同程度的删节。直到1950年，才有佐藤亮一的全译本问世。这样，在《京华烟云》中文本尚未出现的时候，日本国内就已经有三个以上不同的译本出现了。佐藤亮一在1956年翻译的《杜十娘》，则是根据林语堂《英译重编传奇小说》（1951年原版）的全译版本。而《朱门》一书的日文最新版本，书名则更改为《西域的反乱》。

林语堂翻译的《红楼梦》节译本，不但将全书给予适当重组，以便让读者了解整个故事的连贯性，并对原作稍加修改，使故事情节更加合理化。他将曹雪芹所著《红楼梦》一百二十回本的故事情节分为四个部分，全书共有六十六章，包括"楔子"（序言）、"尾声"（终章），以及六十四章节故事内容，其中二十七章是写后四十回的内容。和一般节译本注重前八十回故事不同，林语堂认为一百二十回是一个整体的故事，其结局尤其重要，但他的英译本的顺序并不同于原著。

二

林语堂的《红楼梦》情结最早要追溯到20年代。关于这一点，从林语堂的个人传记和他的家人出版的一些作品中，不难看到一条清晰的脉络。1916年林语堂到清华大学任英文教师时，有感于以往教会学校对中文的忽视，他开始认真地在中文上下功夫。从这时候开始，《红楼梦》就成为他的理想教材。引用他在《八十自述》一书中的话："我看《红楼梦》，藉此学北平话，因为《红楼梦》上的北平话还是无可比拟的杰作。袭人和晴雯说的语言之美，使多少想写白话的中国人感到脸上无光。"从那时以后，《红楼梦》便成为他经常阅读的一部著作。持续阅读"红楼"，使林语堂不仅获得了语言与文化的营养，而且极大地在丰富了他写作的思维与灵感。后来，他所发表的《中国人的家族理想》、《家庭与婚姻》等许多散文与随笔，均与《红楼梦》保持着这样或那样的关联。

1939年11月出版的《京华烟云》是林语堂的第一部小说，在美国以英文书写，也是他借鉴甚至直接参照《红楼梦》写成的长篇小说。全书描写了姚、曾、牛三个家族的兴衰和三代人的悲欢离合，讲述了近代中国历史变迁的故事，书中以女主角姚木兰的半生经历为主线，其中"重要的人物约八九十，丫头亦十来个，大约以《红楼》人物拟之，木兰似湘云,莫愁似宝钗,红玉似黛玉……"(见林语堂《给郁达夫的信》)。

林语堂的大女儿林如斯曾经为《京华烟云》写过书评。关于此书的写作原由,林如斯写道:"1938年春天,父亲突然想到翻译《红楼梦》,后来再三思虑感到此时非也,且《红楼梦》与现代中国相离太远,所以,决定写一部小说。"关于此书的写作过程,林如斯又写道:"初两个月的预备期全是在脑中的,后来开始就把表格画得整整齐齐的,把每个人的年龄都写出来了,几样重要的事件也记下来。"

林如斯还追忆她父亲1938年搁笔的经过,"每晨总在案上写作,有时8页,有时2页,有时15页,而最后一天写了19页。"林语堂写完书中的人物"冯红玉"之死,取出手帕擦拭眼睛并笑言:"'古今至文皆血泪所写成',今流泪,必至文也。"林语堂认为,只有至情至性之文才能流芳百世。林如斯评价《京华烟云》一书,"实际的贡献是:介绍中国社会于西洋人,""此书的最大优点不在于性格的描写生动,不在风景形容宛然如在目前,不在心理描画的巧妙,而是在它的哲学意义。留给读者的细嚼余味,忽然恍然大悟,何谓人生,何谓梦也?而我乃称叹叫绝也。"

如何理解林如斯所谓"介绍中国社会于西洋人",就是要将中国的传统文学作品,通过自己的观点与文学素养,按照西洋人的口味进行改革,方便西洋人阅读。正如余英时在《试论林语堂的海外著述》一文中,评价林语堂:"懂得西方但又不随西方的调子起舞,这是林语堂在西方传播中国文化获得成功的一个最重要的条件。"

此后,林语堂在台湾还曾发表过多篇"红学"论文。在1958年发表的《平心论高鹗》一文中,他提出了与当时一般人不同的看法,认为《红楼梦》全书一百二十回乃曹雪芹一人完成,后四十回只是经高鹗修补,而非续作。然后又有《论睛雯的头发》、《再论睛雯的头发》、《说高鹗手定的<红楼梦>稿》、《论大闹红楼》等到一系列文章发表于"中央社"的特约专栏中。

1976年,林语堂到台湾定居之后,对于《红楼梦》的研究兴趣有增无减,他所发表的演讲、接受的采访,大多内容都与《红楼梦》有关联。到了晚年,即林语堂逝世的1976年,台湾华冈仍然出版了林氏的中文著作《<红楼梦>人名索引》。可见,林语堂对于《红楼梦》的研究几乎伴随着他的一生。

(原文发表于《档案天地》2013年第7期,
后被《读书文摘》2014第4期全文转载)

《中国哲学史》联结中美韩的学术纽带

冯友兰与《中国哲学史》的诞生

冯友兰（1895—1990），字芝生，河南唐河县人，1912年考入上海中国公学大学预科班，1915年入北京大学文科中国哲学门，1918年毕业。1919年赴美留学，考入美国哥伦比亚大学研究生院，系统学习西方哲学。1923年夏，冯友兰以《人生理想之比较研究》，顺利通过博士论文答辩，获得哲学博士学位。回国后历任河南中州大学教授（兼文学院院长，1923—1925）、广东大学教授（兼系主任，1925）、燕京大学教授（兼研究所导师，1926—1928）。在这一段时间里，他曾多次修改其博士论文，最后中文定稿易名为《人生哲学》，于1926年9月由上海商务印书馆出版。

1928年暑假，罗家伦被南京国民政府任命为清华大学校长，开始在北京组织接收清华的领导班子。冯友兰不喜欢燕大的"教会味"，于是便接受罗家伦的聘任，转任清华大学哲学系教授兼校务秘书长，成为接收班子中最重要成员之一。冯友兰走马上任后，便全力以赴协助罗家伦从外国人手中夺回清华的主持权，其中包括撤销了由外国人控制的清华董事会和基金会，完成了清华由留美预校到国立大学的重要改制，使清华大学正式纳入中国的教育系统，并从根本上扭转清华以往在待遇上，职员高于教员，洋教授高于中国教授；在位阶上洋文高于中文，西洋课程高于中国课程的崇洋媚外的传统。

通过对于清华的改造，冯友兰终于在这所中国人举办的高等学府之中，找到了自己安身立命之地。他从1929年9月起担任哲学系主任，1930年6月出任文学院院长，1935年6月起任文科研究所所长兼哲学部主任，并在罗家伦和梅贻琦两位校长离校期间，先后两次"维持校务"（即代理校长职务）。从冯友兰参与接收清华大学之日算起，到1949年9月23日被革去在清华的一切职务为止，冯友兰一直是清华园中权力仅次于校长的第二号人物。

尽管行政工作繁忙，冯友兰仍能坚持不懈地在课堂上和著述中继续汇通中西方文化，作出了骄人的成绩，在三十年代先后出版了《中国哲学史》上、下两册。1931年2月，他的《中国哲学史》上册，书名为《子学时代》，作为"清华丛书"最早由上海神州国光出版社出版。1933年6月，书名为《经学时代》的下册杀青，1934年商务印书馆一并出版了上、下册两卷本。该书的内容上始于先秦孔子，下迄于清代经学，出版后不仅受到中国学术界的高度评价，也引起了海外学者的普遍关注。

冯友兰先生所著《中国哲学史》两卷本是第一部完整的具有现代意义的中国哲学史，陈寅恪评此书，以为"取材谨严，持论精确……今欲求一中国哲学史，能矫傅会之恶习，而具了解之同情者，则冯君此作庶几近之"，"此书作者取西洋哲学观念，以阐紫阳之学，宜其成系统而多新解"。由此可见，此书的基本架构已为中国哲学史界普遍接受。随着该书英译版、韩文版的出现，它逐渐成为西方及东亚学者研究中国哲学的必读书籍，也包括深深热爱中国哲学与中国文化的韩国总统朴槿惠。该书后来作为多所大学教材，为中国哲学史的学科建设做出了重大贡献。

冯著《中国哲学史》下册在撰写之际，先后遭遇"九一八事变"、"一·二八事变"，以及"五·三一"溏沽协定签订。当时，日本侵略军的铁蹄正践踏着东北、热河等大片国土，华北已危在旦夕，如何唤起国民对于中国文化的热爱，凝聚国人的文化认同感，以抵御外寇侵略，已是刻不容缓的事。冯友兰在浩如烟海的中国哲学史料中，究根寻源，以一千多页的篇幅，成功地使"在形式上无系统"的中国哲学的各家各派，一一展示出其哲学的"实质系统"。冯著《中国哲学史》成功地彰显了中国文化的光明面，而国人通过阅读该书，因此确信中国文化并不较西方文化为劣，使他们重新认识和热爱自己的民族文化，重新构建其历史记忆和凝聚对中国文化的认同感。

《中国哲学史》不仅是有史以来第一部完整的中国哲学通史，而且还是迄今为止最好的一部中国哲学史。尽管中国哲学界对冯友兰的评价呈两极化，但对冯友兰的《中国哲学史》的评价，又存在惊人的一致性。几乎所有人都承认：在目前所有中国哲学史著作中，还未能有任何一种著作，能在整体上胜过冯友兰的《中国哲学史》。胡适的《中国哲学史大纲（上卷）》虽然成书时间早于冯著《中国哲学史》，但下卷至胡适逝世之日仍未写出，故只能算是半部书，而不得不把"第一部"的美誉，拱手让于冯著。胡适虽有开山之功，又有未竟之憾。

此外，冯友兰还有两部英文著作《中国哲学简史》、《中国哲学之精神》流行于欧美。《中国哲学简史》一书是冯友兰于1947年在美国宾夕法尼亚大学讲授中国哲学史的英文讲稿，后经整理于1948年由麦科米伦公司出版。虽然该书在篇幅上远逊色于两卷本的《中国哲学史》，但其内容写得精粹透彻，同样流芳百世。作者在晚年出版的自传《三松堂自序》中介绍："我在宾夕法尼亚大学用英文写了一部讲稿，于1947年离开纽约时，把它交给麦科米伦公司出版，书名为《中国哲学简史》，后来有法文、意大利文、南斯拉夫文译本，直到1984年才出中文本。差不多同时，我的《新原道》的英文本也在伦敦出版，题名为《中国哲学之精神》。"

冯著英文本出版以来，不仅为西方学者广泛使用，也成为中国学者研究和教学的重要参考。著名历史学家何炳棣在回忆自己早年求学经历时，特别提到他对1937年英译本的感激之情："从30年代起，我对英文字汇就相当用心。历史这门学问的字汇要比其他专业的字汇广而多样，但中国哲学、思想方面字汇，英译的工作困难较大，并非历史学人所能胜任。所以七七事变前夕，我以15元的高价在东安市场买了刚刚出版的布德英译的冯友兰《中国哲学史》上册，奔波流徙中始终随身携带。没有它，中国哲学史的字汇英文很难'通关'。布德这部英译'杰作'大有益于我在海外的中国通史教学。"（《读史阅世六十年》）。

卜德与《中国哲学史》英文本的产生过程

冯著《中国哲学史》上册英译本于1937年由北京法文书店出版，下册英译本于1953年出版，是最早被翻译成英文的中国学术名著之一。但前后两册的出版时间相距有16年之久，这主要是由于中日战争和政局动荡的原因，但也有许多曲折和感人的故事。上、下册的翻译者均为从小出生在中国，后来成为美国著名汉学家的卜德（Derk Bodde）。

德克·卜德，1909年出生于波士顿附近的一个海边小镇，父亲为荷兰人，母亲为美国人。1919—1922年，卜德的父亲在上海一所大学教书，他也因此在上海度过了四年美好的少年时光。1930年他由哈佛大学毕业后，继续留校攻读汉学方向的研究生。1931—1937年，他作为第一批获得哈佛燕京学社资助的研究生来北京留学，从此在北京又度过了六年的时光。

如果说1919—1922年期间，他在中国度过的四年时光，主要培养了他对中国的亲近情感和语言训练的话；那么在1931—1937年期间，他进一步走进中国的生活环境，在哈佛燕京学社的学术氛围中，接受长达六至七年的系统汉学专门训练，无疑对他深入了解中国文化，并在后来以独特的风格来研究中国文化产生了深刻的影响。这段时间的专门训练，决定了他将作为一名职业汉学家，一生与中国结缘。由他翻译的冯著《中国哲学史》，至今还是许多国家通用的中国哲学史教材，而他与冯友兰之间长达半个多世纪的学术交往与个人友谊，也成为中西文化交流史上的一段佳话。

卜德此次来中国，主攻的的科目是中国哲学史和中国古代思想制度史，所以他一到北京首先就去拜访冯友兰，并在清华旁听他的相关课程。据冯友兰在《三松堂自序》一书中回忆道："我在清华讲中国哲学史的时候，有一个荷兰裔的美国人布德（即卜德），在燕京大学读研究生。他的名字挂在燕京，但是来清华听我的课程。那时候，《中国哲学史》上册，已经由神州国光社出版。布德向我建议说，他打算用英文翻译我的《中国哲学史》，请我看他的翻译稿子。他翻译完一章，就把稿子给我看一章。到1935年左右，他把上册都翻译完了。那时候，有一个法国人（魏智）在北京饭店开了一个贩卖西方新书的书店，名叫'法文书店'。他听到布德有一部稿子，提议由他用法文书店的名义在北京出版。布德和我同意了，他拿去于1937年出版。"在《三松堂自序》中还记载，卜德的译序写作时间是1937年5月18日，离卢沟桥事变不到两个月。抗日战争爆发后，冯友兰随清华向内地南迁，卜德则到欧洲的汉学研究中心莱顿大学继续攻读中国哲学博士学位。《中国哲学史》下册的翻译工作只能暂时停滞。

抗日战争结束之后，机会又来了。冯先生回忆说："在日本投降后不久，我在昆明接到一封从美国来的信，信是翻译我的《中国哲学史》的布德寄来的……这封来信说，他已经在费城宾夕法尼亚大学当中文教授，并且已经向洛氏基金会请得了一笔款项，基金把这笔款项捐给了那个大学，那个大学就用这笔款项请我去当一年的客座教授，任务是讲一门中国哲学史的课，其余时间继续翻译《中国哲学史》下卷。大学在9月1日开始上课，请于9月1日以前到校。我回到北京，已经是7月底了。当即筹备出国，于8月初到上海，乘船于8月下旬到旧金山……到1947年暑假，布德的翻译工作没有完成，但是我的任期已满，不得不离开。"翻译工作不得不又一次中断。

1948年秋，卜德获得了美国富布莱特奖学金，作为访问学者再次来到了北京，下册的翻译工作再次得以继续。当时中国正处于大变局时代，冯友兰和布德的合作注定还要经历一番波折。冯先生继续回忆说："布德住在北京，经过平津战役，在围城之中，继续他的翻译工作，到朝鲜战争爆发的时候，他已经翻译完毕。他看见中美关系不好，恐怕交通断绝，就带着稿子回美国去了，此后音信不通。一直到1972年邮政通了，我才知道，这部《中国哲学史》英文稿，包括以前在北京出版的那一部分，都已经由普林斯顿大学出版社于1952年（作者注：实际应为1953年）出版。"冯友兰大约未必知道，其大著的英译本自出版后不断重印，到1983年已经印刷了第八版。韩文版则于1977年出版。

1978年10月，以余英时为团长的美国学术代表团访问中国，卜德是成员之一。据余英时在《十字路口的中国史学》一书中记载："卜德对冯友兰没来感到非常失望。自从代表团组建以来，冯友兰就是他最想见的人。尽管我们反复请求，但冯从未露面。可能因为他被指控卷入江青的政治集团。在代表团结束行程回到北京后，曾第二次试图见他，但也失败了。"直到20世纪80年代初，冯友兰走出"文革"阴影，两位合作者才在相隔三十年后再次见面。1982年9月10日，冯友兰在哥伦比亚大学接受荣誉博士学位时，卜德应邀出席，双方关于中国文化的交流甚至争论依然坦诚。

2012年7月，《冯友兰自述》（中文版名称《三松堂自序》）韩文版由韩国熊津教育文化有限公司在全球正式发行。这本书是冯友兰先生在晚年回眸自己学林春秋的自述传。历尽百年沧桑之后，冯友兰先生以一种淡定的态度，娓娓道来自己求学、治学的经历，同时也展现了作者面对那个西风落叶的时代所怀有的心态，以及同一时代，一批学人轻舟激水、奋发图强的精神。本书韩文版的出版引起了广大韩国学者的关注，为中国文化在韩国的推广做出了巨大的贡献。

冯友兰的哲学思想对朴槿惠的影响

冯著《中国哲学史》韩译本诞生于1977年，由韩国莹雪出版社出版，翻译者为郑仁在。

郑仁在，中国文化大学博士。现任韩国西江大学哲学系教授，兼任韩国阳明学会会长。研究领域为孟子学与阳明学。已出版的著作有：《孟子心学之研究》、《中国近世宗教伦理与商人精神》等书。

1952年2月，朴槿惠出生于韩国大邱市，父亲朴正熙时任韩国陆军本部作战部次长。朝鲜战争结束后，朴槿惠随父母搬到汉城。朴槿惠的母亲陆英修曾在伪满州国生活过，会说中国东北方言。受其母亲影响，朴槿惠从小就略通汉语。1961年，朴正熙通过发动"5.16军事政变"，成功夺取政权并成为韩国第五任总统，他们一家人也因此搬进总统府青瓦台。

由于母亲对于他们家教很严，住在青瓦台的朴槿惠和其他孩子没什么不同。母亲常常对少年的朴槿惠和妹妹、弟弟下达各种"禁止令"，要求她们出门时必须自己坐公交车。作为总统的女儿，朴槿惠理所当然会有专车接送，但陆英修担心这样会让孩子养成"特权意识"，对她的未来造成不良影响，所在朴槿惠在幼年时就被母亲送到外婆家去住，以方便她自己上下学。

受到家庭的严格教育，在初高中阶段，朴槿惠的考试成绩一直都是班级排名第一，老师对她有很多好的评价，但也提到她平时"过度成熟"、"因过度慎重而沉默寡言"。对于母亲的教育理念，姐弟三人后来都心存感激。父亲朴正熙知道女儿酷爱读书，又喜欢中国文学，便给她买了一本韩文版的中国名著《三国志》，朴槿惠得到此书后一下子就入了迷。朴槿惠终身未嫁，但曾有一次，她提到自己所爱的人时说道："回头一想，我的初恋就是《三国志》中的赵子龙啊，每当他登场时，我的心总是跳得厉害。"

1974年，朴槿惠由西江大学电子工程学专业毕业。当时她正值花样年华，曾有过鲜花般绚烂的梦想，志向成为一名大学教授或研究学者。正值她留学法国之际，随着青瓦台的一声枪声，母亲遇刺身亡，她旋即回国代替母亲履行"第一夫人"职责。之后的几年中，父亲又遭枪杀。27岁的她一夜之间沦为天涯孤儿，带着年幼的弟妹，孤苦伶仃地离开青瓦台，开始从天堂到地狱的生活。

接踵而至的是，曾经追随她父亲，信誓旦旦要毕生竭力忠心效力的人们，也都纷纷选择逃离、背叛，甚至是中伤、诽谤和侮辱。面对各种不堪的现实与外界的批判，她决心不再参与政治，选择长达十八年的隐居生活。

这十八年隐居生活，朴槿惠一直是在读书、写作中度过的。读书让她找回了内心的安宁、沉静，不仅提高了自身修养，拓展了她的思维深度，也让她到达新的人生境地。她曾在日记中这样写道："那段时间我读了《法句经》、《金刚经》等佛教经书和《圣经》，也读了东方哲学的有关书籍以及《贞观政要》、《明心宝鉴》等。我将这些书放在床头，以便随时可以拿起来阅读。"当然，所读书中对她起决定影响作用的，还是冯先生的《中国哲学史》。朴槿惠热爱中国哲学，尤其钦佩中国的著名哲学家冯友兰。《中国哲学史》韩译本也正是在这一时期诞生的。

朴槿惠在一篇回忆录中说："二十多岁时，我曾面临难以承受的考验和痛苦。父母都被枪杀，曾经信任的人离开，连呼吸都觉得困难。当时让我印象最深刻的就是冯友兰的《中国哲学史》。这本书改变了我的人生。"她还曾这样表达："在我最困难的时期，使我重新找回内心平静的生命灯塔的是中国著名学者冯友兰先生的《中国哲学史》。《中国哲学史》蕴含着正直、坚强的人类道义和战胜这个混乱世界的智慧和教诲。"

冯友兰先生的《中国哲学史》，"阐旧邦以辅新命，极高明而道中庸。"上涉四百余年的子学时代，下及二千余年的经学时代。全书集哲学之大成，集历史长河的思想为一体，它不仅是一部杰出的中国哲学史，也是一部治国安邦的思想史。其内容渊博宏阔，严谨深厚。有学者称其为"可比肩于史学巨著，如司马迁的《史记》，饱含'究天人之际，成一家之言'的思想价值；也可比照于司马光《资治通鉴》，有治世辅佐的历史和现实功用。"

写作，不仅让朴槿惠的业余生活格外充实，也让她成为一名学者型的政治家。迄今为止，朴槿惠一共出版过七本书。这其中最有代表性和影响力的著作，是她的日记集《以苦难为友，以真实为灯》、散文集《点滴的人生》，和她的自传《在绝望中成长，在希望中前进》。

《以苦难为友，以真实为灯》收录了她在母亲遇刺身亡之后的1974年至1993年近二十年的日记，记录了她人生中很多重要的瞬间，充分反映了她的心路成长历程。1990年以后，她的日记中更多的则是对于自己的要求和节制，其中很多是关于人格修养和人生哲学的内容。

1991年8月23日，她在日记中是这样描述自己人生的目标：

"人生中最珍贵的是什么呢？它是正确的生活以及为这种生活所带来心灵平和安乐。这种心灵的体验是谁也无法侵犯的，谁也不能强制带走的。我的人生目标就是，学会正确思考，并在现实生活中正确地实践之，充实之。如此而已。"

1992年6月14日的日记可谓反映出朴槿惠人生哲学的顶峰。"人的一生可以享受的最大快乐是心的平和。这并不意味对很多东西的拥有与实现。这种快乐是意味着放弃。人只有在放弃中才能得到。"

朴槿惠散文集《点滴的人生》一书中，包含了她很多的人生哲学，整本书给人的感觉就是一部哲学者的思维之书。"当雨天屋顶漏水的时候，不要去埋怨雨。问题的原因在于屋顶的破陋。雨下了之后，屋顶的漏洞才会被发现。从这一点上来说，诱惑在一定程度上能发挥检验一个人品质的作用。"

受冯友兰哲学思想的影响，朴槿惠有自己独特的看待和分析事物的人生哲学。基于这种哲学素养，她才展现出超强的自控力。她的这种素质并不是任何人都可以轻易具备的，这是卓越领导人才具备的优良素质。多年来，她一直是走在思考路上的人，不仅思考自己的人生，更加思考国家和民族的未来。因此，"她依然用美丽的眼睛来看待这个充满希望的世界，她依然深爱着大韩民国的国民们。"

许多学者分析：朴槿惠本身喜欢中国文化，也有很高的汉学造诣。朴槿惠上任后，有可能在文化交流层面为中韩两国关系打下基础。中韩两国关系日后有望通过文化领域向经济、政治领域进一步推动。

（原文摘要发表于《中华读书报》2014年2月26日）

李剑农与英文版《中国近百年政治史》

著名史学家李剑农(1880~1963年)曾任武汉大学史学系主任，是中国近代史研究的重要开拓者，对中国近代史和中国古代经济史研究做出许多开创性的贡献。他所著《中国近百年政治史》一书被美国汉学泰斗费正清誉为"对中国近代史的最清晰、唯一全面的评述"。该书1956年由笔者外公邓嗣禹及他的学生Ingalls首次编辑、翻译成英文版后，在美国、印度多次再版。1991年，李剑农与陈寅恪、陈垣等14人被收录于美国纽约格林·伍德公司出版的《近代国际大史学家辞典》中，成为国际范围的史学大师。

2013年是李剑农逝世五十周年，由武汉大学出版社主持的"武汉大学百年名典"系列首次在国内将英文版《中国近百年政治史》再版。

多版本出版过程与译评

《中国近百年政治史》是目前国内外学者经常参阅和广泛引用的经典著作，该书在李剑农1930年所著《最近三十年中国政治史》基础上，因大学教学需要，将鸦片战争到中日甲午战争这段历史补写了三章，更名为《中国近百年政治史》，1942年由蓝田国立师范学院史地学会印刷出版。此书一出，市场上很快售空，而"各处尚有来函索者"，1943年又交由蓝田书报合作社印刷发行，1946年由蓝田启明书局改印成线装四册本出版，1947年由商务印书馆制成平装本，分上下两册出版，1948年再版。近年，国内复旦大学、武汉大学等国内著名大学和出版机构又多次再版。台湾商务印书馆也曾于1963年刊行该书，后又于1992年再版。

值得一提的是，1942年书报合作社版在紧接李剑农所写"卷头语"后，曾有一小段"再版补充语"：

> 去岁由史地学会印行之本，字迹既甚模糊，讹误之字又多，谬蒙读者垂爱，甚感惭愧。兹以各处尚有来函索者，而史地学会已无存书，蓝田书报合作社愿意再承印，遂复付梓。讹误之字虽勉为校正，但恐尚不能免，乞读者垂谅。
>
> 民国三十二年二月 著者附识

而此后发行的各种版本《中国近百年政治史》均没有这段"附识"，看来都不是以蓝田书报合作社版本为原本的，而是以同样创立于当地的蓝田启明书局1946年发行的版本为基础。而启明书店似乎直接以地学会版为原本，都跳过了书报合作社版。

该书英文版由留美学者邓嗣禹潜心数年，精心译介。中国另一部文学名著《颜氏家训》也是由他在燕京大学时着手翻译，并于1968年在英国出版。1950年,邓嗣禹在印第安纳大学执教中国近代史时,由于缺乏教学资料,便将李剑农《中国近百年政治史》的部分内容译成英文,用作研究生参考教材。他于1950年5月在美国《远东季刊》上发表书评,认为"该书既不太详细也不太简短。它没有包含太多不必要的人名。作者的观点中肯客观,不偏不倚,是一本理想教材"。之后几年中,他以1948年商务印书馆的版本为基础,对于全书进行翻译,并增补了若干内容,后经他在芝加哥任教时期的硕士生,时任Rockford学院讲师的英格尔斯(Ingalls)参与润色,1956年首先在美国D. Van. Nostrand出版社出版,书名为 *The Political History of China 1840—1928*(《中国政治史,1840—1928》)。该出版社先后于1962年、1963年、1964年、1968年再版该书;斯坦佛大学出版社(Stanford Univ. Press)在1956年6月、1967年、1969年三次出版该书;1963年,美国东西出版社(East—West Press)也曾出版过此书;1964年印度版本又在新德里出版。

20世纪50—70年代期间,该书是美国研究生教学中非常流行的参考书。这部著作不仅取材精准、叙事准确,对历史事件注意追根求源,并联系当时社会形势全面分析,还历史的原貌,评论时局无所忌讳,秉公伸张正义。2006年,著名学者萧致治在武汉大学版《中国近百年政治史》再版前言中介绍:"该书英文版前后共计发行了5200册,其数量之多,在美国同类著作中实属少见。"2011年,美国Literary Licensing, LLC出版社在两个月(9—10月)期间又曾两次再版(书面注明李剑农、邓嗣禹著)。2013年11月,武汉大学出版社首次在国内出版英文精装版。

邓嗣禹在英文版《中国近百年政治史》出版之前,首先交给费正清审阅,并在此书第一页显著位置注明"献给费正清"(To John King Fairbank)。费正清回信认为《中国近百年政治史》是"中国近代政治史的最清晰的唯一全面的评述……对于西方的研究学者来说,作为一种可靠的纪实史和重要资料的简编具有重要价值"。

本书被译成英文出版后,曾受到国际史学界广泛赞誉。耶鲁大学的汉学家沃尔克（Richard L.Walker）看到英译本，于1957年4月在《美国历史评论》上发表书评指出，"李剑农的著作具有很高的学术价值，它不仅是作为这一时期研究生的基本参考书目，而且也作为这一历史时期中国学术评价的观点，引入到西方。邓嗣禹和英格尔斯在编辑与翻译中克服了许多困难，将原始的中国资料转变成易懂的英文。通过删掉重复的内容和增加系统的注释、索引和文献目录，将李著的价值进一步强调出来。"哥伦比亚大学的伟伯（C. Martin Wilbur）对此也强调指出，"翻译者通过删除书中许多累赘的内容，缩短了书籍的篇幅，对原书内容重新进行了文献编辑，对许多来路不明的词句增加了引文，同时还增加了效果良好的书目提要和地图，对于西方各层面的学生而言，他们都将是这些工作的受益者。"（*Pacific Affairs*，1957年6月，第2期）。华盛顿大学的斯坦利（Spector Stanley）也在迟后的1958年，发表书评指出，"对于一本学院层面的教科书而言，译者不仅提供了鲜活的评述内容，而且还提供了一种广泛了解中国历史著作的翻译标准。这本书对于一直为中国历史所困的美国教师与学生而言，将提供最大的实用价值"（*The Journal of Asian Studies*，第4期，1958年4月）。

译本特色与翻译标准

为了帮助西方读者更好地理解《中国近百年政治史》的内容，体现原著学术价值，译者在准确理解和精心翻译的同时，在征得剑农先生同意之后，邓嗣禹对原著进行了调整和增删。首先是在正文之外增加了五个辅助部分：译者前言、参考书目、阅读背景与注释、人名与地名索引，以及每章均插入1~2张中国分区地图。在正文中主要增加的是背景知识，有些是直接加在书中，有些则是以尾注的方式，放在了书后增加的Notes部分之中。据笔者统计，英译本各章节中，仅增加的注释数目就有196条之多，涉及历史人物、革命事件、社会运动、官职名称、民族习俗等内容。这就意味着，译者不仅需要调动多方位、多学科、多视角的知识储备，还要倾注大量心血与研究心得，同时还要有宏观考量与微观分析、取舍的多重能力。

其一，历史人物注。此类注解主要涉及中国不同时代的历史和政治人物，通过注解内容的叙述，能够拓展读者的历史知识背景，营造著作中的历史语境。这部著作中，几乎涉及到民国各个时代的重要人物。除了一少部分研究中国历史的汉学家之外，对于大多数西方读者来说，在阅读关于中国的历史文章或学术著作时，最大障碍就是难以把人名弄清楚，他们怎么能把众多的中国历史人物的名字记住呢？这主要是靠译者注释中的内容产生各种联想。如果读者在注释中得知某人是中国的大政治家或哲学家，就会对他肃然起敬；若再读过他的诗文，更会感到像遇到老朋友一样，数页之后再见到这个名字，必定知道是同一人。如在第十二章：护法运动中北洋军阀的分裂与军阀的离合，注释中简明介绍了主要人物的演变过程，可让读者在阅读本章节时有一个大概了解："1913年10月，袁世凯成为任期五年的法定总统。在袁死后，黎元洪接替他出任大总统。在黎辞职之后，副总统冯国璋接替他，直到1918年10月。当五年期结束时，徐树铮在1918年9月被选举为总统。"

其二，官职名称注。太平天国时期的许多官职名称，对于今天中国的许多读者而言都是生僻的，更不用说西方读者了。书中如"两司马"的注释简洁明了，寥寥数语："两司马是古代军队中，最下层基本的官职，管理财政、教育、司法等一切政务，由25名士兵组成。"再如"四大将领"的注解简明扼要，一目了然："现代人们常说清朝时期湘军的'四大将领'指的是曾国藩、左宗堂、彭玉麟和胡林翼，他们都是太平天国时期有卓越功绩的将领。"

总体来说，近二百条的注释内容大多采用音译加意译的方式，通过尾注内容阐明音译，扩展意译，整体格式简明扼要，分析明快，客观自然，符合史实。从读者阅读接受和跨文化传播的角度而言，这种注释是必要而且成功的。从李著英译本1956年在美国出版以来，许多读者发表的书评文章中，也得到了进一步的验证。

李著英译本的另一特色，是在书中每一章节几乎都增加了中国分区地图，既有黑白的，也有彩色的。这对于不熟悉中国地理知识的读者来说，从地图中描述的城市位置、行进方向等，就可很快地理解书中叙述的内容。但同时也大大增加了译者在翻译作品时的难度。

与增添的内容相比，删节的较少，主要是李剑农加在目录前的卷首语没有翻译，导论部分中"百年前的世界趋势"一节也没有翻译。这些内容对于西方读者来说是常识的问题，也就没有必要再翻译了。再有就是如许多书评作者指出的，删掉了书中一些前后重复的内容。

从译本最后的参考文献中能够了解到，邓嗣禹在翻译时曾参考过多种英文文献。例如，就阅读背景而言，他曾参考过的书籍就有：顾立雅（H.G.Creel）的《从孔子到毛泽东的中国思想》，1953年版；费正清的《美国与中国》，1948年版；冯友兰的《中国哲学史》，卜德英译本，1953年版；李约瑟（Joseph Needham）的《中国科学技术史》1954年版等书。

正是由于李著英译本具备了上述优点，使其出版之后在国外学术界大获好评，近年来也再版不断。长期以来，"忠实"原文被视为翻译实践的天条、翻译理论的当然假设。而"忠实"的文本大多未能实现"走出去"的目标。在漫长的历史过程中，众多的翻译文本，真正"走出去"的却屈指可数，大多数则湮没于漫漫历史长河中（吕世生："18世纪以来"走出去"的中国翻译改写模式"，《中国翻译》2013年第5期）。正如美国汉学家在书评中指出的，李著英译本"提供了一种广泛了解中国历史著作的翻译标准"，"将李著的价值进一步强调出来"，可为读者"提供最大的实用价值"。

(原文发表于《中华读书报》（2013年12月11日）

《中国政治史》英译本背后的故事

在我刚记事的时候,家里就珍藏有一本全英文的大部头书籍,母亲告诉我,这是你外公翻译的中国历史名著。

全棕红色的精装书籍,封面看上去有点刺眼,由于年代已久,书的四周已开始起毛边。据母亲说,这是上个世纪50年代末期她上大学时期外公从美国给她寄来的,"文革"期间,一直深藏在箱底最隐蔽处,只是天气好的时候,为避免发霉才拿出来晒一下。几十年间,我们家从南到北曾多次搬家,许多东西都已经舍弃,但这本书却一直伴随我们走到了今天。

上了中学以后,我借助英汉词典,慢慢地翻译出了书名:《中国政治史(1840—1928)》,原著者为李剑农,1956年由斯坦福大学出版。当时,由于专业的局限性,我并没有认真对此书进行研究,只是认为外公是一位了不起的留美历史学家,向西方传播中国文化的大学者。

1937年,抗战全面爆发的时期,已经在燕京大学留校任讲师的邓嗣禹，忽然接到同学房兆楹由美国发来的电报，邀请他立即前往美国华盛顿，协助时任国会图书馆东方部主任的美国著名汉学家恒慕义博士编写《清代名人传略》。当时，华北对外的交通已经断绝，无法前往上海乘船，为赶任期，他绕道东北，经韩国至日本横滨，再乘船到美国。

那时的外公是个年仅32岁的热血青年，乘船途中非但不接受日军的侵华宣传，有时还加以驳斥，因此备受日本特务、警察的困扰。他曾多次面临被拘的危险，因同行的美国朋友紧随不舍，才幸免于难。晚年时，台湾《传记文学》曾将他当时在船上写的日记进行过连载。

说起恒慕义，他应该是比费正清资格更老的美国汉学家。早在1936年，外公在燕京大学任教期间出版《中国考试制度史》一书时，他曾为此书撰写过长篇导读文章，向西方介绍中国的科举制度，这一次可以说是再次合作。外公在编写《清代名人传略》时，负责洪秀全、曾国藩等33位人物生平事迹的撰写，费正清当时协助他编写过其中3位人物的事迹。

1938年，外公获得燕京学社第二批奖学金，赴美国哈佛大学留学，师从费正清，1942年获得博士学位。毕业之后，他先后在芝加哥大学、哈佛大学、北京大学、印第安纳大学任教。1950年，他在执教中国近代史时，由于缺乏教学资料，便将李剑农《中国近百年政治史》的部分内容译成英文，用作研究生教学参考教材。

之后的几年中，他以1948年商务印书馆的版本为基础，对全书进行翻译，并增补了若干内容，于1956年首次在斯坦福大学出版，仅比大家熟知的冯友兰著《中国哲学史》英译本（1953年）晚了三年。亚马逊网显示，从1962年到2011年期间，美国至少有三家出版社将此书多次再版，成为这一时期研究生教学中非常流行的参考书，1964年印度版本在新德里出版。这些版本我都分别有所收藏。

邓嗣禹在该书英文版出版之前，首先交给费正清审阅，并在此书第一页显著位置注明"献给费正清"。费正清回信认为《中国政治史》是"中国近代政治史的最清晰的唯一全面的评述,对于西方的研究学者来说,作为一种可靠的纪实史和资料简编具有重要价值"。

五十八年过去了,读者还可以在国内外各大图书馆,检索到这本书的最新版本,它仍然在放射着学术的光芒!

(原文发表于《人民政协报》2014年8月14日第7版)

《颜氏家训》英译及其传播意义

颜之推（531—约590））是我国魏晋南北朝时期著名的文学家和教育家，他撰写的《颜氏家训》是中国第一本论述家庭教育的读本，总结了当时的潮流，开创这类文字的新发展，堪称为中国的"众家训之母"。胡适曾经评价说"此书最可以表现中国士大夫在那个时代的生活状态"。清人王钺在《读书丛残》中称赞道："篇篇药石，言言龟鉴，凡为人子弟者，可家置一册，奉为明训，不独颜氏。"由此不难看出此书在中国封建社会所产生的巨大影响。

1966年，《颜氏家训》最早的英文译本由英国E.J.Brill出版社出版，1968年再版。英译者为留美学者邓嗣禹。留美学者王伊同在纪念文章中，评价此书"开南北朝经典英译之先河。"但是，查阅目前国内出版的中国典籍外译史书籍和博硕士论文，均未发现有从事这方面研究的学术论文发表，或者是提及这本书籍，因此，介绍这本典籍英译过程，论述其翻译模式和传播的意义是十分必要的事。

英译本翻译的曲折过程

从1936年《颜氏家训》最早开始翻译,到1966年第一次出版发行,经历了三十年之久的时间。这期间发生了各种起伏不定的变化,其过程本身就是一个绝好的故事。

1935年,已经获得燕京大学历史系硕士学位的邓嗣禹,留校任讲师,协助美国汉学家博晨光教授(Lucius Chapin Porter, 1880—1958)讲授中英翻译课程,同时经常与外教进行团队教学。在讲课之余,他和博晨光共同讨论翻译《颜氏家训》的技巧与修辞方法。1936年,他们以《颜氏家训》英译本作为课题,申请到燕京大学司徒雷登研究项目基金,这是燕大当时仅有的二个项目之一。

博晨光,1880年出生于中国天津,父母是美国公理会的传教士。他在中国度过童年后,返回美国接受高等教育,先后就读于伯洛伊特学院(Beloit College)、耶鲁大学神学院等高校,毕业后返回中国,曾任燕京大学哲学系教授、系主任,还曾兼任哈佛燕京学社北平办事处干事,燕大的校务委员会、图书馆委员会和古物展览委员会委员,男生部体育促进委员会主席等职务,为燕京大学的发展做出过重要贡献,直到解放前期才离开中国。在燕京大学期间,博晨光和冯友兰有过密切的交往,二人曾合作将《庄子》等中国古代哲学文献译成英文,但是没有能够发表。而冯友兰任燕京大学哲学系教授也正是博晨光撮合而成的。

1937年夏季,卢沟桥事变爆发前期,邓嗣禹接到燕大同学房兆楹的邀请,有一个到美国国会图书馆工作的机会,协助图书馆东方部主任恒慕义主编的《清代名人传略》项目。当时,《颜氏家训》的翻译工作远未结束,他不得不绕过那些翻译困难的章节和段落,直接翻译最后一部分。当他在翻译第二十章的"终制篇"时,日本的飞机轰炸了距离燕京大学大约一英里外的中国军营。在燕大工作人员居住的地方,窗户被炸弹余波震得严重摇晃，房子似乎马上就要倒塌。

在迫不得已的情况下，邓嗣禹在手稿的空余处注明他完全同意作者颜之推提出的葬礼从简的想法，匆忙结束了翻译工作。否则，他很可能会被一枚日本人的炸弹炸死。他匆匆收拾行李，动身前往美国，把不完整的手稿交给了博晨光，这项翻译工作不得不搁浅。

不久之后，北京被日本人占领。1941年12月珍珠港事件爆发，美国同日本正式宣战，燕京大学也变成不平静的校园。1943年，博晨光在63岁时被日军逮捕入狱，带到山东潍县的一个集中营关押起来，直到1945年11月才被释放，回到美国。当时，一同遭遇牢狱之灾，被关押到这里的美国汉学家，还有正在哈佛大学攻读汉学博士学位，到北京进修的女汉学家赫芙（Elizabeth Huff），海陶玮（James R. Hightower）以及芮沃寿、芮玛丽夫妇。

由于经历过这一次的磨难，博晨光的身体状况急剧下降，精力也不如从前。直到在燕大退休之后，一些手稿仍然是翻译当初的原作。邓嗣禹认为，不把做了一半的事情完成是不愉快的事。经过与博协商，他决定自己独立承担翻译工作，博晨光仅负责撰写前言。

随后的1938年8月，邓嗣禹因获得哈佛燕京学社第二批奖学金，乃辞职前往哈佛大学深造，师从费正清并于1942年获得博士学位。早在1941年，因哈佛大学学业告一段落，他应芝加哥大学之聘担任讲师，开设中国历史、史学史及目录学等五门课程。珍珠港事变之后，邓嗣禹代理芝加哥大学中国研究院院长，兼任远东图书馆馆长，并主持美国陆军部在该校设立的中国语言、历史特别训练班工作（简称：ASTP）。那几年，学习和工作任务太重，他自然没有精力来从事《颜氏家训》的翻译工作。

1945年，机会终于来了。这年8月，蒋介石接受朱家骅、傅斯年的意见，确定胡适为北大校长，9月6日任命文件正式颁布。胡适接到回国出任北大校长的任命文件不久，9月26日就致信邓嗣禹，邀请他随同回北大任历史系教授。1946年7月，邓嗣禹正在加州大学暑假学院密尔士（Mills）兼任中国学园主任，他邀请杨联陞利用暑假一同去讲授中国哲学史，目的是一边教学挣得回国经费，一边等待回国的船只。当时由于二战刚刚结束不久，舱位非常紧张，两人一时订不到回国的船票。8月，邓嗣禹终于回国，在赴湖南家乡短暂的探亲之后，赴北大就任历史系教授，讲授远东史与中国文化史（《北大岁月，1946—1949的记忆》，P11）。回到北京后，邓嗣禹与博晨光得以久别重逢。讲课之余，他们在燕京大学继续翻译《颜氏家训》的未完成部分。但是，两人没有机会再做同事。不幸的是，1958年9月博晨光在美国去世，享年78岁，撰写前言的计划也未能实现。

1966年，英译本《颜氏家训》出版时，为了感谢博晨光对这本书翻译工作的支持，缅怀两人共同合作的美好时光，邓嗣禹在书的封页上写道："本书专为怀念博晨光，1880—1958"。

胡适、洪业曾经推动过英译本的翻译

早在1943年，杨联陞在准备博士论文选题时，曾致函请教过胡适，问他："自汉至宋的史料中，有什么相当重要而不甚难译又不长的东西吗？"胡适先生建议译注《颜氏家训》，并有这样的回复："我偶然想起《颜氏家训》，此书比较可合你提出的三项条件。我常觉得此书最可以表现中国士大夫在那个时代的生活状态，故是重要史料。其文字比《人物志》容易翻译多了。其地位够得上一部'中古的Classic'。版本、注释，也都够用。你以为如何？"（见"胡适给杨联陞的信"，1943年10月27日）。

后来，杨联陞决定译注《晋书·食货志》，那是因为一方面经济史更符合他一贯治学的旨趣；另一方面，他得知哈佛同学中邓嗣禹正在着手翻译《颜氏家训》。1962年，作为中日双方的合作项目之一，杨联陞应邀到日本京都大学讲授《盐铁论》和《颜氏家训》。因为当时世界上仅有中文版本，他深感在讲授《颜氏家训》时，有许多英文专有术语不好表达；同时他也体会到有众多的东西方学者渴望了解《颜氏家训》这本中国的"家训之母"的愿望。邓嗣禹则接受了胡适的建议，坚定了将翻译工作进行到底的信心。1946年他回到北大任教之后，马上加快了翻译工作的步伐。

1958年前后，留美学者周法高按照胡适的建议，曾撰写过《颜氏家训汇注》一书。余英时先生在纪念洪业先生的文章中曾提到："1958年周法高先生在哈佛大学访问时，曾以《颜氏家训汇注》的稿本送请洪先生评正，后来周先生告诉我，洪先生曾指出其中可以商榷之处不下百处。"可见洪业对于学生出版的著作要求之严。"凡是读过洪先生论著的人都不能不惊服于他那种一丝不苟、言必有据的朴实学风。他的每一个论断都和杜甫的诗句一样，做到了'无一字无来历'的境地"（《顾颉刚、洪业与中国现代史学》）。《颜氏家训汇注》的出版，为英译本《颜氏家训》的准确英译奠定了良好基础。

邓嗣禹在英译本《颜氏家训》的出版说明中，曾有这样的真实记录："我要感谢洪悢莲（洪业）教授的建议，将英文本《颜氏家训》的第十八章'音辞篇'的内容，送给周法高教授、李方桂教授审阅，这些专家们的建议极大地提升了《颜氏家训》翻译的准确性。"可以想象，当时洪业不仅是看到过邓嗣禹送给他的英文本《颜氏家训》翻译草稿，他一定认为其中的第十八章"音辞篇"内容，可能在英译方面还存在有一些需要改进的问题，才向邓嗣禹提出这样的建议。

周法高写作、出版过《颜氏家训汇注》，对于《颜氏家训》有深刻研究不用多说，他本人对于语言学有深广功底可见一斑。周法高（1915—1994），中国语言学家，中央大学文学系毕业。1941年获北京大学中国语言学硕士。曾任职中央研究院历史语言研究所，并兼任中央大学副教授。1947年获中央研究院杨铨奖金，赴台湾大学任教授。1955年，任哈佛大学哈佛燕京学社访问学者，历时三年。1962年，任美国华盛顿州立大学客座教授。李方桂（Fang-Kuei Li, 1902—1987），著名语言学家，早年毕业于清华大学，先后在美国密执安大学和芝加哥大学读语言学，是中国在国外专修语言学的第一人，为国际语言学界公认之美洲印第安语、汉语、藏语、侗台语的权威学者，并精通古代德语、法语、古拉丁语、希腊文、梵文、哥特文、古波斯文、古英文、古保加利亚文等多种语言，有"非汉语语言学之父"的美誉。可以说，胡适、洪业曾经不同程度地推动过《颜氏家训》英译本的翻译工作。

英译本的特色与传播

为了帮助西方读者更好地理解《颜氏家训》的内容，体现原著学术价值，译者在准确理解和精心翻译的同时，首先在译著的开篇增加了长篇引言，内容包括：1、家训在中国的地位和作用；2、颜氏家训的写作背景；3、作者颜之推的个人经历；4、作者在社会和教育方面的思想；5、本书在哲学素材方面的综合优势；6、本书与佛教与儒家学说的关系；7、关于翻译方面的陈述。

上述前六大方面内容的写作，只有在仔细阅读原著、充分理解作者的思想，并且经过译者的提炼、加工之后，才能完成。即便是用中文写作，也不是一蹴而就的事。接下来译著按照《颜氏家训》的原著内容分将全书分为二十篇，其细目如下：

一、序致篇；二、教子篇；三、兄弟篇；四、后娶篇；五、治家篇；六、风操篇；七、慕贤篇；八、勉学篇；九、文章篇；十、名实篇；十一、涉务篇；十二、省事篇；十三、止足篇；十四、诫兵篇；十五、养生篇；十六、归心篇；十七、书证篇；十八、音辞篇；十九、杂艺篇；二十、终制篇。

关于译著的正文，邓嗣禹在"翻译陈述"部分说明，最后的译本是以周法高1958年出版的《颜氏家训汇注》为参照蓝本，增加了大量的注释、参考文献、索引等内容。其中，仅注释的内容就有近百条之多，这就极大地增加了翻译的难度和工作量。

另外，译者还将三部分内容，在当时可以说是最新研究成果补充在书中：其一是1961年周法高在台北出版的《颜氏家训汇注补遗》；其二是陈槃发表的"读《颜氏家训》札记"；其三是1964年王叔岷在香港大学出版的《颜氏家训集注》。这些成果的引用，可以进一步帮助西方读者理解《颜氏家训》原著的丰富内蕴。

邓嗣禹在"翻译陈述"部分，还详细介绍了这本译著曲折、艰辛的翻译过程。他提到，仅译著手稿修订、打印的程序，前后就经历过七次之多，每次则需要几年的时间才能完成。称之为"三十年磨一剑"实不为过。

1966年，第一版英译《颜氏家训》出版之后，根据读者的要求，为了让加强西方读者对于书中缩写词的理解，同时方便查找书中的相关资料，译者在原著的基础上，另外增加三部分附录内容：缩写词列表、参考书目提要、补充了索引等内容，将译著由原来的228页增加到245页，于1968年再次出版。目前，1966年的版本仅收藏在台湾中央研究院的图书馆中，更多的中外读者了解和查阅到的是1968年的版本。

美国汉学家丁爱博（Albert E. Dien）于1973年发表书评指出："英译本《颜氏家训》本身很好阅读，值得高度赞赏。……邓嗣禹的译本将非常有助于未来的六朝研究。"（*Journal of the American Oriental Society*，*Vol. 93,No.1,P.84, 1973*）王伊同在《邓嗣禹先生学术》一文中，评价英译本《颜氏家训》"开南北朝经典英译之先河"（《燕京学报》新四期，北京大学出版社，1998年版）。

在致谢的名单中，我们可看到这样一些活跃在中美学界的历史名人，不仅有燕京大学代校长梅贻宝、芝加哥大学老同事，东亚文学系主任顾立雅（H.G. Greel）、东亚图书馆馆长钱存训；也有像董作宾、陈荣捷、张钟元等知名汉学家。可以说，当时有众多的中美学者，从不同层面对于英译本《颜氏家训》的翻译、出版做出过贡献，起到过积极的推动作用。

《颜氏家训》英译的启示及其意义

英译本《颜氏家训》的翻译与出版长达30年的时间，排除一些客观上的原因，英译中国典籍本身就是一项艰巨和富有挑战性的工作。它需要译者具有娴熟的古典汉学知识，并能对中国传统史著本身，以及中国文化有着精深的了解，同时还要具备一种坚忍不拔的毅力。

中华典籍要想在国外广泛传播，英译的方法也是不可忽视的重要因素。一种传统的方法就是"大众化"的翻译，即在忠实原文的前提下，尽可能避免插入注释，仅强调译文的流畅和可读性因素。这种方式由于简化了中文人名介绍、减少了专业术语的注释、加入索引等内容，英译的时间自然较短。但是对于西方读者而言，阅读时可能会带来理解上的困难。另一种是"学术化"的翻译，即通过加入严谨、客观的学术性注释，力求使读者更为全面、精准地理解原著表述的内涵，修改和补充原著所存在问题。对于中华典籍进行"学术化"英译，无疑需要大量的时间。

长期以来，"忠实"原文被视为翻译实践的天条、翻译理论的当然假设。而"忠实"的文本大多未能实现"走出去"的目标。在漫长的历史过程中，众多的翻译文本，真正"走出去"的却屈指可数，大多数则淹没于漫漫历史长河中（吕世生："18世纪以来"走出去"的中国翻译改写模式"，《中国翻译》2013年第5期）。英译本《颜氏家训》翻译模式，及其成功的实践也充分证明，采用"学术化"英译中华典籍，是实现中华文化"走出去"的必由之路。

另一方面，中国古代文化典籍的外译工作长期被西方汉学家和传教士所垄断，由于中西方思维方式和文化背景的不同，使得中国文化在走出国门的同时，遭受了一些偏见和误读。在相当长的一段时间里，美国人始终认为中国传统史学受到儒家思想的深切影响，因此在翻译时，经常把措词放在褒贬上。在中国文化被传播的同时，也使中国的国际形象在国外遭到一定扭曲。

五六十年前，以邓嗣禹、陈荣捷为代表的一批中国留美史学家，不仅著作等身，还从事中国经典史学和哲学著作的英译，对于主动传播中华文化，纠正西方传教士偏见和误读起到了很好的榜样作用。邓嗣禹不仅英译过《颜氏家训》，还英译过李剑农的《近百年中国政治史》、陶成章的《中国秘密集社与社会演变》等多种著作。

陈荣捷除英译过著名的《道德经》外，还英译过《近思录》、《传习录》、《北溪字义》、《六祖坛经》等。同样，陈荣捷的英译，不只是译文而已，为了推阐中国哲学于欧美，为了方便读者，凡与所译之书可能相关而又必要的知识，以及能增进读者对经典全面了解者，无不悉备。以英译《近思录》为例，除原文622条之外，有长篇引言详述《近思录》编纂及译注之经过，并选译出有关的言论及宋明清与朝鲜日本注家评论共600条，另有附录《近思录》选语统计表、《近思录》选语来源考、中日韩注释百余条。

当前，在我们主动开展对外译介古代文化典籍工作的同时，必须学习和借鉴老一辈史学家的翻译模式和成功经验，在介绍中国文化的同时，努力重树和纠正中国国际形象，才能使中国文化很好地融入到世界中去。

(原文摘要发表于《中华读书报》2017年11月15日，后被《国际汉学》期刊全文发表)

03
大师风采

裘开明：美国第一位华裔图书馆馆长

　　裘开明先生是中国图书馆界第一位走出国门，全职服务于美国图书馆事业，并功成名就的杰出人士，也是美国东亚图书馆早期发展中的一位启蒙大师和领袖人物。1931年，开明先生由于工作出色，被聘请为哈佛大学汉和图书馆首任馆长，这是华人在美国担任的第一位图书馆馆长，任职长达34年。在图书分类学、编目学、目录学、版本学等诸多方面，开明先生融中国的传统学术成就与西方的近现代学术精华于一体，开创了与中西图书馆学既迥异又兼容并蓄，具有独特风格的"东亚图书馆学术"体系。这一体系差不多影响了整个20世纪西方东亚图书馆的发展，极大地推动了西方的亚洲区域研究工作。费正清称赞他为"西方汉学研究当之无愧的引路人"。

接任厦门大学图书馆主任

裘开明(1898—1977)，字阇辉，浙江镇海人。1922年毕业于武昌文华大学图书科，该校由美国图书馆学专家韦棣华(Mary Elizabeth Wood)于1920年3月创办，是中国最早的一所图书馆学专业学校。作为文华图书科首届毕业生，1922年3月，开明先生毕业后来到厦门大学，年仅24岁就接任该校图书馆主任（即现在的馆长之职）。厦门大学1921年创办时，图书馆藏书量不过500册。开明先生到任厦门大学图书馆后，以所学图书馆学专业理论为指导，全面主持馆务，提出"读者是图书馆上帝"，一切工作为师生、读者服务的观点。为此，他开始采用图书分类法，编制中文图书目录卡片，并向美国国立图书馆订购西文图书目录卡片，同时在院内立章建制，办理出纳阅览业务，积极购置新的书刊报纸，以及接受外来捐赠。经过半年多的努力，在1921—1922学年结束时，其馆藏书籍总数增至5293册，杂志120种，报纸26种。

当时，厦门位于东南一隅，又非中国经济、文化中心，知名学者一般都不愿来。为此，厦门大学采取高薪政策，规定教授月薪为400块大洋，讲师可达200块大洋。而北大校长蔡元培当时月薪才300块大洋，陈独秀为200块大洋，李大钊为100块大洋，图书管理员毛泽东只有8块大洋。当时月薪25块大洋，便可养活五口之家，这样的薪水对于当时的学者而言，是极具吸引力的。

当年林语堂由于在北京遭到通缉，曾应聘到厦门大学任文科主任。林语堂到任不久，又先后推荐了文学家鲁迅、国学家沈兼士、历史学家顾颉刚等一批学者，前来厦大任教。一时间，厦大文科知名学者云集，教学与学术水准处于空前的高峰期。不久，厦大国学院成立，林语堂因此以伯乐而闻名。

裘开明边工作边学习，不断提高业务水平，同时刻苦学习日语，将馆内日文图书单独分类编目，建立日文书库，按照文种分类管理图书。经过开明先生的精心主持，厦大图书馆初具规模，管理方法不断创新，对周边图书馆也颇有影响。如邻近县属图书馆及鼓浪屿中山图书馆等单位，均先后派人前来学习，开明先生均给予热心的指导。1924年夏，厦大图书馆藏书量已达到3万余册，中文杂志100余种，西文杂志400余种，中西文报纸40余种。中文书目均由馆内自行编目，西文目录卡片全部自美国购齐。当年还扩大了馆舍，增添了新的设备，馆务工作呈现蒸蒸向荣的景象。

在哈佛大学创立汉和图书分类法

1924年夏季，开明先生远渡重洋，由厦门大学选派赴美深造，先在纽约市公共图书馆附属图书馆学院继续研习图书馆学，第二年进入哈佛大学文理学研究生院攻读经济学，并于1927年获得经济学硕士学位，1933年获得哲学博士学位。1927年，受哈佛大学图书馆馆长柯立奇的委托，开始负责整理该校图书馆中的中日文藏书，从此开始了他在美国长达四十年的图书馆生涯。为了更加准确地反映图书馆的藏书范围和性质，1965年汉和图书馆正式更名为"哈佛大学燕京图书馆"。

哈佛大学是美国最古老的大学之一，其图书馆的中文藏书最早可以追溯到1879年。这一年哈佛大学聘请了一位来自中国宁波的学者戈鲲化(1824—1879)讲授汉语，这是该校有史以来最早开设的中文课程。为教学需要，戈氏带出了包括他本人诗集《人寿堂诗钞》在内的一批中文图书。不幸的是，由于水土不服，戈鲲化到哈佛不久就去世了，他带去的中文图书也就归入哈佛大学图书馆，成为该馆收藏的第一批中文图书。与此相类似，1914年，两位来自日本东京帝国大学的教授在哈佛讲学，他们带去的一批关于汉学和佛教的日文图书弥补了哈佛图书馆日文藏书的空白。此后，经过历年不断的递增，至1927年裘开明先生到馆时，哈佛大学图书馆的中日文藏书已经发展到相当规模，其中中文图书4526册、日文图书1668册，这在当时全美各图书馆的东亚藏书中位居第三，仅次于美国国会图书馆和普林斯顿大学图书馆。

隋唐以来，从《隋书·经籍志》到《四库全书总目》，中国历代的图书分类多是采用四部分类法。应该说，经史子集对揭示整理我国古代各个历史时期所产生的图书文献是有效的。但随着社会的发展、新的学科不断出现，特别是像汉和图书馆这样以收藏东亚各国不同历史时期的文献典籍为主的图书馆，中国传统的四部分类远远不能适应图书分类的要求。

开明先生针对汉和图书馆的这一馆藏特点，第一次运用现代图书分类学理论，借鉴杜威十进图书分类方法，按照中外图书统一分类的原则，创立了一套新型的图书分类法———汉和图书分类法。该分类法将中文图书类分为9个大类，即：(1)经学，(2)哲学宗教，(3)史地，(4)社会科学，(5)语言文学，(6)美术，(7)自然科学，(8)农林工艺，(9)丛书目录。汉和图书分类法的最大特点是，整个分类体系在类目设置上既考虑到新的学科，又照顾到我国古代旧经籍(包括古代日本汉籍)的特点；同时，该分类法打破了过去中国历代各种分类法所采用的类目标引方法，而代之以号码标记，并对中国古籍与现代图书在标记上区分开来，即将古籍用三位数字标引，其余图书用四位数字表示。

1943年，开明先生编制的这部《汉和图书分类法》正式由哈佛燕京学社出版，并在全美各东方图书馆中引起广泛重视，许多馆纷纷采用该分类法作为图书分类的依据，其中包括芝加哥大学、伯克利加利福尼亚大学、哥伦比亚大学、普林斯顿大学以及耶鲁大学等十余所大学的东亚图书馆，《汉和图书分类法》逐渐成为全美各东方图书馆最受欢迎，并普遍采用的一部图书分类法。

开明先生对于图书工作的创新，还体现于在英文目录信息的基础上,增加罗马字编写的作者和题名,从而在美国图书馆内,也可以对东亚出版物进行目录管理。同时他还是第一个倡导对中、日图书分别编目的学者。他在哈佛大学的出色工作业绩赢得了校方的普遍赞誉,先后被委任为汉和文库主任和哈佛燕京图书馆馆长。著名美国汉学家费正清教授曾称赞他为"西方汉学研究当之无愧的引路人"。

与中外学者的交往与无私帮助

当年,燕京图书馆的中文书库大多设在楼上,因地方陕小,楼梯为螺旋型。但从青年到老年的不同时期,他总是不辞辛劳,每天上下楼往返无数次。有一次他从一位读者那里了解到有两种中文图书燕京图书馆还没有收藏,他便对那位读者说:"对不起,这两种书我们马上和北平方面联系,请留下地址,两个星期以后来取。"当时哈佛燕京学社在北平设有专门的办事处,可十分便捷地购买各种书籍。这位读者在两个星期之后,果真借阅到了他想要的书。

开明先生在任职期间,与美国许多中外知名的汉学家,如费正清、顾立雅、杨联陞、邓嗣禹、钱存训、王伊同等都有密切的交往,并建立了深厚的友情,这些在《裘开明年谱》中都有详细的记载。1951年,时任印第安纳大学东亚研究中心主任的外公邓嗣禹,为完成他与费正清合著的《中国对西方的反应》一书,需要经常到哈佛燕京图书馆查阅资料。而开明馆长为支持他的工作,给予特殊的关照。据邓嗣禹在《纪念裘开明先生》一文中记载:"笔者常去哈佛找资料,有一二次,裘先生给我钥匙,以便晚间及周末至书库工作,夜以继日。他知中等收入之舌耕者,返母校一次不易,附近'吃瓦片'之房东太太取费昂贵,而斗室如囚牢,故尽量使我早日完工返寒。这又是他对于用书者体贴入微之处。我每次去剑桥时,他必坚持请客,无法拒绝。或在家,或去饭店,或去夏天海滨避暑之家,每次请客,皆极丰富。可他所着衣物,非物体(尽?)其用不舍,破旧失时样,在所不惜。我回敬,虽极忙,亦欣然接受。"

据不完全统计,从1944年外公邓嗣禹任芝加哥大学东亚图书馆馆长开始,他与裘开明两人保持通信长达23年之久,保留下来的信函数量共有30封之多。之后,邓嗣禹的得意门生黄培又曾遵照导师的旨意,与裘开明保持通信联系,借阅相关图书,同样得到了裘开明馆长的热忱支持和帮助。

开明先生对于图书馆管理工作十分严格,图书从采购、分类、入藏到借出等各个环节,都有一套科学的管理办法。而对于工作不甚专心的馆员,他敢于直面批评,就是亲朋好友也不客气。邓嗣禹在《纪念裘开明先生》一文中有这样的描述:他手下曾有一位资深馆员购得一处房产出租,因为房子在维修方面出了问题,房客打电话到图书馆来。开明先生知道后便严厉地对该馆员说:"要么留在图书馆服务,要么去做房东老板。"该馆员于是尽快卖掉了这处房产,安心在图书馆工作。由于他实行严格的管理制度,燕京图书馆虽然工作人员少,但工作效率极高,每年都吸引和接待大批国内外汉学研究者,前来查询和从事与本专业相关的图书资料及研究工作。

对世界东亚图书馆建设与发展的贡献

1945年抗日战争胜利以后,开明先生对于馆藏方面的建设,更加关注收集日本因战败而不能保存的藏书,特别是散落各地的中文古籍文献和日文文献。为此,哈佛大学选派了一批经验丰富的专家学者,赴日本有针对性地收集有价值的文献资料,使得汉和图书馆在战争期间收集了大量中国和日本的许多经典藏书,拥有较为罕见的中国佛学典册、古籍善本、历代丛书,以及燕京大学精选性的硕士论文等。1965年汉和图书馆正式命名为"哈佛燕京图书馆",开明先生也成为了该馆的真正创始人。

在从事图书馆管理工作之外，开明先生也没忘记从事相关的学术研究工作，在图书编目分类及古籍版本等方面，他先后出版和发表有《中国图书编目法》(1931年)、《汉和图书分类法》(1947年，中英文对照本)、《哈佛燕京图书馆中文善本图书》(1976年)、《四库未收明代类书考》(1969年)等五十余种专著和大量的学术论文。曾任美国芝加哥大学东亚图书馆馆长、东亚语言文化系教授钱存训为《裘开明图书馆学论文选集》撰写了序言，高度称赞开明先生的主要贡献，"在于将西方的图书管理方法与中国传统目录学的知识相结合，处理美国图书馆中收藏的中日文资料，并辅导师生的教学与研究，他创建的哈佛燕京图书馆，成为西方汉学研究的宝库。"

1966年，开明先生退休以后，又相继创办美国明尼苏达大学东亚图书馆和香港中文大学图书馆。其间还倡导和协助创办了美国多个东亚图书馆，而燕京图书馆的发展始终与裘开明息息相关。1976年，他年近80高龄时，还亲自编写、审定了燕京图书馆所藏中文著作目录。特别值得一提的是，开明先生的贡献和影响并非仅局限于图书馆事业之内，美国、欧洲、日本、澳大利亚等地中国研究、日本研究、韩国研究，乃至越南研究的专家学者都与开明先生有过千丝万缕的关系，其中相当一部分知名的专家学者都深受裘开明倡导亚洲研究的影响，受益于他无私的图书馆业务服务。裘开明的名字，至今仍是美国东亚图书馆的代名词。1977年11月13日，裘开明逝于美国马萨诸塞州剑桥，享年79岁。

(原文发表于《中华读书报》2014年2月12日，后被《教师博览》2014年第6期、《淄博晚报》2014年2月19日分别全文转载)

"胡适聘我在北大任教"

邓嗣禹 口述 彭靖 整理

我为何选择北大

1946年，我在芝加哥大学教了6年书，按例当休假一年。这时，北大校长胡适先生聘请我去北大讲学，我于是将书籍带回国，想一去不复返。过去数年为美国培育人才，总是有"奶妈抱孩子，是人家的"的感想。回国途中船经日本，有一天停留，于是由横浜登陆，到东京联合国代表团拜访吴文藻、谢冰心、王信忠、刘子健、徐中约等师友。我因为在芝大曾替某教授教远东史，包括日本，又每日订阅《纽约时报》及其他杂志一二种，所以对于历史背景、远东局势，有相当的了解。因此吴文藻先生推荐，想聘我任中国代表团高等顾问，月薪为美金800元，这是联合国官员的待遇。那时被战败的日本国民尚未能跟联合国的人员随便来往。所以住在中国代表团内，花费很有限，一年会有相当的积蓄。故表示予以考虑。

1950年邓嗣禹在芝加哥

我回到上海小住数日，等候船返湘省亲，其间去南京中央研究院拜访傅斯年先生，又被告知可以去北大。因此是否去任中国驻日代表团高等顾问，尚在举棋不定中。他拍拍胸膛说，"听我傅斯年的，你一定要去北大，毫无犹疑的余地。外交工作，有啥意思。去北大，去北大！"经此一番督促，即决定放弃去日本的幻想。

初入北大

大概是8月中旬，我由老家湖南去北大，拿出胡适先生的名片，上写"郑毅生秘书长，介绍我的朋友邓嗣禹先生。"郑先生少年精干，满面笑容地迎接。稍为寒暄，即领去见代理教务长杨振声（教务长汤用彤在美国）及史学系主任姚从吾。我跟杨先生曾在芝加哥认识，请他讲演过，吃过饭，领教过他所嗜好的杯中物。姚先生久仰其名，初次见面，即知为忠厚长者，讷于言而敏于行。以后有关工作及生活事务，都是麻烦姚先生帮助，他从不厌烦。但对于有暖气设备的房间要求，他无法满足，因当时煤电十分短缺。幸好有一位天主教神父，我与他在芝大远东图书馆曾有数面之缘。此次去找他，他欣然愿意跟我同住，费用平均负担。他的住宅，有房三四间，有煤炉，很暖和，我非常高兴。

当时，我在北大开两门课，中国近代史与西洋史名著选读。皆预先安排课程，列出参考书，预定大小考试日期，并需要做学期论文。一年当中，我从未缺课，只有一次晚到两三分钟。因此我也不喜欢学生常缺课，有时也点名，所以学生缺课的很少。小考欠佳者，要来跟我做个别谈话，找出背景，提出警告，以免大考不及格。不好的学生，多半是根底差，生活穷苦，要在外面打工，工资低，吃不饱，故进步迟缓。可是幸运得很，中国近代史班上有不少很好的学生，非常聪明用功。但无论程度好坏，学生都很客气，很有礼貌，校园中见面，识与不识，冬天皆脱帽鞠躬，然后知他或她是我班上的学生，这是与美国不同的地方，使教书匠高兴，减少"沙滩"的枯燥（当时北大的校园位于北京的"沙滩"地区）。

两班的学生很不少，中国近代史更多，听讲者似乎感觉兴趣。可是有一次评论某要人，下课后，有一学生平心气静地说："邓先生，您今天把我的祖父，批评得太苛刻，他并不像您所说的那样顽固。"我说："我只根据已发表的资料立论。品评历史人物，随时代而异，如对于曹操的评价，就是一个好例子。"

普通教书的人，多能记着好学生的名字。在北大教书期间，在我记忆中的高才生有漆侠、田余庆、吴天南、罗荣渠、潘镛、许世华、黄永茅、龙丽侠等，这些人都在小考大考得高分，算是我的幸运。西史名著选读班，比较差一点。好的学生，只能想起赵思训、向大甘、邓锐龄、周昭贤等。最大的原因，是英文基础浅薄。在日军占领时期，学生必须学日文，把英文忽略了。我介绍几本日文讲西洋史学的书，他们也不能全懂。据说有的日本教授早知要战败，即不认真教书，在班上唱日文歌，开开玩笑，讲点故事，给学生们一两块糖吃，下课，以博中国人的好感。迫不得已，我采取一简单课本，将英文新字，写在黑板上，解释意思。希腊、罗马史学家之名，也照样办理，并注明音符；然后将每一史家之名著特点略加说明而已。

北大教授的趣事

当时的北大教授们当中，确有不少名人。只是所处时间太短，不能全认识，不敢做点将录。印象比较深的有位教过四五十年书的陈援老师。每上一堂课，有十分钟的休息时间，一进休息室，即找一犄角边的椅子坐下，闭目养神，有时打鼾。我曾前后两次去请安，并告诉他1928年，我是他班上的学生。他点头为礼，似曾相识。用广东国语，面带笑容说几个字，继续他不可缺乏的休息。时间一到，即去上课。

另一教授，恰好相反，每至休息室，谈笑风生。他就是发现北京猿人的裴文中先生。曾记得1929年底，他穿田野工作者的衣服，脖子上围着一条毛巾，用大绳缠着他的腰，深入地窖探摸，陆续掏出了牙齿骨、头盖骨等等。我告诉他，我是当时听讲者之一，请他继续讲讲"北京人"的下落。

裴文中盯了我一眼，喝一口茶，很高兴地打开了话匣子，几位同事马上手端茶碗，或口含香烟，赶过来，围着他静听。他说1939年春，平津局势险恶，知难保"北京人"的安全。几经秘密商量筹划，将"北京人"慎重包装，深夜从协和医院取出，用汽车运至塘沽，打算搬上美国小军舰，运至美国保存。拂晓，汽车抵塘沽海岸，日本宪兵探知有异，派飞机追赶，并开枪惊骇。司机及押运者停车，忙将"北京人"投至海中。适逢海潮澎湃，转瞬无踪无影。裴文中长叹一声说："可惜得很，恐怕我们永远找不到北京人的下落了。"这时我看表，已超过了休息时间，就赶紧去上课了。裴教授的口才好，一听之后，可使人毕生难忘。以后对"北京人"的下落，他虽有不同的说法，然在那一天，我听到的就是这样。除此以外，在北大同事当中，我还有一位很好的朋友——政治外交专家崔书琴，哈佛大学博士。因为我们是先后同学，有共同的师友，一见如故。有次月薪领到以后，我把钱搁在手提包中，问他哪家银行利息高、稳当，他说你把钱交给我，我替你存在银行。即照办，以后每月如此，称他是我的义务财政部长。此后每礼拜六，差不多总在崔家打牙祭。下午三四时许，北大、清华、燕京的教授们，其中有大名鼎鼎的科学家、文学家，以及政治新闻学家等，去他家打麻将或桥牌，共10余位，打得非常认真，几乎不谈别的事情。

其他的朋友，有沈从文夫妇，我也常去沈家聊天。曾昭抡、俞大绂等教授，因为俞大綗的关系，他们待我很客气。去俞家闲谈，古今中外，皆可接触。谈太平天国的事，如数家珍，他们是曾国藩的亲戚，从小就听惯了。清华大学的金岳霖，每见面必举双手作揖为礼。经济系教授陈振汉、崔书香夫妇，我们在哈佛时同学、同游玩。燕大师友顾颉刚、邓之诚、齐思和、聂崇岐、翁独健、吴世昌、周一良、王钟翰等等，不胜枚举。

在与天主教神父同住时，常和他谈西洋政治哲学，很有意思。他一贯的理论，是中国从古就受了印度、希腊、罗马的影响。可是我们的生活习惯与饮食口味不同，并且每日坐三轮车往返，也有相当的麻烦。故住到春暖时，我便请求搬出去，请姚从吾系主任在北大找房间。姚主任让我住红楼一间课堂，因其中粉笔尘土，相当的污脏，我不太满意。但见西洋史教授杨人夫妇也住在一间较小的教室，黑板仍在，也就随遇而安。吃饭又成问题，遇刮大风、下大雨的时候，出外找饭馆，很不方便。后经郑天挺设法，将松公府的厨房厨子，让给我们使用。同在一起吃饭的还有季羡林、苗剑秋等。季先生久留德，精梵文与印度哲学。苗先生久留法，云南人，很会说笑话，增加吃饭的兴趣。有一天适逢假期，我们让厨子休息一天。胡适先生请我去他家吃便饭，有胡太太、图书馆馆长毛子水，共四人，一盘红烧猪肉、一半荤半素，及一素菜、一汤，老实说，他们平时所吃的不见得比我们好。因为我们饭团的人多半是光棍，或家室在别处，故讲究吃。

与胡适校长的交往

北大有民主作风：全校教职员的月薪，上自校长，下至工人，完全公开。各人的收入，大家皆知道，院系会议，不管等级高低，凡能与会的人，皆当仁不让，有发言权，有表决权。全校一律以"先生"称呼，不冠以校长、学长等头衔。不像有些外国大学，每一学系只有一正教授。正教授说："我的意见是如此。"别人再不敢置一词。

刚来北大时，胡适先生恐我孤单，遇美国学者来访，非请客不可时，常请我及其他久住美国的人作陪。记得有次在南池子欧美同学会吃西餐，饭后胡适先生说："敝校长月薪美金34元，邓正教授29元。其他一二位不言而喻。来来来，我们大家掏腰包，把钞票拿出来，付饭费。"

在芝大教书数年，那时见校长难如登天，有次教育部长蒋梦麟想见他，我请美国一参议员帮助，才能约好一次见面的时间。可是北大校长的办公室，等于教职员的俱乐部，全校教授，皆可进见校长，毋庸预先约定时间。有一次我去造访，见接待室有一玻璃柜，其中陈列一些蔡元培、鲁迅等人的历史文物。一进室内，工友照例倒茶，其中已有数人在坐，彼此随便谈天，开玩笑，胡适先生亦参加闲谈，并略言及徐志摩跟陆小曼的恋爱故事。我莫明其妙，好像香港广东饮茶的地方。这时，忽然谈笑沉寂下来，向达先生说："胡先生，您把北大所有的图书经费，用去买《水经注》。我们教书的几无新材料作研究工作，学生无新教科书可读，请问这是正当的办法？"他面孔表情，相当的严厉。胡先生笑着说:"我用北大图书馆经费买几部善本《水经注》,是确实的。要说我把所有的图书经费,全用在买《水经注》上,以致学生无新书可读,那是不确实的,哈哈。"我看形势,不免有一番舌战,赶忙起立告辞。胡适先生照例送出接待室,拿出一小笔记本,问我有什么事,他要记下来办理,我说无要事,以后再来请安。

当时北大的规矩,大学毕业生,要做一篇毕业论文,派我指导十几个学生,他们的程度参差不齐,很难当作"填鸭"式的,在短期内培养起来,作出一篇够学术水准的论文。好在他们都乐意埋头苦干,有的写出来也斐然成章。有的从前未做过学术论文,无法一步登天。结果一半及格,一半要继续修改,即算不及格。

离开北大

1948年五六月,物价越涨越高,钞票一天一天的不值钱,局势愈后愈紧张。左思右想,再去看胡适先生,一进办公室,不管别人说什么,马上开门见山。"胡先生,抱歉得很,一年例假已到期,我想回美国教书,请您原谅。"他表示惊异,说:"去年我请马祖圣、蒋硕杰跟你三人来北大教书,希望你们三位青年教授,把在美国教书的经验,施之于北大,提高理科、经济跟历史的标准,采严格主义,盼在三五年之后,能使北大与世界名大学并驾齐驱,为什么你刚来了一年就要离开,请打消此念头。"我再说:"我已考虑了很久,跟同学同事们相处得非常之好,实在舍不得离开北大。然人是要吃饭的,而且我要吃得相当的好,再三思维,别无办法,只好辞别心爱的北京,再去给别人抱孩子。"胡适先生了解情景,他看看其他的同事说:"各位在座已很久了,此事一言难尽,我请你取消辞意,以后再谈,如何?"

消息很快传满校园,传说我将要离开北大,已买好飞机票。傅乐素、严倚云两位讲师请客，我所指导做论文的学生，皆来参加，有好几盘菜，皆不离鸡蛋，炒鸡蛋，炸鸡蛋，蒸鸡蛋加虾米，木须肉，西红柿鸡蛋汤。严倚云等会做菜，皆很可口。我问为何有这么多鸡蛋？他们说："每人每周有三个鸡子儿，作为营养料。现在全拿出来，为先生送行，以报答您的辛苦教育之恩。"我听了，很受感动。

后来去买飞机票，三次未成功。有人提议，送点礼物，可以生效，我不愿意。书琴说，我叫你的小同乡周教授同你去买。一到机场柜台，我说："我已经来过三次了，未买到票。此次若不成功，我要告诉交通部长俞大维。"售票员生气："你最好请俞部长到这儿来，看看此处拥挤的情形。"说罢，跟别人打招呼了。周先生请我去旁边坐一坐，休息休息，让他去办。他客客气气，说几句好话，不到十分钟，把票买好了。我要对他永远表示感谢。

去飞机场以前，未告诉任何人。不知何故，去送行的，有我所指导做论文的全体同学，不管及格与否，皆来送行。我们合照一张相片。他们齐声说，邓教授，祝您一路平安，一路福星。我感激得流泪，说不出话来，匆匆登机而别。若在美国，绝无此幸运。约半个月以后，接到北大寄来的一大信封，内容是一张继任聘书以示好感。

邓嗣禹：
中国科举学领域的"陈景润"

近年，台湾大学知名教授、翻译家和比较文学学者齐邦媛女士，以八十多岁高龄撰写的长篇自传体回忆录《巨流河》一书，2012年在大陆一经问世，便洛阳纸贵。该书2010年曾荣获台湾第五届"总统'文化奖"，2011年5月又荣获第九届华语传媒大奖。齐邦媛是台湾文学走向世界的有力推手，在台湾素有"文学教母"和"永远的齐老师"之誉，她早年曾留学美国印第安纳大学，与邓嗣禹教授有过密切的交往。在《巨流河》一书的第七章"开花的城"一节中，她讲述了她在印第安纳大学遇到邓嗣禹的情况：

"印大著名的图书馆和她的书店是我最常去的地方。在占地半层楼的远东书库，我遇见了邓嗣禹教授（1905—1988），他是学术界很受尊敬的中国现代史专家。他的英文著作《太平军起义史史学》《太平天国史新论》《太平天国宰相洪仁玕及其现代化计划》皆为哈佛大学出版，是西方汉学研究必读之书。邓教授，湖南人，虽早年赴美，已安家立业，但对祖国的苦难关怀至深，我们有甚多可谈之事。他退休时印大校方设盛宴欢送，他竟邀我同桌。在会上，校方宣读哈佛大学费正清（1906—1991）的信，信上说他刚到哈佛大学从事汉学研究时，邓教授给他的种种指引，他永远感念这位典范的中国学者。"

费正清是美国中国近现代史研究领域的泰斗，素有"研究中国历史的美国教父"之称，当今美国诸多有影响的中国问题专家皆出自其门下，邓嗣禹即是他早年哈佛大学的第一批博士生之一。但费正清在众多的学生中，为何要"永远感念"邓嗣禹，并称他为老师呢？

中国名著走向世界的有力推手

《中国近百年政治史》是一本享誉中外的学术名著，也是国内外学者经常参阅和广泛引用的经典著作。该书由中国著名历史学家李剑农所著，最早于1948年由商务印书馆出版，近年由复旦大学、武汉大学等著名大学多次再版。这本书被翻译成英文出版之后，曾受到国际史学界的广泛赞誉，李剑农也因此被收录于美国纽约格林·伍德公司出版的《近代国际大史学家辞典》中。但目前国内许多人不知道，这本书最早是由留美学者邓嗣禹翻译成英文，在美国出版的。

邓嗣禹，字持宇，1928年考入燕京大学史学系，1932年当选燕京大学历史学会主席，同年获学士学位。在此，他师从邓之诚、洪业等著名史学家。大学毕业后，他考入燕大史学研究所，1934年任《史学年报》主编，1935年获硕士学位，并留母校任讲师。在此，他结识了与他同龄，正在燕大做博士后研究的美国第一代汉学家毕乃德（1906—2001），1936年两人合作编写了《中国参考著作叙录》。1939年，邓嗣禹在完成了恒慕义主编的《清代中国名人传略》之后，到哈佛大学师从费正清攻读博士学位。邓嗣禹先后历任美国芝加哥大学中国研究院院长，兼远东图书馆代馆长、印第安纳大学东亚研究中心主任、美国亚洲协会理事等职位，并被哈佛大学等名校聘为客座教授。

在燕大读硕士时的邓嗣禹

20世纪50年代初，邓嗣禹在印第安纳大学执教中国近代史期间，由于缺乏英文教学资料，他最开始是将李剑农的《中国近百年政治史》一书翻译成英文，用作本科生和研究生的教学参考教材，后经他的美国学生英格尔斯参与润色之后，1956年首先在美国Nostrand出版社出版，1964年在印度出版，1967年由斯坦福大学出版社再版。该书在美国20世纪50年代到70年代间，是一本在研究生教学中非常流行的参考书。萧致治在中文版《中国近百年政治史》再版前言中介绍："该书前后共计发行了五千二百册，其数量之多，在美国同类著作中实属少见。"直到现在，这本书仍为国内外学者经常参阅和广泛引用，受到同行的普遍好评。

1966年,邓嗣禹还曾将南北朝时期官员颜之推所著的中国早期文学名著《颜氏家训》翻译成英文,几易其稿后,于1968年在英国出版。

从唐朝开始,《颜氏家训》就有其他版本在颜氏家族之外流传。近年,国内出版品读、介绍《颜氏家训》的书有十个以上版本之多。但从1968年开始,该书就已经在英美国家流传,这是鲜为人知的。哈佛大学学友王伊同在《邓嗣禹教授学术》一文中,称邓嗣禹翻译的《颜氏家训》"开南北朝经典英译之先河"。

被汉学泰斗费正清称为"老师"

费正清把毕生精力投入近现代中国及中西方关系史的研究是从1929年开始的。当时正在哈佛大学学习的费正清接受了国际政治学教授韦伯斯特的建议,开始从事中西方关系史新领域的研究工作。

1932年2月,费正清来到中国居住了将近四年,在这里他与费慰梅结婚。最初,他在清华大学进修时,把全部的工作时间用在语言的学习上。为了更快地通过语言关,他徜徉于北京的街道与市场中,并广泛接触中国学生和各界人士,学会了基本的汉语会话。1935年,他结识了时任燕京大学史学研究所讲师、《史学年报》主编邓嗣禹,并在日后成为师生以及多年的合作伙伴。

费正清在他的《费正清对华回忆录》中有这样的记载:

"1935年,我结识了燕京大学一位年轻而富有专业知识技能的文献目录学家邓嗣禹,他刚好与我同年,手头有无数中文参考著作。比我早二年到达中国的毕乃德与邓嗣禹合作编写了一部不朽的近代著作《中国参考著作叙录》。"

1937年7月，邓嗣禹接受燕大同学房兆楹邀请，辞去燕大教职，前往美国华盛顿，参加由国会图书馆东方部主任恒慕义博士主编的《清代中国名人传略》的编纂工作。费正清也参加了编写工作。

《清代中国名人传略》让费正清与邓嗣禹有了第一次合作的机会，进一步加深了两人的友谊。

1938年，邓嗣禹获燕京学社奖学金，前往哈佛大学师从费正清攻读博士学位。由于学业优秀，1939年他再次获燕京学社奖学金，并在三年内与费正清合作发表了论文《清朝公文的传递方式》《清朝文件的种类及其使用》及《论清代的朝贡制度》。后来，这三篇论文于1960年由哈佛大学出版社结集出版，书名为《清代行政管理：三种研究》。人们通过这本书所提供的资料，就能够看到清代王朝统治机构的运转情况。

1939年，费正清在哈佛大学开设了使用清朝文献资料的研究生讨论班，并亲自向学生讲解清朝文献的意义及使用方法。他还以与邓嗣禹合写的三篇文章作为编写教材的起点，于1940年写成了《清朝文献介绍提要》一书，先是油印供学生使用，1952年由哈佛大学正式出版。

1944年，邓嗣禹将他的博士论文《鸦片战争与南京条约》修改后，由芝加哥大学出版社出版，费正清为他撰写了前言，高度评价他的学术成就。

1946年，费正清回到哈佛大学设立中国问题研讨班（即国际著名的"费正清东亚研究中心"的前身），邀请邓嗣禹、杨联陞、房兆楹等几位学者帮助他整理清代史料，并合作出版了多篇论文。

1949年秋，费正清在哈佛大学最早开设"现代中国问题研究"课程时，邀请邓嗣禹回母校哈佛大学讲授该课程。在任教期间，他与费正清再次合作，共同编写了著名的《中国对西方的反应》，以及《中国对西方的反应：文献通考，1839—1923》。

哈佛时期的邓嗣禹

对于这段经历，费正清在他的回忆录中这样写道："由于我在1938年至1941年间的合作者邓嗣禹再次来到哈佛作为期一年的战后进修，我们便决定利用这一机会通力合作，于1950年拿出了一部厚厚的《1839—1923中国对西方的反应》的油印稿，全书共有六十五篇重要的文献。邓先生起草了其中的大部分译稿，并汇编了我编写的有关作者的大部分资料。接着我又写了书的最后文本，把这些文献材料连成一体。这个文本经过我的同事们的逐一修订，又使我得到了一次宝贵的学习机会。"

1953年，"美国亚洲研究会"换届，费正清出任第二任会长，他又聘任邓嗣禹为董事，任期为三年。1955年哈佛大学设立东亚研究中心，邓嗣禹任执行委员会委员。1962年，邓嗣禹在哈佛大学任教时出版《太平天国历史学》一书，费正清为其撰写了热情洋溢的前言，并提到二十五年前两人初次愉快的合作经历。

1964年，邓嗣禹与费正清再次合作，发表了《中国的外交传统》一文。邓嗣禹因此成为在美国留学的中国学者中与费正清合作时间最长、发表论文最多的人。据不完全统计，从1938年到1964年间，两人先后合作发表的著作、论文就有六篇之多。

1960年，当世界著名的《不列颠百科全书》在开展第十四版修订工作时，编委会邀请邓嗣禹参与"太平天国起义"与"捻军起义"两部分的编写工作。

2005年，在邓嗣禹逝世十七年之后，当《不列颠百科全书》开始第十五版（最新版）内容修订时，其中关于"洪秀全介绍"部分的内容，编委会在长篇文章之后，还特别注明：此部分内容引自1966年再版的邓嗣禹《太平天国史新论》一书中的内容。

由此可见，邓嗣禹在美国对太平天国的历史研究领域一直处于领军学者的地位。同时也说明，海外对太平天国的历史研究领域一直是由中国学者领衔担当的。

在1961年至1962年间，邓嗣禹还参与了被列为世界三大百科全书之一的《科利尔百科全书》九大部分内容的编写工作，除了"太平天国"的部分外，还包括"中华人民共和国""乾隆皇帝（1735—1795）""皇太后武则天""李鸿章""孙中山"等中国历史上重要人物的介绍。

1972年2月，随着美国总统尼克松访问中国和中美联合公报的发表，中美之间结束了半个世纪的对立格局。这年，邓嗣禹陪同费正清在中国的北京、广州、西安、武汉等地参观、考察，对于这段经历，他在1979年出版的《一位海外历史学家对中国的评论》一书中有详细描述。邓嗣禹自从1937年到达美国，1942年获得哈佛大学博士学位后，长期在美国大学任教，除了1947年至1948年应胡适邀请，到北京大学教授一年的现代中国历史之外，他已有二十多年没有踏上祖国的土地。作为一名海外历史学家，为了表达他对祖国的深切眷念之情，在此书封面的显著位置，他用中文题字:"故乡明月"。费正清在百忙之中,再次为这本书撰写了英文"前言"。

邓嗣禹在1976年退休之前,在印第安纳大学历史系曾任"大学讲座教授",这在美国大学中是很难得到的特殊荣誉称号。1976年4月,按校方规定,年满七十周岁的邓嗣禹在印第安纳大学退休。校方特别为他举办了盛大的荣休庆宴,费正清为此特地发来了热情洋溢的贺信,并由校长芮安在会上宣读。

退休后,邓嗣禹与费正清始终保持着书信和电话联系,交流学术观点。然而不幸的是,1988年,邓嗣禹因车祸去世,时年八十三岁。

晚年的邓嗣禹在寓所门前留影(1988年)

在邓嗣禹去世后的第三天，费正清为他特地撰写了一篇讣告，后来发表在《美国亚洲研究期刊》上。在此文的开头，费正清高度评价了邓嗣禹作为美国亚洲历史学会创始人所做的突出贡献，在结尾部分着重称赞："邓嗣禹是一位乐观、谦虚、勤勉不懈的'儒家'，同时也是一位对我有帮助的老师和有教养的绅士。"

被当代学者誉为科举学领域的"陈景润"

在中国人多对科举加以批判的20世纪20年代，早年便出国留洋长期接受西方教育的孙中山，却说出了一句石破天惊的话："现在欧美各国的考试制度，差不多都是学英国的。穷流溯源，英国的考试制度原来还是从中国学过去的。所以，中国的考试制度，就是世界上最古最好的制度。"正是在孙中山这一说法的启发下，一些中国学者对科举西传问题进行了艰难的探索。

1936年，邓嗣禹在自己的《中国科举制度起源考》一文的基础上，完成了《中国考试制度史》一书，由南京国民政府考试院出版发行，顾颉刚、邓之诚等著名史学家为其作序。该书后来先后七次在台湾及祖国大陆再版发行，成为研究中国科举制度的奠基之作，也是目前国内外科举学研究学者普遍要引用的重点书目。

1943年前后，第二次世界大战打得正激烈，中华民族处在生死存亡关头，有位年青的中国学者在美国重要学术刊物上，用英文发表了关于中国科举考试对英国和西方影响的论文，使当时正与中国一道抗击法西斯和日本侵略者的世界人民，知道了中国曾对世界文明做出的这一重要贡献，这位中国学者就是当时在美国芝加哥大学任教的邓嗣禹博士。

此文长期在海外引起广泛反响，被先后两次翻译成中译文本，同时还被收入多种文集。目前该论文在西方汉学界几乎无人不知，无人不晓，至今还经常被研究中国科举制度的国内外许多颇有影响的专家引用。

早在20世纪40年代，顾颉刚先生就在《中国考试制度史》一书的"序言"中指出，科举考试制度是中国古代制度文明的重大发明，在促进考试公平、区域均衡、体现民意和限制方面具有积极贡献，堪称"吾国政制中之最可称颂者也"。

为了让西方学者尽快了解此书的内容，《中国考试制度史》一书在1967年再版时，曾任美国亚洲研究会第一任会长的恒慕义为其撰写了长篇英文导读。该书2011年中文版被哈佛大学图书馆收藏。

近年，厦门大学教育研究院院长刘海峰教授曾多次发表论文，称邓嗣禹关于中国对西方考试制度的影响的文章是被公认的国际上经典性的论文，对改变西方学术界的看法有重要影响；厦门大学的陈兴德博士高度称赞道：邓嗣禹先生的研究是具有开拓性的，它再一次印证了文化的交流与融合是促进人类文明的基本途径，科举制度作为中国的第五大发明，对西方近代文官制度曾发挥过积极的影响，同时它也开创了科举研究的一个新领域，揭开了科举学领域的"哥德巴赫猜想"命题。

刘海峰在为《二十世纪中国著名科学家：邓嗣禹》一书撰写"序言"时，着重指出：

"邓嗣禹相当于证明了哥德巴赫猜想中的1+2，有如科举学领域中的陈景润。"

（原发表于《名人传记》2013年第10期）

他们令芝加哥大学成汉学重镇

——邓嗣禹、董作宾、钱存训在芝大

芝加哥大学在全美排名中一直名列前五位,学术实力雄厚。自从1891年创建以来,该校在人类学、地球科学、经济学、历史学、语言学等众多领域,均在美国大学相应的领域排行榜中长期位居前十名。这里不仅培养了杨振宁、李政道等获得过诺贝尔奖的科学家,连战、恒安石等政治家与外交家,也培养出众多国际知名的汉学家,如顾立雅、邓嗣禹、董作宾、钱存训等人就是第一代汉学家中的杰出代表人物。由于他们对于美国早期汉学研究的贡献,如早期汉学教材的出版、对于中国儒家代表人物孔子的研究、科举制度西传研究等方面,均处于西方汉学界领先地位,亦使芝加哥大学成为除哈佛大学之外的美国汉学研究重镇。

威廉·麦克尼尔(W. H. McNeill, 1917—),当代著名历史学家,擅长宏观的世界史研究,是全球史研究的开创者,也是芝大的一名杰出校友。他的本科与硕士教育都是在芝大完成的,1947年获得康奈尔大学博士学位之后，曾长期执教于芝加哥大学历史系，从事世界史教学与研究工作，1961—1967年任历史系主任，1984年曾担任美国历史学会主席。至今，国内翻译出版麦氏的著作已有9部之多，包括读者熟知的《西方文明史纲》、《西方的兴起》、《人类之网》等书。2013年4月最新出版的译著则是《哈钦斯的大学：芝加哥大学回忆录，1929—1950》。这本书是在1991年，为庆祝芝加哥大学创校一百周年，许多老校友为缅怀当年的校长哈钦斯的丰功伟绩而撰写的文章，由麦克尼尔集结成书。麦氏在前言中也写到，"本书接下来的部分很多来自我个人的经历，作为其补充。"为深入了解这段历史，笔者曾在第一时间购买此书。但遗憾的是，通读过全书之后，并没有看到作为历史系教授，他对所任教的芝加哥大学在汉学研究方面的贡献有任何描述内容。

笔者外公邓嗣禹于1941—1949年期间，曾任教于芝大东方语言文学系，与麦克尼尔同属于社会科学部，并有两年多共事的经历。邓嗣禹1942年任东方研究院院长，兼远东图书馆馆长，并负责主持美国陆军委托该校所办"中国语言文史特别训练班"（简称A.S.T.P.）工作，他参与并见证了芝加哥大学众多中美学者在汉学研究方面对于世界的贡献。为弥补此书的不足之处，现撰文予以补充。

早年的交往与共事经历

1947年秋，麦克尼尔回到母校芝加哥大学任教。最初他是在社科学部任讲师，受校长哈钦斯之命，开设了一门西方文明史课程。哈钦斯是美国著名的高等教育理论家与实践家，1929年他出任芝加哥大学第五任校长，年仅30岁。在历任校长中，他是最年轻，也是任期最长(1929—1951年)的一位。因为年轻、英俊、善辩，哈钦斯很快成为美国教育界的风云人物。在哈钦斯任职期间，学校最大的特征就是学术机构在不断进行调整和改革。1930年，大学的39个系被调整为4个学部：生物科学部、人文科学部、自然科学部、社会科学部，与专业学院一起，构成了大学的基本框架。除此之外，还设立了一系列跨学科的部门，如东方研究院、阿尔贡国家实验室、耶基斯天文台等机构。

1947年，芝加哥大学东方语言文学系对中国语言文化的教学，大致分为古代、中古和近代三个阶段。主要是西方传统所认定的中东和近东史，远东史则是在1936年才开始加入。当时东方系的中文课程由美国学者顾立雅（H. G. Creel, 1905—1994）、柯睿格（E. A. Kracke, Jr.1908—1976年）、中国学者邓嗣禹三位主讲，每人除担任语文课外，另有其他专题讲授课程。汉语课程从文言开始，采用顾立雅自编的《归纳法中文读本》，包括中国传统启蒙的《孝经》、《论语》和《孟子》三册。学生读完这三册，不仅可了解中国传统文化的精义，也可掌握汉字单词约三千，再阅读其它古籍，就没有太大的困难。再有受顾立雅邀请，1947—1948年作为访问学者到访芝大的董作宾，也曾开设中国考古学、金文及古文学等课程（钱存训：《留美杂忆：六十年来美国生活的回忆》）。

董作宾（字彦堂）是我国现代甲骨学与考古学的奠基人之一。在考古学方面，他曾首次主持殷墟发掘，开启了中国现代田野考古的新时代，对我国近现代考古学的诞生有着重大的贡献。鉴于董作宾对甲骨学的贡献，学界把他与罗振玉（字雪堂）、王国维（字观堂）、郭沫若（字鼎堂）一起合称为"甲骨四堂"，是甲骨学史上划时代的一代宗师。1947年1月，董作宾来到芝加哥大学后，顾立雅为他做了精心的安排，租住在离学校不远的一位美国学生家中。这是一幢两层楼的住宅，楼上有卧室一间，平时则在楼下会客起居。是年10月，钱存训来到东方学院报到后，和他合租在一个住宅。两人在东方研究院的办公室也是相邻。为欢迎钱存训的到来，邓嗣禹曾在学校宴请过钱存训，并邀请董作宾作陪。餐后三人在校园内合影留念。

顾立雅为了帮助钱存训尽快熟悉业务，并加强与外界的联系，10月9

日即致函给哈佛大学燕京图书馆馆长裘开明，"你可能知道，国立北平图书馆的钱存训先生已成为我们的职员，负责进行我们中文馆藏的编目工作。"10月14日，钱存训根据院长邓嗣禹的要求，主动致函联系裘开明，"久慕盛誉，未获识荆，至深抱憾。训今秋应芝大之约，来此整理中文藏书，得邓嗣禹兄指示，略知梗概。此间订有HY（哈佛燕京学社）卡片五套，分类编目拟全部随尊著方法，以期一律。兹有数教，仍求指教，应祈拨冗赐示为幸。"（《裘开明年谱》）

当年，东方学系的三位教授各有分工，顾立雅担任第一年汉语、古代史和思想史；柯睿格担任第二年中文、中古史和政治制度等课程；邓嗣禹在第三年讲授中国近代史、中国目录学、中国史学方法和现代中文。1949年秋，邓嗣禹接受费正清邀请，重返母校哈佛大学开设"现代中国问题"课程之后，他所讲授的中国目录学、中国史学方法等课程由钱存训接任（《留美杂忆》）。

麦克尼尔所讲授的西方文明史课程，是为四年级学生开设的一门历史类通识教育课程。之所以把这门课设置在大学的最后一年，是希望它能够在为学生们提供历史知识的同时，帮助他们更清晰地理解在文学、科学和人文课程中学过的许多思想与大多数信息之间的联系。这门课程以阅读、选读材料，要求学生围绕材料进行课堂讨论。1949年，麦克尼尔编写了《西方文明史纲》一书，作为辅助教材。

关于顾立雅的生平与他的代表作《中国之诞生》方面的内容，顾钧在《顾立雅与〈中国之诞生〉》一文中已有详细的介绍（详见《中华读书报》2013年12月18日第18版，但未提供过相关照片资料），在此不多赘述。柯睿格的学士（1931）、硕士（1935）、博士（1941）学位都是在哈佛大学获得的，他与邓嗣禹（1942年博士）曾是哈佛大学的博士学友，受哈佛燕京学社资助，曾来华进行过考察，后来又一起供职于芝加哥大学东方语言系。燕大校友王伊同，当时也曾在芝大任教两年（1949—1950）。更为有趣的是，当年芝大还有一位曾讲授远东史的学者麦克尼亚（H. F. MacNair，1891—1947），汉字译音仅与麦克尼尔有一字之差。他曾是芝大日本史、远东史方面的权威，与邓嗣禹交往颇深，俩人曾合作编写过《中国志》一书。但不幸的是，他因心脏病突发，在麦克尼尔到校任教之前不久，于1947年6月逝世，享年仅56岁。

1948年，邓嗣禹与顾立雅夫妇、柯睿格夫妇、麦克尼尔和钱存训共同参加了在芝加哥大学司马特美术馆举办的王济远个人画展，并在展览会上合影留念。这是目前保留下来的，邓嗣禹早年与芝加哥大学同事现存不多的一张合影照片，具有珍贵的史料价值。该照片由钱存训（照片中作者）提供。经初步考证，说明中"来宾"者，即为麦克尼尔。

上世纪50年代末期曾到芝加哥大学师从顾立雅攻读博士学位的许倬云，在他2012年出版的回忆录《家事、国事、天下事：许倬云一生回顾》一书中也有介绍："当时的东方学系可以说是名师云集，群星闪耀，全世界重量级的近东考古学者都集中在那里。""芝大很自由，让学生决定学程与学习的科目，这一点哈佛和史丹福都做不到。"

当年，恒慕义之子恒安石（Arthur W. Hummel，曾任美国第二任驻华大使）、雷约翰（John A. Lacy，曾任驻香港及新加坡总领事）都曾于1948—1950年期间，在芝加哥大学东方语言系攻读硕士学位课程。现任国民党名誉主席连战，则是于50年代末期，在芝大攻读历史学博士学位。

顾立雅曾将他多年来收藏的商周铜器、骨器、玉器、陶片和甲骨，全部捐赠给芝大司马特美术馆。这些古物大多来自中国的殷墟，是他当年去中国考察时，带回供教学之用的珍品，但从未公开，故知者甚少。芝大美术馆后来将这批藏品特别陈列，公开展览，将中国史前及商周文明鲜活地带给了美国人民。

中美学者对于世界汉学教学与研究的贡献

顾立雅在中国学界主要以孔子研究为人所知，这主要归功于高专诚翻译的《孔子与中国之道》。这本书最早在1992年由山西人民出版社出版。在美国汉学界，顾立雅的孔子研究也是最为突出的，在他1994年逝世时，《纽约时报》曾发表讣告，称他为"有影响的孔子研究学者"。在美国各大学东亚系，《孔子与中国之道》这本书被广泛推荐为阅读书籍。2005年第15版《新不列颠百科全书》和《美利坚百科全书》都把这本书作为研究孔子与儒学的主要参考书目。同样在《新不列颠百科全书》与《科利尔百科全书》中，记载太平天国部分的内容中，引用的内容则是邓嗣禹的著作（《太平天国史新论》，1950年哈佛大学出版，1966年再版）。

太平洋战争爆发期间，美国陆军为了对外战争的需要，在哈佛、斯坦福、芝加哥等十多所知名大学都开办有"特别训练班"课程。哈佛大学受美国陆军委托，1943年开始举办中文、日文培训班，赵元任先生当时负责主持中文训练班的工作，正在读博士学位的杨联陞由于表现突出而受赵的特别赏识，在中文部二十余位助教中，特别为他申请了一个讲师的职位。后来，杨联陞还曾协助赵元任编写过一本《国语入门》的通俗读物。在芝加哥大学开办的课程，当时称为"中国语言文史特别训练班"，培训时间从1942年8月开始，到1944年3月结束，比哈佛大学开办的时间要早，由邓嗣禹负责并兼任班主任工作，顾立雅也曾参与授课。培训的目的，是要求受过训练的学员，了解中国的文化与习俗，能阅读中文报纸，并能用中文演讲，以便今后更好地开展工作。特训班的课程分为两部分，一是语言学习课程，二是地域研究课程。语言学习课程每周上17小时的课，采用的教材由邓嗣禹与顾立雅共同编写，如：《中文报刊归纳法》、《中文报刊归纳法翻译与选择练习》。这些教材分别由芝加哥大学出版社在1943年出版。邓嗣禹在此基础上，以后又根据需要，先后编写、出版了《社交汉语与语法注解》（1947年）、《高级社交汉语》（1965年）等书，在美国都成为畅销书，并多次再版。这套书在80年代中期以前，曾被美国和其他一些国家大学广泛采用。

胡适离任驻美大使之后，曾于1944年被邓嗣禹礼聘到芝大，讲授"中国思想史"课程十多次。后来胡适回信表示感谢，并在之后的交往中，一直称邓嗣禹为"邓老板"。1945年8月，蒋介石接受朱家骅、傅斯年的意见，确定胡适为北大校长，9月6日任命文件正式颁布。胡适在接到回国出任北大校长的任命文件不久，于这年9月26日就致信邓嗣禹，邀请他随同回北大历史系任教授。

顾立雅的汉学研究远远不止在孔子研究领域。他的研究涵盖了中国早期文明、中国古代思想和中国古代政治制度，尤其是科举制度等多个方面，孔子研究仅是其中比较重要的部分。由于顾立雅的其它著述至今尚无中文译本，国内学人对他的汉学研究成果并无更多了解，下面仅就顾立雅与邓嗣禹在科举制度西传方面发表的著作，以及在芝加哥共事，相互合作与支持这一段的经历予以论述。

科举制度起源于中国，但对其他国家产生过深远的影响。对亚洲国家的影响表现在历史上日本曾一度仿效过中国的科举考试，韩国、越南也曾长期实行过科举制度；对西方的影响则表现在英、法、德、美等国曾借鉴科举建立了文官考试制度。东南亚等诸国仿效科举于史有征，不成问题。而科举制对西方考试制度的影响，却是一个中国人了解较少且相当复杂的问题。

1943年9月，邓嗣禹在国际著名期刊《哈佛亚洲研究学报》上发表了"中国对西方考试制度的影响"一文，长达三万余字，搜集、引用了1870年以前西方人论述科举的文献70多种，围绕"西方考试制度的发展、西方记述或涉及中国科举制的资料、英国对于中国文明的推崇、英国驻华使臣论中国科举制、确认中国影响的证据"等问题旁征博引，论述详赅。邓嗣禹称："根据上述所有同时代的证据，我们可以确凿无疑地证明：中国的科举是西方制定类似制度的蓝本"。文章发表后，长期以来在海外引起广泛的反响，被先后两次翻译成中文本，同时还被收入到多种文集。目前该论文在西方汉学界几乎无人不知，无人不晓，至今还经常被国内外研究中国科举制度的许多颇有影响的专家所引用（刘海峰《科举制对于西方的影响新探》）。1953年7月，王汉中将邓嗣禹文以《中国考试制度的西传考》为名，在台湾出版了中译单行本。

但随后，中外关系史专家方豪在香港《民主评论》半月刊第4卷第14期发表了《西方考试制度果真受到中国影响吗？》一文，对邓嗣禹文的论点提出质疑。他举出明末来华的西人艾儒略刊于天启三年(1623年)的《职方外纪》和《西学凡》中提到笔试的史料为据，认为西方笔试并非始于18世纪以后。但他也认为："西方所受中国影响的，真正为中国考试制度上所独有的，不是笔试，不是官吏考试，而是西方从前只有一校一院的考试，中国却是合各县各府各省的学子而举行规模不同、程度不等的会考。只有这点，中国影响了西方。"

西方考试制度是否真正受到过科举制的影响？这一说法能否确立？孙中山关于英国考试制度是从中国学过去的说法根据从何而来？弄清楚这些问题，不仅在"科举学"研究中具有重要的学术价值，而且对全面正确评价中国传统文化及为当代考试制度改革提供历史借鉴等方面都具有重大意义。

芝加哥大学东方语言文学系的同仁们，在这一关键时刻鼎力相助，给予邓嗣禹很多支持与帮助。柯睿格于1947年首先在《哈佛亚洲研究学报》发表论文指出："以科举考试为核心的中国文官行政制度的创立，是中国对世界的最重要贡献之一。"1953年，他又在《北宋前期文官》一书中，在对比科举与欧洲早期文官制度之后，对科举影响欧洲文官制度的史实也表示肯定，并认为邓嗣禹和张沅长两位学者的论文清楚地显示出，19世纪通过印度的文官制度，英国的文官制度曾受到中国范例的直接影响。

1964年，顾立雅在《亚洲研究期刊》上也发表论文，再次指出："中国对世界文化的贡献远不止造纸和火药的发明，现代的由中央统一管理的文官制度在更大范围内构成了我们时代的特征，而中国科举制在建立现代文官制度方面扮演过重要角色。可以明确地说，这是中国对世界的最大贡献。"

顾立雅于教学、研究与行政工作之外，曾于1954年被选为美国东方学会会长，任期二年，并在1956年年会中以《何为道教？》为题目，作为会长致词。1975年，为庆祝他的七十寿辰，当时的东亚系主任芮效卫（David T. Roy）与钱存训，曾共同邀请世界各国学者撰写有关先秦及汉代哲学、文学、历史、考古等专题论文十六篇，编成《古代中国论文集》一书，为他祝寿，以表彰他一生对中国文化教学、研究和培养人才所作出的贡献。费正清与邓嗣禹均应邀参加。

1970年，顾立雅在他出版的《中国政术之起源》一书中，又补充说明自己在详细研究考试制度史之后，发现中国确实是最早采用考试的国家，并认为中国的考试制度曾在12世纪影响过中东的医学考试，进而影响欧洲的学位考试，17世纪以后又影响了德国、英国考试制度的建立。

1980年，邓嗣禹与顾立雅共同参加了由台湾中央研究院主办的国际汉学会议。邓嗣禹在会议上将他对中国秘密社会的看法、研究计划提出报告，并宣读了《中国秘密社会的介绍性研究》的论文。顾立雅则宣读了《道家的变型》的论文，讨论了老子、庄子、列子各书的内容及其影响。

1986年，美国亚洲研究会在芝加哥大学召开年会，期间特别举行小组讨论会，为顾立雅所著《中国之诞生》一书出版五十周年表示庆祝，研讨此书对于国际学术界的影响。顾立雅在会上发表了题为《〈中国之诞生〉之诞生》的演讲，介绍了此书当年在中国以六个月完成的写作过程。邓嗣禹在此次会议上，对于顾立雅所著《中国之诞生》一书给予了高度评价。

上述重要内容，麦克尼亚在《哈钦斯的大学：芝加哥大学回忆录》一书中均未涉及。

不可否认，麦克尼尔在他漫长的学术生涯中，发表了许多种产生深远影响的经典作品。近年来，许多中国学者对他的著述提出了许多不同的见解，"我们也要注意到，麦克尼尔的理论更多的是从假说到假说，其结论也难以得到有力证据的支持。"（李化成：《全球史视野中的黑死病——从麦克尼尔的假说论起》）还有一些学者认为麦氏的著述中体现着"明显的西方中心论思想"（刘景华："世界历史新四分法"，《全球史评论》第一辑，第325页）。笔者认为，在《哈钦斯的大学》一书中，麦氏的这种思想则体现得更为明显。在书中，他仅论述欧美学者在芝加哥大学对于西方科技、文化的贡献，对于汉学研究、东方文化方面的内容则一概不予提及。而当时作为历史学教授的麦氏，对于他身边同事所研究的，具有世界影响的成果，正是他最熟知、也最了解的内容。因此，我们在阅读麦氏的其它著作时，就不能完全持盲目崇拜的态度，必须一分为二地进行分析与鉴别。

（原文发表于《中华读书报》2014年03月05日，第5版，整版）

赵元任、胡适、费孝通、金岳霖等给美军上课

——二战期间美国陆军特训班中的中国学者

1941年12月7日，珍珠港被日军偷袭之后，太平洋战争爆发。在这期间，美国陆军为了对外战争的需要，在哈佛、斯坦福、芝加哥等25所知名大学都开办有"陆军特别训练班"课程，英文为Army Special Training Program（简称ASTP）。但是美国政府立即发现，国务院及军方中真正懂汉语和中国问题的专家实在太少，一些高校中的年青美国汉学家，如哈佛大学的费正清、康乃尔大学的毕乃德、芝加哥大学的柯睿格等人，还要集中到华盛顿为军方收集、分析情报。于是，当时的许多中国留美学者开始在陆军特训班中承担重要角色。比如，赵元任主持哈佛大学的特训班工作，邓嗣禹主持芝加哥大学特训班工作，另外一些中外知名学者与汉学家，如胡适、费孝通、金岳霖等人，也参加了授课；周一良与夫人邓懿、杨联陞等人参加了助教工作。随着这些学者传记、回忆录和日记的公开与出版，为我们还原了许多相关的历史信息。

一

当时，美国在大学开设"陆军特别训练班"课程，其目的是要训练将要被派到诸如中国、日本等地区任职的指挥军官，教他们学习各国的语言，同时学习各国的历史、地理与社会情形。此外，美国政府在哥伦比亚大学和普林斯顿大学设立海军语言学校，在弗吉尼亚的夏洛特设立陆军语言学校等。培训的时间由6个星期至17个月不等。

太平洋战争前，美国许多大学的汉语教学内容，主要是为了培养汉学家而开设的古代汉语，注重古代汉语的阅读和语法分析，忽视其在生活中的应用。很显然，如果采用战争前各大学的汉语教学方法，将无法满足战争需要。为此，那些承担教学任务的中国学家们不得不改进汉语教学方法，他们尝试对学员强化语言训练，在教学中注重现代汉语的听力与口语表达。接受过训练的美国学生，就能被派到所学语言的区域去开展工作。

哈佛大学受美国陆军委托，1943年开始举办中文、日文培训班，赵元任先生当时负责主持中文训练班的工作，主要助教是周一良的夫人邓懿，正在读博士学位的杨联陞由于表现突出，而受到赵的特别赏识，在中文部二十余位助教中，特别为他申请了一个讲师的职位。后来，杨联陞还曾协助赵元任编写过一本《国语入门》的通俗读物。

关于杨联陞在ASTP授课的经历，1944年3月14日杨联陞致胡适的信中说："哈佛的海外政治学院远东组在风雨飘摇之后，裁剩下了一百四十人（旧五十，新九十）。还够忙一阵的。坏学生差不多都走了，以后大概可以教得快一点儿。"1946年4月，北大明确胡适出任校长之后，他曾很想和邓嗣禹一同回北大任教。1946年4月5日，杨联陞在写给胡适的信中列出了自己的简历：1943—1944年曾任哈佛大学海外政治学校任讲师，教课5学期。后来他还是去了联合国做过一阵子翻译，然后哈佛又聘他回去任教，杨联陞遂留在哈佛教中国史。自1948年起，他长期担任《哈佛亚洲学报》中国部分的实际负责人和联络人，并长年撰写书评。

周一良先生在他的回忆录《毕竟是书生》一书中，也提到了他在哈佛陆军特别训练班的这段经历。他说在1944年毕业前夕，因参加哈佛的ASTP工作，推迟了论文的写作。因为哈佛当时的日本学专家赖世和进入军队工作，负责ASTP日文班的叶理绥（Serge Elisséeff）便将在哈佛自己培养的弟子周一良，留校担任日文班的助教。赖世和是一位广受日本人敬重的学者，后来曾出任美国驻日本大使（1961—1966年）。

1943年10月中旬，应邀来哈佛讲演的外聘中国学者是费孝通。邀请费孝通来演讲的人是哈佛社会学家帕森斯（Talcott Parsons）。

二

当年，美国有一项称为"国际教育和文化交流计划"的援助项目，它始于1940年，最初只是针对拉美国家。珍珠港事件爆发后，美国加强了对中国抗战的援助，首次在西半球之外增添了对华关系项目，邀请中国在教育、农业、工程、社会学等诸多领域的学术精英去美国进行学术交流。从1943年到1947年，中国共有26位有名望的知识分子，分四批应邀访美。第一批的人员中，除了费孝通，还有金岳霖、蔡翘、刘乃诚、张其昀和萧作梁等6人。

1942年11月，美国驻华大使高思代表美国国务院，在通知中国教育部的同时，正式向中国六所大学校长发出邀请函，请求他们各推荐一名教授赴美讲学。1943年1月底，这6位人选最后确定：西南联合大学哲学教授金岳霖，中央大学生理学教授蔡翘，武汉大学政治学教授刘乃诚，浙江大学历史地理学教授张其昀，云南大学社会学教授费孝通，四川大学政治学教授萧作梁。这几位都是各自领域的佼佼者；除了张其昀、萧作梁外，其他4位都在国外受过教育，英语流利。其中金岳霖和蔡翘都曾长期留学美国，金于1920年获得哥伦比亚大学博士学位，蔡于1925年获得芝加哥大学博士学位。刘乃诚和费孝通则是伦敦大学校友，分别于1930年和1938年获得博士学位。在这6个人当中，年纪最轻的是费孝通，时年32岁。

1943年6月—1944年7月期间，费孝通在美国做了为期一年的学术访问。当时费正清的夫人费慰梅任职于美国国务院文化关系司，负责费孝通的北美旅行。费正清作为高思大使的特别助理，也曾为推进此项目的实施做了大量工作。他在《费正清中国回忆录》中记载道："到1943年底，美国国务院文化关系司邀请6位教授前往美国，在我的督促下，哈佛燕京学社为6位教授每人赞助1000美元，其他8位教授每人500美元，共计1万美元。美国学术团体委员会也按同一方针组织了类似的援助活动。"

1943年6月，邓嗣禹(右)在芝加哥大学接待第一批到美考察的著名学者费孝通（左）、金岳霖（中）

费孝通的主要留驻单位是哥伦比亚大学，他在哥大见到了社会史家魏特夫和人类学家林顿（Ralph Linton）。林顿让自己的一位研究生帮助费孝通完成一部英文书稿。帕森斯当时实际负责哈佛SOA（海外管理学院，School for Overseas Administration）的事务，利用这个机会，邀请了费孝通和魏特夫去演讲。

在这个学院的秋季课程表上列出了两次费孝通和帕森斯一起上的课：10月11日费孝通和帕森斯一起上"中国的乡村社会"；10月18日费孝通和帕森斯一起上"中国的镇"。费孝通在哈佛期间，也和社会学系的教授们有所接触，只有帕森斯对他比较热情，其他人均比较傲慢和冷淡，这使得费孝通对哈佛社会学系感到十分失望。他在哈佛还接触了远东系、商学院的一些教授，但他在1943年10月21日写给费慰梅信中抱怨说，哈佛汉学家们比较空虚和迷失于过去，而只有商学院的玛约（Elton Mayo）和怀特黑德（T. North Whitehead）对他的研究很感兴趣。他在远东系接触的汉学家应是魏鲁南，魏不关心当代中国，甚至不通现代汉语。当时在哈佛求学的杨联陞、周一良等人似乎和费没有接触，杨在给胡适的信里没有提到费的来访。

在接受汉语培训的数千名美军士兵中，日后最为学界所知的是明史专家牟复礼（Frederick W. Mote），他的中文名字取自《论语》中的"克己复礼"。牟复礼在他2010年出版的英文回忆录 *China and the Vocation of History in the Twentieth Century* 中介绍，当时来哈佛ASTP远东组做讲座的校内学者包括帕森斯（Talcott Parsons）、沃德（Lauristan Ward）、华尔纳（Langdon Warner）、魏鲁南（James Ware）、叶理绥，以及校外学者胡适、费孝通、魏特夫等人。他的中文班主讲教授是赵元任，主要助教是周一良先生的夫人邓懿，但他和担任日文助教的周先生也有来往。牟复礼的ASTP经历对他个人的职业发展有非常重要的影响。他后来作为美军战略服务处人员参与监督京津冀一带日军投降之事。抗战结束后他进入金陵大学历史系学习，后来在华盛顿大学获得中国史博士学位，最终成为普林斯顿大学东亚系的奠基人。

耶鲁大学受美国陆军委托，在1943年成立远东语文研究院，创始人和第一任院长是金守拙（George Kennedy），采用的是拼音法教学，所用的第一本教材 *Chinese Chase*（中文口语）由金守拙、赫德曼（L. M. Hartman）编著，1944年由亨利·霍尔特（Henry Holt & Co.）出版社出版，留美学者房兆楹曾为该书撰写过序言。之后又出版了练习会话的教材 *Chinese Dialog*（华语对话），整个耶鲁大学汉语教材的系统便是以这两本书为基础发展下去的。

二战期间，房兆楹受美国陆军军部之聘，在耶鲁大学ASTP班教美国军人学习汉语。他和美国学者霍克特（Charles F. Hockett）合作，在金守拙、赫德曼出版的《中文口语》的基础上，将此书扩充到两册本的汉语口语教材，列入美国"陆军部教育手册"（*War Department Education Manual*），于1944—1945年在华盛顿出版。这个汉语口语课本经受住了时间的考验，1976年、1980年再次印行。

三

芝加哥大学是较早接受美国陆军委托，在大学开办ASTP课程的学校，培训时间从1942年8月开始，到1944年4月结束，比哈佛大学开办的时间要早半年以上。芝大1942年下旬成立东方研究院，创始人和第一任院长是邓嗣禹（兼任远东图书馆馆长）。在他的回忆文章《美国陆军特训班给予吾人学习西语的教训》中（载笔者2014年出版的《家国万里：邓嗣禹的学术与人生》一书），我们可以清楚地了解到，在芝加哥大学开办的课程，当时称为"中国语言文史特别训练班"，由邓嗣禹负责并兼任班主任工作，芝大的美国著名汉学家顾立雅（H. G. Creel）先生也曾参与授课。培训的目的，是要求受过训练的学员，了解中国的文化与习俗，能阅读中文报纸，并能用中文演讲，以便今后更好地开展工作。

顾立雅最初没有被政府借用，而是留在芝大负责培训项目，1943年他的授课内容结束后，他也来到华盛顿，作为中国问题专家服务于美军情报部门，直到1945年日本投降之后才返回母校。

邓嗣禹在回忆文章介绍，芝加哥大学的特训班课程分为两部分，一是语言学习课程，二是地域研究课程。语言学习课程每周上17小时的课，采用的教材由邓嗣禹与顾立雅共同编写，如《中文报刊归纳法》《中文报刊归纳法：翻译与选择练习》。有关口语方面的教材，也是采用邓嗣禹自编的教材。在此基础上，1947年他根据培训班的教案，整理出版了《社交汉语与语法注解》（Conversation in Chinese with Grammatical），由杨联陞撰写序言。在此基础上，1965年他又出版了《高级社交汉语》（Advanced Conversation in Chinese）等书，在美国都成为畅销书，并多次再版。据1980年来华参加"中美汉语作为外语教学学术讨论会"的耶鲁大学黄伯飞教授撰文介绍，美国印第安纳大学在80年代中期以前，所用口语教材都是采用邓嗣禹的这套教材。

芝大特训班讲授的地域研究课程，当时每学期有10个小时。第一期学习地理，教师为芝大地理学系各教授所担任，程序是先讲远东地理，然后相当详细地讲中国地理；第二期讲中国历史，从北京猿人讲起，到最近的时事为止。凡是中国文化、美术、政治哲学等内容皆需要讲述。第三期讲是有关中国社会组织活动内容，注重近百年来的情景，并增加讨论课的内容。第四期是地域学习的课程，整合前三期所学内容为一体，请人类学专家将中国文化做综合介绍。

除此之外，在这一年当中，他们每周还有两小时的时间，学习欧洲历史、地理与政治的内容，使学生不仅了解中国的知识，而且对于世界也有一个大致的了解。

本校的授课教师中，有用中文演讲的，专门讲中国风俗的内容；有谈论时事的学者；还有介绍中国的旧剧作或书画的学者。除去听演讲内容之外，学生必须看课外参考书，数量要求为每周约100页。同时每月对学生有一次小考，每期有一次大考。

邓嗣禹在回忆文章中，提及"一年中文训练的成绩，使金岳霖先生大为诧异"。受训的学生俨然成为"中国通"。这是因为当时金岳霖也在芝大，并通过邓嗣禹与ASTP班的学员有许多接触。

1943年6月，金岳霖与费孝通、张其昀等6人集中到重庆办理访美护照，并参加了5天的集训。在这期间，作为国民政府的最高领导，蒋介石曾会见并宴请了各位教授，并向教授们赠送了自己的像片，这对于6位教授都是莫大的荣誉。集训后，他们由重庆飞往美国，作为期一年的访问与讲学。

8月5日—7日，来到美国两个月之后，金岳霖与费孝通一行被邀请到芝加哥大学，参加了题为"不可征服的中国"的论坛，到会的有美国学者四十多人。6位华人教授从自己熟悉的领域，向听众演讲与介绍了中国抗战以来的情况，并与参加论坛的美国学者、学生展开讨论。这些演讲和讨论文稿经过整理之后，结集为《来自不可征服中国的声音》（*Voices from Unconquered China*）一书，1944年由芝加哥大学出版社出版。

金岳霖访美期间，在哈佛大学、芝加哥大学均参加过学术交流活动，但在芝加哥大学停留的时间最长。在芝大东方研究院，他用英文完成了《道、自然与人》一书。金在书的序言中写道："无论这部著作是否值得撰写或发表，它毕竟使我有机会感谢美国哈佛大学、感谢芝加哥大学，特别是感谢美国国务院。"可惜这本书当时没有能在美国出版。

1943年，金岳霖还曾用英文撰写 *China Philosophy*（《中国哲学》）一稿，作为为在华美军讲课的讲稿，曾少量油印，1980年在《*Social Science*》（《中国社会科学》）创刊号首次刊出，后译成中文在《哲学研究》1985年第9期发表。

1944年3月至4月，第四学期中国历史文化课程，是由邓嗣禹代表芝大，聘请胡适先生讲授《中国思想史》课程十余日，时间安排是每日讲演一次，每周有五次的时间，胡适也是芝大当时唯一的外聘学者。具体细节，我们可见胡适出发之前（1944年3月22日），写给王重民的信函："我二九日去芝加哥看看他们的藏书，顺带为邓嗣禹的兵官学校作六个演讲。四月十三日可东归。"胡适在信中所指的"兵官学校"，即是芝加哥大学当时开设的ASTP"中国语言文史特别训练班"。胡适演讲的具体时间，可界定为1943年3月29日—4月13日。这段经历目前在《胡适全集》《胡适年谱》中均属于被遗漏的内容。

这期间，胡适居住在芝大的教职员俱乐部，业余时间他喜欢有人陪同他聊天，而且古今中外无所不谈。胡适之前曾长期在北大任教，1938—1942年期间又出任过战时中华民国驻美国大使，所以关于民国初年的事，他知道幕后背景与个人底细，这些内容在普通书中是不易看到的。胡适口才相当好，他可以从早谈到晚，而且滔滔不绝、娓娓动听，所讲的故事大多使人久闻不厌，毕生难忘。后来，胡适在收到讲课费的支票后，曾回信表示感谢，并多次称邓嗣禹为"邓老板"。1946年6月，胡适受聘为北大校长后，聘请邓嗣禹担任北大历史系教授，讲授中国近代史。邓嗣禹于7月到中国湖南，回老家省亲之后，8月中旬赴北大历史系就任。

邓嗣禹在回忆文章中，还提及"杨振声先生看见我的学生给我写的中文信，使印度的检查者看不出他的双关语的牢骚，致杨先生说他们的中文有中国初中毕业生的程度"。邓嗣禹在回忆文章中感慨道："学一年中文，他们能会话，能演讲，能口译，能笔译，能看浅近的书报，能写简单的书信，总算是不错了。回想我们学英文甚至学中文进步的迟慢，真是有天渊之别。"

当时，任职于西南联大中文系的杨振声教授，是由美国国务院邀请的第二批6人访问学者之一。杨振声（1890—1956）北京大学国文系毕业，1918年与进步同学组织新潮社，创办《新潮》杂志，任编辑部书记。1919年赴美国哥伦比亚大学获博士学位。历任武昌大学、北京大学、燕京大学、中山大学中文系教授，清华大学教务长、文学院院长兼中文系教授，1930年任青岛大学校长。1938年任西南联合大学常务委员会委员兼秘书长、中文系教授。

1944年7月，杨振声随同厦门大学的萨本栋、南开大学的陈序经、岭南大学容启东、中央研究院的汪敬熙、金陵大学的陈裕光等6人，前往美国哈佛大学、芝加哥大学等大学演讲与访学。当杨振声来到芝加哥大学时，芝大ASTP班的学员已经结束课程，奔赴中国抗日战场。他们并没有忘记在芝大的师生情谊，时常用中文写信给邓嗣禹，汇报他们在当地工作、生活的各种情况。

(原文发表于《中华读书报》2015年11月18日第5版)

胡适与邓嗣禹在四十年代的交往

1、胡适称"邓老板"之由来

1942年9月,胡适辞任驻美大使。从这时一直到1946年他回国任北大校长的四年期间,胡适除了在家病休调养之外,先后在美国几所大学作短期演讲,同时也担任大学课程,暂执教鞭。1943年10月初,他应哈佛大学之聘,讲授《中国历史文化》,1944年春又去芝加哥大学,讲课十余次,每周五次。1944年9月初,他又去哈佛大学讲授《中国思想史》七个月。

邓嗣禹(1905—1988年),早年师从国际"汉学泰斗"费正清先生,后来成为费最得力的助手与合作者。两人先后合作发表著作、论文四部,是20世纪三十至五十年代与费正清合作时间最长,发表论文最多的中国留美学者之一,被国际史学界公认为科举制度、朝贡制度研究方面的奠基人和开拓者。

邓嗣禹1928年考入燕京大学史学系，1932年当选燕京大学历史学会主席，同年获得学士学位。在此期间，师从邓之诚、洪业等著名史学家。大学毕业后，他考入燕大史学研究所，1934年任《史学年报》主编，1935年获得硕士学位，并留母校任讲师。1938年，邓嗣禹在获得哈佛燕京学社奖学金后，前往哈佛大学攻读哲学博士学位，师从费正清和赖肖尔，并在1942年获得博士学位。1943年~1946年期间任美国芝加哥大学中国研究院院长、远东图书馆馆长，1958年~1960年期间任美国印第安纳大学东亚研究中心主任。

邓嗣禹与胡适在四十年代曾有过密切交往，并有多次信函往来，同时建立起了深厚的友情。目前国内及台湾海峡两岸回忆、研究胡适的著作、文章估计已有数百万字之多，但有关记述胡适于40年代，在美国任教期间的详细内容的文章并不多见。本文"编年"为主，辅以略加分类的杂忆，记录了胡适这一时期的活动。其内容有些是外间从未得闻的，因此具有相当的史料价值。

1943年，邓嗣禹时任芝加哥大学中国研究院院长，聘请胡适来芝大讲课之事即是由中国研究院出面。所以胡适在与邓嗣禹通信时，一直称他为"邓老板"，而把自己比做"打工"之人，这是有原因的。据邓嗣禹在《胡适之先生何以能与青年人交朋友》（《传记文学》第34卷，第1期）中回忆道：

> 1944年春，我们礼聘胡先生去芝加哥大学讲学十余日，所以他戏称我为"邓老板"。每日讲演一次，每周五次。其它时间，他喜欢有人陪同聊天，古今中外，无所不谈。尤其是关于民国初年史事，他知道幕后背景，个中底细，普通书中，不易看到；他能从早谈到晚，滔滔不绝，娓娓动听；使人久闻不厌，而且毕生难忘，此非对于文学小说，修养有素，再加以说书者之技巧，听之人入迷，绝难吸引人之注意如胡先生之成功。

邓嗣禹安排胡适在芝加哥大学讲课之余，还介绍他与政治系的中国学者邹谠、王熙君，化学系的马祖圣等人相识，并多次盛情款待。胡适在收到讲课的报酬支票后，随即于4月26日回信表示感谢。回信中主要内容如下：

> 邓老板：
> 谢谢你的信和Cheque（支票）。
> 这一次的芝城之游，给了我很多的愉快，其中最大的愉快是认识了你和许多新朋友（邹谠君、邹夫人、何女士、王熙君）。马祖圣君夫妇虽是旧相识，这次才得认识他们。你若见到这些朋友，乞代致意问候。
> ……
> 关于《水经注》，……我已有详考，稍暇当写清本送给芝校图书馆。
> 你的考试制度英文论文，我很得益。此是我久想做的一个题目，此次得读大作，其结论多如我的推想，其证据比我想象的更丰富！多谢！多谢！
> 匆匆问好，并谢你的种种厚待。
>
> 　　　　　　　　　　　　　　　　　　　　　胡　适

此后到胡适1944年9月到哈佛大学讲授《中国思想史》期间，他继续从事与《水经注》相关的研究，并发表《全祖望、赵一清、戴震三人对<水经注>的研究》、《戴震未见赵一清书的十组证据》等关于研究《水经注》的文章。同时在3月—7月期间，他还发表了《孙逸仙》、《近代中国的创始人——孙逸仙的故事》等有关孙中山的文章。

所谓"《水经注》案"，是指一百多年来，部分学者指责戴震偷窃赵一清《水经注》研究成果一事。对此，学术界普遍有两种看法：一种认为戴震抄袭了赵一清的成果；一种认为赵一清、全祖望、戴震各自独立研究，取得了大体相同的结果。1942年，胡适卸任驻美大使后开始关注《水经注》研究，此后的20年间，他在《水经注》版本研究上花费了巨大的精力。在十几年内，胡适搜集了四十多种《水经注》的版本，抄写了一百多篇长篇文章和一些考证文字，用了千百个证据，推翻了"几成定论"的所谓戴震抄袭赵一清《水经注》校本的冤案。

《戴东原的哲学》一书，是胡适研究清代思想史的一部最重要著作。胡适认为，清代思想史中存在一个反理学的大运动，这个运动有破坏和建设两个方面。前者是揭破理学的谬误，打破它的垄断地位；后者是要建设一种不同于理学的新哲学。

戴震是胡适的徽州同乡。而胡适花了那么多功夫研究《水经注》来为戴震辩冤，一方面是胡适一向有祖护安徽同乡的习惯，由胡适对李鸿章的评价就看得出来；一方面也是为了要发扬戴震的"从一事一物"开始"训练那心知之明"，以"渐渐进于圣智"的做学问的渐进法门。

邓嗣禹在同年7月6日曾致信给胡适，除介绍暑期到加州大学麦尔斯（Mills）分校教学情况之外，着重向胡适讨教写作英文《中国通史》体例，及其注意点。信函主要内容如下（该信后被收录在《胡适来往书信选集》下册第507页）：

适之先生赐鉴：

久未通信，非常抱歉。因为先生忙碌，非有要事，不敢打扰，结果变成一种"取消派"不写信。这又大不客气了。吴文藻先生离开芝加哥时候，托寄一本书给先生，翻开一看，觉得颇有意思。于是打定主意，"偷阅"一过。临到来Mills大学前一天，才把它包好邮寄。迟延之罪，敬请原谅。

在Mills大学，每日教国语一小时，讲中国文化史一小时，还不算忙。不过因当系主任，应酬事务，社交节目，令人头痛。好在只有六个礼拜。八月初再回Chicago。

此后拟写一文，"Herodutus（希罗多德）与司马迁之比较"。再后拟专心写英文《中国通史》，期限于两年内完成，决心驾凌目前一切英法文之上，不然无出版价值。关于英文《中国通史》体例，及其注意点，先生若有所指教，当非常感谢、欢迎。

……

倘蒙不弃，以近著及生活见示，更觉荣幸。

后学 邓嗣禹谨上 7月6日

1945年6月，原北京大学校长蒋梦麟出任国民政府行政院秘书长。随着抗战胜利结束，组成西南联合大学的三校也要解体，各自复员，恢复原来建制。清华大学的梅贻琦、南开大学的张伯苓都可以继任旧职，唯有北大校长之职必须重新推举。蒋介石当时想让胡适或傅斯年担任，因胡适当时人在美国，蒋介石就让教育部长朱家骅先征询傅斯年的意见。

傅斯年于8月17日上书蒋介石，力荐胡适："北京大学之教授全体及一切有关人士，几皆盼胡适之先生为校长，为日有年矣。适之先生经师人师，士林所宗，在国内既负盛名，在英美则声誉之隆，尤为前所未有。今如以为北京大学校长，不特校内仰感俯顺舆情之美，即全国教育界，亦必以为清时佳话而欢欣。"

蒋介石接受朱家骅、傅斯年的意见，遂确定胡适为北大校长。9月3日，朱家骅致电胡适报告了这个决定，并告知胡适：返国前由傅斯年代理校务。9月6日任命胡适为北大校长的行文正式发表，同时傅斯年致电胡适："北大复校，先生继蒋梦麟先生，同人欢腾，极盼早归，此时关键甚大，斯年冒病勉强维持一时，恐不能过三月。"

胡适在接到回国出任北京大学校长的任命后不久，再次至信邓嗣禹，邀请他随同回北大历史系任教：

> 邓老板：
>
> 真是对不住你！你的9月1日的信，我到今天才得回信！
>
> 我很盼望你能在明年7—8月回国，到北京大学来教历史。我大概2月或3月回国，正式聘书当在明年春夏间办好。
>
> 你愿意授的几科，我此时不能预作决定，只盼望在邓老板的拿手好戏之中挑选排演。
>
> 我盼望你的戏目之中，能把你的英国文官考试起源列入"国际关系"或"中西文化关系"之内，因为太平天国与英国文官考试都是中西文化相互影响的重要例子。你说是吧？
>
> 马祖圣先生现在何处？见时请代致意，说我与北大理学院院长饶毓泰先生都有意请他去北大，或在化学系，或在新计划的工学院。此事请他早日考虑，赐一回音。
>
> 匆匆敬问
>
> 大安
>
>   胡 适 敬上
>   1945年9月26日
>
> 北大校长事，政府发表，并未征求我的同意。现有傅孟真（即傅斯年）先生扶病暂代，故我可以稍缓回国。 适 之

此时，邓嗣禹已在芝加哥大学任教满六年，按照学校规定可休假一年。于是，他决定接受胡适的邀请，去北大历史系任教。1946年4月，曾任芝加哥大学远东图书馆代馆长的邓嗣禹，为购买美国国会图书馆善本书影之事到华盛顿出差，并顺便前去拜访胡适，但因胡适住所客人众多，并未深谈。事后他写信致胡适，告知他将于8月份启程回国，赴北大

任教，其信内容如下（该信函后被收录在《胡适来往书信选集》下册第99页）：

  适之先生赐鉴：

  日前专程拜谒，因行色匆匆，高朋满座，不克多聆教言，微感美中不足。然看先生公私事务那么忙迫，尚能博览群籍，作了那么好的考据文章，写了那么多的日记，真使后辈末学受了很多鼓励与感动。从此以后，我也打算多写点日记，多看点中国书籍，多作点文章，这是此行意外的收获。

  我这次去华盛顿的目的，一为购买国会图书馆善本书影，一为向联合国善后救济总署谋事，求乘飞机回国，以便早日服侍十二年未见面的老父母。不幸救济总署之史学工作事，已委托于林同济。等到他工作，不见得有坐飞机的可能，与学问兴趣亦相差太远，故决心按原定计划，八月中回国，先看父母，再至北大教学。希望在先生领导之下，结结实实作点研究工作。至于专心服务的精神，嗣禹可说是养之有素。先生送芝大图书馆的《水经注》跋，已拜读，敬谢，当珍藏善本书室，永久保存。途经芝加哥时，请先生示知，如无课，当进谒。

  此叩，

  著祺

          "偷听生"嗣禹拜启 四月十一日

2、在北大期间的交往

  1946年7月，胡适回国，月底抵达北平。北平党政当局李宗仁、傅斯年等到人到机场迎接。8月4日北大校友近二百人由冯友兰领头在蔡元培先生纪念堂聚集欢迎他。8月16日，胡适主持召开了北大第一次会议，讨论和研究北大新建制以及教师聘请问题,同时正式聘请了教务、训导、总务三处处长和文、理、法、医、农、工六大院院长,及各系主任。北大经过一年的恢复和准备工作,至此开始转入正轨。

关于在北大期间与胡适的交往经历,邓嗣禹后来在他的《北大舌耕回忆录》中有专门的记载,现摘取主要的片段如下:

> 我大概是8月中旬,由老家去北大。……我在北大当年开两门课,中国近代史与西洋史名著选读。
>
> 北大有民主作风:全校教职员的月薪,上自校长,下至工人,完全公开。各人的收入,大家皆知道,院系会议,不管等级高低,凡能与会的人,皆当仁不让,有发言权,有表决权。全校一律以"先生"称呼,不冠以校长、学长等头衔。不像有些外国大学,每一学系只有一正教授。正教授说:"我的意见是如此。"别人再不敢置一词,今略述亲身观感,作为证明,以前是否如此,以后是否有改变,则不得而知。
>
> 适之先生恐我孤单,遇美国学者来访,非请客不可时,常请嗣禹及其他一二久住美国的人作陪。在南池子欧美同学会吃西餐,饭后他说:"敝校长月薪美金34元,邓正教授29元。其他一二位不言而喻。来来来,我们大家掏腰包,把钞票拿出来,付饭费。"
>
> 在芝大教书数年,那时见校长难如登天,教育部长蒋梦麟想见他,我请美国一参议员帮助,才能约好一次见面的时间,可是北大校长的办公室,等于教职员的俱乐部,全校教授,皆可进见校长,毋庸预先约定时间。有一次我去造访,见接待室有一玻璃柜,其中陈列一些蔡元培、鲁迅等人的历史文物。一进室内,工友照例倒茶,其中已有数人在座,彼此随便谈天,开玩笑,胡适亦参加闲谈,并略言及徐志摩跟陆小曼的恋爱故事。我莫名其妙,好像香港广东饮茶的地方。忽然谈笑沉寂下来,向达先生说:"胡先生,您

把北大所有的图书经费，用去买《水经注》。我们教书的几无新材料作研究工作，学生无新教科书可读，请问这是正当的办法吗？"他面孔表情，相当的严厉。胡先生笑着说，"我用北大图书馆经费买几部善本水经注，是确实的。要说我把所有的图书经费，全用在买《水经注》上，以致学生无新书可读，那是不确实的，哈哈。"我看形势，不免有一番舌战，起立告辞，他照例送出接待室，拿出一小笔记本，问我有什么事，他要记下来办理，我说无要事，以后再来请安。

文学院开会，后来汤用彤先生为主席。他不多说话，让别人说，颇有佛道家的风格。史学系开会，姚从吾先生为主席，与会者皆可自由发表意见。那时候，杨翼骧先生是学系助理，他不断说话，郑天挺先生提到李田意，南开大学老校友，希望他回国教书，姚先生常劝青年学者不要随便发表文章，总之，会议场中，有声有色，亦庄亦谐，不亚于，甚至优于美国的民主作风。美国人中间有年轻的系主任，威风十足，有不可一世之雄的态度，助教不对他鞠躬唯谨，以后饭碗有关，正副教授对他不客气，也许可以使他们难升级与加薪。

……

1948年五六月，物价越涨越高，钞票一天一天的不值钱，局势愈后愈紧张。左思右想，再去看胡先生，一进办公室，不管别人说什么，马上开门见山。"胡先生，抱歉得很，一年例假已到期，我想回美国教书，请您原谅。"他表示惊异，他说："去年我请马祖圣、蒋硕杰跟你邓嗣禹三人来北大教书，希望你们三位青年教授，把在美国教书的经验，施之于北大，提高理科、经济跟历史的标准，采严格主义，盼在三五年之后，能使北大与世界名大学并驾齐驱，为什么你刚来了一年就要离开，请打消此念头。"我再说："我已考虑了很久，跟同学同事们相处得非常之好，实在舍不得离开北大。然人是要吃饭的，而且我要吃得相当的好，再三思维，别无办法，只好辞别心爱的北京,再去给别人抱孩子。"胡先生了解情景,他看看其他的同事说:"各位在座已很久了,此事一言难尽,我请你取消辞意,以后再谈,如何?"消息很快的传满校园,邓某将要离开北大,已买好飞机票。傅乐素、严倚云两位讲师请客,我所指导作论文的学生,皆来参加,有好几盘菜,皆不离鸡蛋、炒鸡蛋、炸鸡蛋、蒸鸡蛋加虾米,木须肉,西红柿鸡蛋汤。严倚云等会做菜,皆很可口。我问为何有这么多鸡蛋?他们说:"每人每周有三个鸡子儿,作为营养料。全拿出来,为先生送行,以报答您的辛苦教育之恩。"我听了,很受感动,觉得不安。

去买飞机票,三次未成功。有人提议,送点礼物,可以生效,我不愿意。书琴说,我叫你的小同乡周教授同你去买。一到机场柜台,我说:"我已经来过三次了,未买到票。此次若不成功,我要告诉交通部长俞大维。"售票员生气,"你最好请俞部长到这儿来,看看此处拥挤的情形。"说罢,跟别人打招呼了。周先生请我去旁边坐一坐,休息休息,让他去办,他客客气气,说几句好话,不到十分钟,把票买好了。我要对他永远表示感谢。到飞机场以前,未告诉任何人。不知何故,去送行的,有我所指导作论文的全体同学,不管及格与否,皆来送行。我们合照一片相片。他们齐声说,邓教授,祝您一路平安,一路福星。使我感激得流泪,说不出话来,匆匆登机而别,若在美国,绝无此幸运。约半月以后,接到北大位寄来的一大信封,内容是一张继任聘书以示好感。

3、世界上最民主的俱乐部

胡适对人循循善诱,在交往中从来不会摆谱。据说他的办公室大门常开,随时可以进去。因此"胡校长的办公室"被誉为"世界上最民主的俱乐部"。邓嗣禹在《胡适之先生何以能与青年人交朋友》(《传记文学》

第43卷，第1期，1983年）一文中说：他能礼贤下士，无学阀官僚架子；他爱护青年，虽自视甚高，好品评古人、前辈、同辈，而对于晚辈，多褒而少贬，愿与他们交朋友；他能竭诚款客，在纽约作寓公时，来访客人不绝，他很健谈，能与人真诚相待。这些都可谓对胡适一生的真实写照。

对教职人员，特别是大学教授的生活太清苦，其实胡适自己也深有感触。他当北大校长的薪水1946年为28万元，折合美金一百多元。到1947年由于通货膨胀和物价上涨，名义是上调到近一百万元，但折合美元却只有34元。因此，他也发觉薪水严重不够用，仅靠几位银行朋友透支支撑门面。国立大学的校长尚且如此，其他教职员工的清苦更是可想而知。

胡适在北大校长任上时，还面临着一个更为严重、往往令他十分不安的问题，那就是蒋介石政府总是念念不忘要将胡适本人拉入政府，为他的政府"做面子"。由于胡适在中国文化教育界的地位与威信，另一方面也是由于他在美英等盟国的政界与舆论界的巨大影响力，抗战之后蒋介石似乎一刻也未停止对胡适的劝诱。而胡适几乎每次都需要费尽口舌去婉言谢绝，这样的拉扯实际上一直延续到国民党政府在大陆的最后崩溃。

1946年11月，胡适出席"国大"；1947年2月，蒋介石托傅斯年请他出任国民政府委员兼考试院院长，被胡适回绝；年底，王世杰转达蒋介石之意，希望胡适"改行从政"，或参加总统候选人或出任行政院院长，被胡适"坚辞"；1948年3月，在"国大"开会期间，蒋再提请胡适做总统候选人之意，后因国民党中常会未能通过而作罢。其实，胡适不仅对政治没有兴趣，而且对北大校长一职也感到力不从心，遂生辞意。据当时任东语系主任的季羡林回忆：胡适在北大任职期间，常常不在校内，经常去南京开会。这从胡适本人的活动日程中也可得到佐证。实际上，胡适这个"非常时期"的校长，其所承担的使命，已不为文化教育所限了。

邓嗣禹于1948年6月初回到美国之后，于6月22日随即回复胡适校长，对返回美国表示歉意之情：

"在北大执教,深感校长及一切前辈先生对于嗣禹之仁厚及作育本国青年之愉快。以政局动荡,讲授近代及民国史微感不便,故重返美国,履行三年合约义务。近以严君辞世,申请奔丧返国,芝加哥大学盛情挽留,谓嗣禹在此服务已多年,总希圆满结束合约时期,然后归国。因此之故,不知可否惠恕"。

11月1日,邓嗣禹又再次致函胡适。信中除再次表示离别与思念之情,还谈到了在北大所借《辛丑日记》一书归还之事:

"离开和气一团的北大同事,温仁诚笃的校长前辈,使人时常想念,仿佛若有所思。希望时局不致大乱,使同事、同学可以安心教学,希望先生身体健康,可以多出几种伟人的著作,为国际争体面,为未来学术界放光辉。嗣禹此次返美国,已不再负行政工作责任。除教书外,埋首研究,期于一年以内,发表一点学术文章,或作一部近代远东史。先用英文发表,然后译成中文。现在旁听近东上古史,以便比较研究。西洋史需用德法日俄文,日在温习。因此之故,生活颇为紧张。

从前离开北平时,郑毅先生托带美元千元,交与孟治君作为北大存款。此款已如数交清,将详告毅生先生以免挂念。离平匆匆,误将辛丑日记带至美国,今另包寄还。敬谢,并请原谅。"

此后,邓嗣禹继续在芝加哥大学教授中国历史、史学史及目录学等课程,并发表了《中国对西方的反应》、《近50年的中国历史编纂学》等论著,在国内外史学界均产生了很大影响,并多次再版发行。

1948年底,胡适离开大陆之后,虽身在海外,仍心系北大。每逢五四或北大校庆时,他都要发表谈话,或与北大校友聚会,以示对五四的纪念。1962年2月24日,胡适在台北逝世。生前他立下的英文遗嘱交待:将他1948年12月不得以离开北平时,所留下的102箱他的书籍、来往书信和文件交付给北京大学,供学者与后人研究所用。他的遗体覆盖着一面北大校旗。在台北的"北京大学同学会"送的挽联是："生为学术，死为学术，自古大儒能有几？乐以天下，忧以天下，至今国士已无双"。

胡适虽然已离别人们50多年，但至今依然被广大学者所称颂。著名学者余英时最近指出："胡适一生在政治上追求民主、法治、自由、人权等普世价值的实现，而且他反对暴力革命，坚持渐进的改革。这一基本方向即使在今天的大陆也还完全适用，一点也用不着修改。"胡适思想之所以受到和平改革年代的眷顾，是因为最适合和平改革年代的价值。

胡适主张文明现代化，他反对固守传统，不思进取，亦反对打倒一切；胡适主张政治要上轨道，反对独裁腐败，亦反对暴力革命，提出和平改革的道路。胡适的这些见解，至今读来发人深思。在经济改革遭遇瓶颈，权威政治结构滋生，普通权力腐败的局面下，当今重读胡适，有利于改革力量的凝聚和暴力倾向的疏解。

（原文发表于台湾《传记文学》2013年第5期，
《胡适研究通讯》2013年第1期摘要刊载）

裘开明与邓嗣禹未刊往来信札

1931年，裘开明先生由于工作出色，被聘请为哈佛大学汉和图书馆首任馆长，这是中国人在美国担任的第一位图书馆馆长，任职长达34年，他是美国最著名的华裔图书馆学家之一。裘开明教授既是20世纪欧美东亚图书馆事业的伟大先驱者，又是学贯中西的图书馆学术大师。在图书分类学、编目学、目录学、版本学等诸多方面，裘开明先生融中国的传统学术成就与西方的近现代学术精华于一炉，开创了既与中西图书馆学术迥异其趣，又与中西图书馆学术兼容并蓄的独特"东亚图书馆学术"体系。这个学术体系差不多影响了整个20世纪西方东亚图书馆的发展，同时极大地推动了西方的亚洲研究。

1942年，邓嗣禹时任芝加哥大学中国研究院院长，兼远东图书馆代馆长。由于图书馆工作关系，两人书信往来的时间长达23年之久。据不完全统计，保存下来的信函有30封之多。将这些未刊信件进行梳理与分析，对于研究早期美国大学东亚图书馆的发展历史、重要学术著作的写作与出版过程、揭示信函中所反映出裘开明、邓嗣禹学术行为与动态都具有重要价值。

一、裘开明与邓嗣禹的交往

裘开明(1898—1977)，字闇辉，浙江镇海人。1922年毕业于武昌文华大学图书科，该校由美国图书馆学家韦棣华（Mary Elizabeth Wood, 1862—1931）于1920年3月创办，是中国最早的一所图书馆学专业学校。作为文华图书科首届招收的学生，裘开明先生毕业后来到厦门大学担任该校图书馆的首任馆长。1924年他又远渡重洋，赴美深造，先在纽约市公共图书馆附属图书馆学院继续研习图书馆学，第二年进入哈佛大学文理学院研究生院攻读经济学，并于1927年获得经济学硕士学位，1933年获得哲学博士学位。1927年，受哈佛大学图书馆馆长柯立奇的委托，裘开明开始负责整理该校图书馆中的中日文藏书，从此他开始了在美国长达四十年的图书馆生涯。为了更加准确地反映图书馆的藏书范围和性质，1965年汉和图书馆正式更名为"哈佛燕京图书馆"。

邓嗣禹与裘开明的信函交往，始于1938年邓嗣禹到哈佛大学求学时期，两人前后保持有二十多年书信往来的历史。但早在1936年，邓嗣禹和毕乃德（Knight Biggerstaff）合作出版《中国参考书目叙录》一书时，裘开明就曾给予过帮助。在此书的序言中，有一段是向曾经为该著作提供过建议、修改意见和帮助的裘开明致谢的内容。在1938年—1941年期间，邓嗣禹在哈佛大学攻读哲学博士学位及撰写毕业论文时，曾多次到哈佛燕京学社图书馆查阅资料，并再次得到了裘开明的热情帮助。

1951年，时任印第安纳大学东亚研究中心主任的邓嗣禹，为完成他与费正清合著的《中国对西方的反应》一书，需要经常到哈佛燕京图书馆查阅大量资料。而裘开明馆长为支持他的工作，同时也为他节省时间和生活费用，给予邓嗣禹特殊的关照，并破例将图书馆的钥匙交给他。据邓嗣禹在《纪念裘开明先生》一文中写道：

> 笔者常去哈佛找资料，有一二次，裘先生给我钥匙，以便晚间及周末，至书库工作，夜以继日。他知中等收入之舌耕者，返母校一次不易，附近'吃瓦片'之房东太太取费昂贵，而斗室如囚牢，故尽量使我早日完工返家。这又是他对于用书者体贴入微之处。我每次去剑桥时，他必须坚持请客，无法拒绝。或在家，或去饭店，或去夏天海滨避暑之家，每次请客，皆极丰富。可他所着衣物，非物体（尽）其用不舍，破旧失时样，在所不惜。我回敬，虽极忙，亦欣然接受。无论在美国、香港或别处，我们必饱餐畅谈。彼此书籍目录，经济时事，皆有一定见解，不随波逐流。……

邓嗣禹返回学校之后，即致信裘开明，对于他给予的"特权"表示衷心的感谢。

据不完全统计，邓嗣禹与裘开明两人保持直接通信的时段从1944年到1965年，长达22年的时间，保留下来的信函数量共有30封之多。之后，邓嗣禹的得意门生，博士生黄培又曾遵照邓教授的指意，与裘开明保持通信联系，借阅相关图书，并同样得到了裘开明馆长的支持和帮助。

裘开明先生退休以后，又相继创办美国明尼苏达大学东亚图书馆和香港中文大学图书馆。其间还倡导和协助创办了美国多个东亚图书馆，而燕京大学图书馆的发展始终与裘开明息息相关。然而，裘开明先生的贡献和影响并非仅局限于图书馆事业之内，美国、欧洲、日本、澳大利亚等地中国研究、日本研究、韩国研究，乃至越南研究的专家学者都与裘开明先生有过千丝万缕的关系，其中相当一部分知名的专家学者都深受裘开明倡导亚洲研究的影响，受益于裘开明先生的无私图书馆服务。可以说，如果没有裘开明的卓越贡献，我们就无法想象哈佛大学执世界中国研究牛耳的今天，20世纪的欧美汉学研究历史也可能会改写。

二、关于在芝加哥大学引进《汉和图书分类法》

隋唐以来，从《隋书·经籍志》到《四库全书总目》，中国历代的图书分类多是采用四部分类法。应该说，经史子集对揭示整理我国古代各个历史时期所产生的图书文献是有效的。但随着社会的发展、文化的进步，新的学科不断出现，特别是象汉和图书馆这样以收藏东亚各国不同历史时期的文献典籍为主的图书馆，中国传统的四部分类是远远不能适应图书分类的要求了。裘开明先生针对汉和图书馆的这一馆藏特点，第一次运用现代图书分类学理论，借鉴杜威十进图书分类方法，按照中外图书统一分类的原则，创立了一套新型的图书分类法——汉和图书分类法。该分类法将图书类分为9个大类，即：(1)经学，(2)哲学宗教，(3)史地，(4)社会科学，(5)语言文学，(6)美术，(7)自然科学，(8)农林工艺，(9)丛书目录。汉和图书分类法的最大特点是，整个分类体系在类目设置上既考虑到新的学科，又照顾到我国古代旧经籍（包括古代日本汉籍）的特点；同时，该分类法打破了过去中国历代各种分类法所采用的类目标引方法，而代之以号码标记，并对中国古籍与现代图书在标记上区分开来，即将古籍用三位数字标引，其余图书用四位数字表示。还有，该分类法将"丛书目录"单独列类，这体现出整个分类法既以学科内容为类分标准，同时也考虑到图书本身的形式特征。毫无疑问，这是一个比较接近现代意义的新式图书分类法，它成功地将古今中外图书文献组成一个有机的整体。

1943年，裘开明先生编制的这部《汉和图书分类法》正式由哈佛燕京学社出版，并在全美各东方图书馆中引起广泛重视，许多馆纷纷采用该分类法作为图书分类的依据，其中包括芝加哥大学东亚图书馆、伯克利加利福尼亚大学东亚图书馆、哥伦比亚大学东亚图书馆、普林斯顿大学葛斯德东方图书馆，以及耶鲁大学东亚图书馆等10余所著名东亚图书馆。《汉和图书馆分类法》逐渐成为全美各东方图书馆普遍采用的图书分类法。涉及这方面的工作信函有四封：

亲爱的裘馆长： 　　　　　　1942年6月6日

你赠送的有关四角号码字典的书已收到，我谨代表芝加哥大学图书馆向你表示衷心的感谢。请问哈佛对已故 Harre M. G. Labatt-Simon 的藏书出价多少，我希望芝加哥图书馆最终能买到这批书。请问汉和图书馆印刷的书目卡片已经从中国寄来多少，分类法是否已经印毕，我们想购买以辅助本馆编目工作。

另外，我已经给你邮寄了我当年在剑桥借的图书，请注意查收。

后学 嗣禹谨上，6月6日

亲爱的邓馆长： 　　　　　　1942年6月9日

非常感谢你在6月6日的来信中谈及故去的 H. M. G. Labatt-Simon 的藏书之事。我知道那批书主要是日文书籍。叶理绥（Serge Elisseeff）教授和赖肖尔（Edwin Oldfather Reischauer）博士负责与Simon先生谈判，你可以请顾立雅（H. G. Creel）教授给他们写信询问详细情况。我馆的分类法大概印制了200页，已到中国哲学。如果你需要，我馆可以将印毕部分装订成套，作为第一部分寄给你，以后将其它的再寄过去。

开明敬启，6月9日

亲爱的裘先生赐鉴：　　　　　　　1942年8月7日

  因我馆《四部丛刊》缺少函套，烦请告知贵馆中文书函套的制作机构和成本。此外，因为我们希望尽快开始芝加哥大学远东图书馆的编目工作，请你寄来汉和图书馆迄今已印制完毕的分类目录。

嗣禹谨上，6月6日

亲爱的邓馆长：　　　　　　　　　1942年8月18日

  我已经以铁路快递到货付款方式给你寄来了两个中国古籍函套样板，这是我们的装订商特别为你们制作的函套。如果需求达到一定数量（至少每次订购50个），则成本为每个60美分，此函套适用于《丛书集成》。还有一种每个约110美元，是每本需要量身定做的书籍函套。订购量越大，成本越为便宜，与芝加哥的价格差不多。此外，汉和图书馆目录已经印刷至中国文学类，约有230页，我将尽快整套寄给你。

开明敬启，8月18日

三、关于《中国对于西方的反应》写作细节

  《中国对西方的反应》一书是由邓嗣禹、费正清共同编写的一本具有历史影响的重要著作。1949年秋，当费正清在哈佛大学最早开设"现代中国问题研究"课程时，曾邀请邓嗣禹回母校哈佛大学讲授该课程。在任教期间，他与费正清再次合作，共同编写了著名的《中国对西方的反应》，以及《中国对西方的反应：文献通考，1839—1923》，书中汇编了65篇有关清代的重要历史文献。在此书中，费正清与邓嗣禹首次提出了著名的"冲击—反应"理论。

该书1954年由哈佛大学出版社出版，1963年、1965年曾两次再版，在美国流行了近三十年，是美国许多大学汉学研究生的必读参考书目，1971年又在加拿大出版，到1980年已第5次再版。2013年，清华大学国学院正着手引进哈佛大学出版社的版权，翻译成中文版在国内出版。

有关此书在写作前后的一些细节，外界之前从未披露。1953年2月，邓嗣禹在与费正清写作《中国对西方的反应》一书时，曾就太平天国重要历史人物——袁昶所写三篇回忆录的真伪问题，写信请教过裘开明，询问是否可以把三篇回忆录的译文收录到即将出版的《中国对西方的反应》书中。而裘开明在恒慕义主编的《清代名人传略》中曾撰写过袁昶的传记，对于此人物比较了解。两封信件的主要内容如下：

> 裘先生赐鉴：　　　　　　　　　　1953年2月3日
>
> 　　我已经翻译了三篇袁昶（Yuan Chang）的回忆录，并阅读了《清代名人传略》（*The Eminent Chinese of the Ch'ing Period*）中你所写的关于他的传记，其中你写道："他们现在已为外国人所了解。"但是有关义和团的四卷新资料中，这3篇资料是根据袁昶本人早期所写的译文重印而成，编者没有就其真实性做任何评价。你能否详细地告诉我这方面的情况，以便于我们决定是否将其收录到即将出版的《中国对西方的反应》（*China's Response to the West*）一书中？你能否寄给我本函所列一些书的缩微胶卷？
>
> 　　　　　　　　　　　　　　　　嗣禹谨上，2月3日

裘开明在2月13日做了长篇回复，列举了许多事实，提出了否定意见："收录在新出版的资料汇编中的袁昶的回忆录并不一定是权威资料，""我自己的意见是，三篇回忆录非常值得怀疑，因为似乎被曲改过。"回信的主要内容如下：

亲爱的邓先生：　　　　　　　　1953年2月13日

我们已经把崔书琴博士1934年在哈佛大学的博士论文制成了缩微胶卷，怀德纳图书馆照像复制部将会把两种缩微胶卷和账单寄给你。我还请哈佛大学出版社与发票一起寄给你一份《哈佛大学1934年博士论文摘要》。

至于袁昶关于义和团的三篇回忆录，我认为最终还是应由你自己决定是否把三篇回忆录的译文收录到你即将出版的《中国对西方的反应》一书中。尽管共产主义作者新出版的四卷本义和团资料汇编中收录了这些回忆录，但我怀疑这些编者并未真正对这些回忆录解读清楚。这部新的资料汇编还收录了Chin-shan的日记，该日记被后来的学者证明是假的……。因此，被收录在新出版的资料汇编中的袁昶的回忆录并不一定是权威资料。另一方面，我们对于这些资料的怀疑会随着义和团资料汇编编者的注释而加重，这些注释附在第一篇回忆录（第四卷，159页）之前。注释说回忆录原稿丢失……书中收录的则比原稿的影印件更完整。遗憾的是，我馆没有1905年的影印版《太常袁公行略》，该书藏于国立北京图书馆。但是我馆藏有其它文集，如《暴匪纪略》、《清季外交史料》以及1951年出版的义和团资料汇编，其中收录了回忆录。

你何不写信给斯坦福大学袁同礼（Yuan Tung-li）博士，询问他对这三篇回忆录的看法？我自己的意见是三篇回忆录非常值得怀疑，因为似乎被曲改过。事实上，袁昶可能亲笔为该回忆录写了草稿，但是主要问题在于他是否把回忆录提供给了许景澄（Hsu Ching-ch'eng），并且许景澄是否对第一稿做了修改，并联合署名。

开明敬启，2月13日

为了慎重起见，在后来出版的《中国对西方的反应》一书中，并没有收录袁昶的3篇回忆录。邓嗣禹与裘开明往来信函中，当然决不限于作者陈述的上述信息，还涉及到其它论文写作事宜、学界朋友交往（包括与费正清）、印第安纳大学东亚图书馆的建设等诸多问题。现将作者近年收集、整理的"邓嗣禹与裘开明往来信札整理注释"，作为附录提供如下，供从事相关研究的学者参考。

邓嗣禹与裘开明往来信札整理注释

（1942~1965年，共30封）

说　明：

1、本文收录了在1942到1965年期间，邓嗣禹致裘开明信函17封，裘开明致邓嗣禹的信函12封，其中还包括裘开明致荒川哲郎的相关信函1封，共计30封，仍不免遗漏。

2、本文省略开头的相互称呼，以及各自落款的署名。对第一次出现的汉学家人名均用英文注明。

3、信札中首次出现的重要人物，均采用简要脚注的方式标注于当页下方。

1942年：

1. 邓嗣禹致裘开明信函之一

1942年6月6日

你赠送的有关四角号码字典的书已收到，我谨代表芝加哥大学图书馆向你表示衷心的感谢。请问哈佛对已故Harre M. G. Labatt-Simon的藏书出价多少，我希望芝加哥图书馆最终能买到这批书。请问汉和图书馆印刷的书目卡片已经从中国寄来多少，分类法是否已经印毕，我们想购买以辅助本馆编目工作。

另外，我已经给你邮寄了我当年在剑桥借的图书，请注意查收。

2. 裘开明致邓嗣禹信函之一

1942年6月9日

非常感谢你在6月6日的来信中谈及故去的 H. M. G. Labatt-Simon的藏书之事。我知道那批书主要是日文书籍。叶理绥（Serge Elisseeff）教授和赖肖尔（Edwin Oldfather Reischauer）博士负责与Simon先生谈判，你可以请顾立雅（H. G. Creel）教授给他们写信询问详细情况。我馆的分类法大概印制了200页，已到中国哲学。如果你需要，我馆可以将印毕部分装订成套，作为第一部分寄给你，以后将其它的再寄过去。

3. 邓嗣禹致裘开明信函之二

1942年7月14日

很抱歉，没有及时回复你的来信。我认为你们决定先行出版分类法第一部分十分明智。因为装订需要花费的时间较长，我馆仅在这方面有点困难。梁启超先生的女儿梁思懿女士即将作为兼职馆员和教师来我馆工作，其聘期自8月1日起。8月我必须开始进行图书编目工作。你认为分类法8月能出版吗？如果不能，能否尽可能将可印好的部分先寄给我们？

另因我正在修改我即将发表的论文,可否通过馆际互借,借阅贵馆所藏《抚夷日记》?若可,将感激不尽。

4. 邓嗣禹致裘开明信函之三

1942年8月7日

因我馆《四部丛刊》缺少函套,烦请告知贵馆中文书函套的制作机构和成本。此外,因为我们希望尽快开始芝加哥大学远东图书馆的编目工作,请你寄来汉和图书馆迄今已印制完毕的分类目录。

5. 裘开明致邓嗣禹信函之二

1942年8月18日

我已经以铁路快递到货付款方式给你寄来了两个中国古籍函套样板,这是我们的装订商特别为你们制作的函套。如果需求达到一定数量(至少每次订购50个),则成本为每个60美分,此函套适用于《丛书集成》。还有一种每个约110美元,是每本需要量身定做的书籍函套。订购量越大,成本越为便宜,与芝加哥的价格差不多。此外,汉和图书馆目录已经印刷至中国文学类,约有230页,我将尽快整套寄给你。

6. 邓嗣禹致裘开明信函之四

1942年12月23日

因芝加哥大学校方希望在芝加哥制作中国书籍函套,以便量身定做,所以我们不订购你们的中国书籍函套。芝大远东图书馆书库已大致按照汉和图书馆分类体系排架,大部分书籍仅需要5—10分钟即可找到——祝圣诞节快乐、新年快乐!

7. 裘开明致邓嗣禹信函之三

1942年12月30日

已经收到12日寄来的3份书目。分类目录主体已出版,即:经、哲学与宗教、历史、社会学、语言文字艺术等类。很多有远东文献馆藏的美国图书馆可能会感兴趣。我们将会把这部分未装订的228页分类目录以铁路快递到货付款的方式寄给你们芝大远东图书馆。先借给你们使用,待到分类目录开始销售后,请你将此散页目录归还——

1943年:

8. 邓嗣禹致裘开明信函之五

1943年1月7日

已经收到你寄来的分类法,这对我馆编目工作十分有帮助,亦非常感谢答应帮助我馆为寄去的书单上的丛书等补充索书号。实际上,因为哈佛与芝加哥的书籍不一样,贵馆目录卡片中有很大一部分是我馆没有的,而我馆馆藏的许多书在你出版的目录及印制的卡片里也没有。对此,希望能得到你的建议。

9. 裘开明致邓嗣禹信函之四

1943年2月1日

对于你1月7日来函中提及在贵馆使用我馆印刷卡片时遇到的困难,在此,我对我馆遇到此类问题时采用的方法作简要说明如下:

1、同一著作的不同版本,出版项(日期、地点、出版者、或者印刷人、版本）和校勘（书籍的页、卷、不同辑录、其它物理特征）不同，去除我馆卡片上的印刷信息并写上经研究确定后贵馆的版本和相关信息。

2、同一标题的不同作者。在这种情况下，有可能它们是真正不同的作品，或者两个人同名；或者我们卡片上的作者是错误的。如果是后者，非常感谢你向我指出错误，我们可能将作者搞错了。

3、贵馆如果没有我馆卡片所对应的书籍，或者贵馆书籍没有找到相应的我馆的目录卡片。前者可以把这部分卡片置于一边，以供将来买到书籍时使用；后者可以选择等待我馆卡片刊印或者贵馆自己编目。我馆库存中还有很多重复的丛书分析卡片，其中大部分具备不同检索入口，只有简单的信息，我想贵馆一定能增加必要项目，自行完成其它工作。也就是说，这些卡片比空白卡片还是好用些，有一些也一定是贵馆所需要的。如果贵馆希望获得这些重复的分析卡片，并支付邮资，我馆愿意将其与相同数量的空白卡片交换，或者贵馆直接付款购买。我们把分类表借给贵馆，还有一份《图书杂志》（Library Journal），其中有篇文章是关于其它图书馆如何使用汉和图书馆印刷卡片标引图书的介绍。下周我们将会寄回你的丛书书单。

10. 邓嗣禹致裘开明信函之六

1943年2月25日

已经收到2月1日来函。非常感谢你的建议及其后所寄分类表和资料。因我的课程很紧，很抱歉未能及早回函。因我馆图书都经过了严格编目上架，故尽管我们计划使用贵馆的分类法，但目前并不急于进行编目调整工作。关于你提出的用空白卡片交换贵馆目录卡片的建议，我们认为贵馆十分慷慨，请尽可能把贵馆有的卡片寄给我馆一份，我们将空白卡片寄去，并付邮资。我们将完好无损地保存并还回贵馆寄来的分类表，目前我们正在检查贵馆印刷的卡片和分类表，如果发现有错误，会马上向你报告。但我们迄今为止未发现有任何错误。

11. 邓嗣禹致裘开明信函之七

1943年3月10日

寄还分类表，并函询汉和图书馆对《四部丛刊》的著录方法，是集中著录还是分类著录？

12. 裘开明致邓嗣禹信函之五

1943年4月6日

非常感谢你3月10日的来信和寄来的3页分类表。函寄我馆分类表简表的索引（英文字母顺序和王氏四角号码索引）赠与贵馆，因完整详细的索引现仍未能出版，我希望此简表索引能对贵馆图书目录有所帮助。如果图书馆有两套《四部丛书》，当然可以一套集中存放，一套则按不同分类方法分别存放。现有一美国汉学家想购买一套《四部丛书》，因贵馆有六套，能否卖给他一套呢？详情询问顾立雅教授。我馆已查过你寄来书单上大部分的丛书，并按书单给了索书号。现在正在核查我馆是否有对应的卡片。因此前两个有经验的学生助理离开了，新的助理要花费一点时间来熟悉工作，因此工作进展将会有点缓慢，请耐心等待。

13. 邓嗣禹致裘开明信函之八

1943年4月22日

你在4月5日的来信中提到有一位美国杰出的汉学家想买一套《四部丛书》，让我问一下远东图书馆能否卖给他一套，我已问过顾立雅教授，很抱歉答案是否定的。除非战争结束，不然很难得到整套。如不介意请告诉我这位学者的姓名，或者我可以和他交流一下。希望能收到贵馆协助补充的丛书索书号和答应给我们的卡片。感谢你寄来的贵馆分类法简表和索引。

1948年：

14. 邓嗣禹致裘开明信函之九

1948年3月8日

《逸经26》（1937年3月）第22页有胡怀琛《木牛流马考》一文，如不十分麻烦，可否惠恩拨冗作一照片或软片能读即可，因敝馆无《逸经》杂志也。久违雅教，希望能有机会稍事团聚，藉聆教益。于震寰先生不知何时来美，途经芝城，无希驻足一谈，若便乞转达，专此致叩。道安。

15. 裘开明致邓嗣禹信函之六

1948年3月15日

感谢你3月6日来函，非常抱歉我馆所藏《逸经》（I Ching）通过燕京大学订购尚未寄来。我将致函燕京，要求他们在方便时尽早寻找一份复本。书一旦寄来我会告知你。费正清博士告诉我，当你还在哈佛做他的助理的时候，你发现一部《点石斋画报》（上海，1884，配插图）的复本。我无法回忆曾收藏有此书。也许你可能是在怀德纳善本部发现的。你可否来函介绍一下此书的情况，非常感谢!

16. 邓嗣禹致裘开明信函之十

1948年3月31日

我尽力去回忆我是否曾在博伊斯顿堂或怀德纳(Widener)曾经见到过《点石斋画报》,但结果是我一点也不记得关于本书的任何信息。

1951年:

17. 邓嗣禹致裘开明信函之十一

1951年8月8日

请允许我全心全意地向您致谢!

感谢你特别照顾我,把贵馆所有的钥匙都交给了我,允许我在任何时候使用它们。如果没有这样的特权,即使我再呆上三个月也不能完成工作。虽然我离开得很匆忙,但是我相信我所使用过的所有书都保持着原样。如果贵馆的复本完整的话,印第安纳大学图书馆希望购买贵馆的复本,还想购买商务印书馆出版的、含一卷索引的《十通》。如果方便的话,麻烦你告诉我们你打算出售的书籍的价格。

18. 邓嗣禹致裘开明信函之十二

1951年10月24日

邓嗣禹致函裘开明,询问正在出售的《二十四史》的情况。

19. 裘开明致邓嗣禹信函之七

1951年10月31日

你问到的《二十四史》是上海影印的710卷乾隆内府本。这套书是麻省理工学院的一名中国学生的，我完全不认识该学生，他告诉我此套书是完整的，他愿意以350美元出售，因为他非常需要经济资助，以完成学业。正如你所知，我馆已藏有一套该书，因此我把此事转告你。

1952年：

20. 邓嗣禹致裘开明信函之十三

1952年9月17日

阐辉前辈先生赐鉴：

久未上函请安，不知近况如何，合宅清泰否？拙作《捻匪与游击战》一文共280余页，夏已告竣。关于共产党领袖讨论游击战问题，两月以前已请哥伦比亚大学XX先生(原文不清)代为搜罗寄来，早承允诺但久无回信。昨从间接询问知在病中，久未到馆视事，故一切外来文件皆搁置未理，乃转从贵图书馆借用。数日前已请敝校图书馆处通知哈佛。信到之时敬恳请特别帮助为荷。又北京人文图书馆目录及国学论文索引，不知贵处有重本转售否。有此二书，半球书籍杂志之出版时地问题，可得不少帮助。

21. 裘开明致邓嗣禹信函之八

1952年9月23日

9月17日来函收悉，兹附上2张你需要的中文图书目录草片，卡片包含关于版本和版记在内的所有信息。很抱歉我馆没有多余的

《国学论文索引》以及北京人文图书目录出售。你可以致函东京的文久堂（Bunkyudo）或香港的Willing书局（Willing Book Co.），有可能买得到。关于你申请外借我馆所藏有关共产党游击战文献一事，我们尚未收到申请书，但我们现正在为你搜集相关文献，一旦馆际互借单从怀德纳图书馆转到我馆，我们立刻将书寄给贵校图书馆。

1953年：

22. 邓嗣禹致裘开明信函之十四

1953年2月3日

我已经翻译了三篇袁昶（Yuan Chang）的回忆录，并阅读了在《清代名人传略》（*The Eminent Chinese of the Ch'ing Period*）中你所写的关于他的传记，其中你写道："他们现在已为外国人所了解"。但是有关义和团的四卷新资料中，这三篇资料是根据袁昶本人早期所写的文章译文重印而成，编者没有就其真实性做任何评价。你能否详细地告诉我这方面的情况，以便于我们决定是否将其收录到即将出版的《中国对西方的反应》（*China's Response to the west*）一书中？你能否寄给我本函所列一些书的缩微胶卷？

崔书琴（Tsui Shu-chin）请我代为订购其博士论文的缩微胶卷，他还想买一本收录了1934年博士论文摘要的书。因为我不知道书的确切名字，所以无法帮他订购。你能否请贵馆工作人员把上述提到的书和博士论文的缩微卷寄到以下地址：中国台湾台北中山南路11—A崔书琴博士。而上述资料的账单请寄给我……

23. 裘开明致邓嗣禹信函之九

1953年2月13日

我们已经把崔书琴博士1934年在哈佛大学的博士论文制成了缩微胶卷，怀德纳图书馆照像复制部将会把两种缩微胶卷和账单寄给你。我还请哈佛大学出版社与发票一起寄给你一份《哈佛大学1934年博士论文摘要》。

至于袁昶关于义和团的三篇回忆录，我认为最终还是应由你自己决定是否把三篇回忆录的译文收录到你即将出版的《中国对西方的反应》一书中。尽管共产主义作者新出版的四卷本义和团资料汇编中收录了这些回忆录，但我怀疑这些编者并未真正对这些回忆录解读清楚。这部新的资料汇编还收录了Chin-shan的日记，该日记被后来的学者证明是假的……。因此，被收录在新出版的资料汇编中的袁昶的回忆录并不一定是权威资料。另一方面，我们对于这些资料的怀疑会随着义和团资料汇编编者的注释而加重，这些注释附在第一篇回忆录（第四卷，159页）之前。注释说回忆录原稿丢失……书中收录的则比原稿的影印件更完整。遗憾的是，我馆没有1905年的影印版《太常袁公行略》，该书藏于国立北京图书馆。但是我馆藏有其它文集，如《暴匪纪略》、《清季外交史料》以及时1951年出版的义和团资料汇编，其中收录了回忆录。

你何不写信给斯坦福大学袁同礼（Yuan Tung-li）博士，询问他对这三篇回忆录的看法？我自己的意见是三篇回忆录非常值得怀疑，因为似乎被曲改过。事实上，袁昶可能亲笔为该回忆录写了草稿，但是主要问题在于他是否把回忆录提供给了许景澄（Hsu Ching-ch'eng），并且许景澄是否对第一稿做了修改，并联合署名。

24. 邓嗣禹致裘开明信函之十五

1953年9月23日

邓嗣禹致函裘开明，询问汉和图书馆是否藏有两套《古今图书集成》，如果有，那么能否出售一套。

25. 裘开明致邓嗣禹信函之十

1953年10月2日

汉和图书馆没有多余的《古今图书集成》可用于出售或交换。原本去年政府打算赠送给汉和图书馆一套上海出版的小印本《古今图书集成》，但汉和图书馆未接受。建议你询问芝加哥图书馆是否有售。

1954年：

26. 邓嗣禹致裘开明信函之十六

1954年10月22日

邓嗣禹致函裘开明，询问从日本购买中日文书籍最好的代理公司是哪些公司，以及印第安纳大学历史系可否向汉和图书馆借阅《剿平捻匪方略》一书。

27. 裘开明致邓嗣禹信函之十一

1954年11月3日

10月22日来函收悉，在日本没有所谓最好的中日书籍代理商，但是考虑实际情况，我向你推荐日本出版贸易株式会社（Japan Publication Trading Company），其地址为"No.1 Sarugakucho i-chome, Kanda, Chiyoda-ku, Tokyo, Japan"。该公司每月出版中日文新旧书籍的书目，并出版、发行东京地区其它中日文书商的书目。他们可以从任何一家书店寻找任何中文、日文或西文图书，从中收取目录上所标书价格15%的服务费。

关于《剿平捻匪方略》一书，建议你通过日本出版贸易株式会社在日本购买，此书目前已经很难见到，书籍也相当厚重，共计320卷，16册。我们通常不允许馆际互借如此宏富的著作，但是考虑到你的困境——如果你不到华盛顿或剑桥来查阅此书，你将无法完成你的著作，如果贵馆愿意支付此书来回的铁路保价快递费用，我们可以把书借给你，但是请按程序向哈佛大学怀德图书馆提出互借申请。

1959年：

28. 邓嗣禹致裘开明信函之十七

1959年6月9日

我们正打算编制一部汉和文献的目录。去年荒川哲郎(Tetsuro Arakawa)来函表示对此项工作有兴趣，如果他仍在你手下工作，能否请你把随函所附函件转交给荒川先生?虽然印第安纳大学希望编制一部出色的东方文献目录，但不经你允许就动用你的员工是不合适的。另外，作为一名东方图书馆学专家，我们非常信任你对个人能力的判断以及你的推荐。

29. 附：裘开明致荒川哲郎信函

1959年7月17日

随函寄上印第安纳大学的一个岗位的邀请函。我希望你对此感兴趣，愿意放弃纽约联合国图书馆的工作。邓嗣禹教授确实非常需要人手帮助其从事科研和教学工作。以后除了在图书馆工作以外，他们完全有可能让你在那里教授基础日文课程。因此到印第安纳大学工作对于你未来在美国的发展而言是个好机会。在联合国，你只是大机器上的一颗小螺丝钉，很难发挥出自己杰出的才能。

1965年：

30. 裘开明致邓嗣禹信函之十二

1965年12月1日

你需要的书已交给怀德纳图书馆照像复制部制作复本，制作完毕后将同账单一起寄到印第安纳大学。你需要的另一篇Chiang Ti撰，刊登于《山西师范学报》上的文章，汉和图书馆没有收藏。

（原文发表于台湾《传记文学》2013年第9期）

钱存训、邓嗣禹往来信札（为文集补遗）

钱存训（1910—2015）曾以中国图书史、印刷史研究蜚声中外，对于中华文明给予人类进步的贡献有精深的论述。同时，他又是一位贡献卓越的图书馆事业家，担任美国芝加哥大学东亚图书馆馆长有14年之久，从事图书文献管理工作长达80年以上。20世纪30年代，他曾冒生命危险，将原北平图书馆所藏上海的善本书籍三万余册秘密运寄到美国国会图书馆保管，使这批国宝化险为夷，免遭日军劫掠，为我国的善本书籍事业做出过突出的贡献。

为了纪念与缅怀钱存训的丰功伟绩，在他100周岁生日前后，国内多家出版社曾出版过多本关于他的文集（《回顾集：钱存训世纪文选》，广西师范大学出版社2012年；《钱存训文集》（1—3卷），国家图书馆出版社2012年；《坐拥书城，勤耕不辍——钱存训先生的志业与著述》，国家图书馆出版社2013年）。但是，目前出版的这些书籍均不包括钱先生的"书信集"。作为《文集》类书籍，不能不说是憾事。

2017年5—6月间，笔者为寻找外公邓嗣禹早年出版的书籍与学术档案，曾赴芝加哥大学进行学术考察。在此期间，受到了现任东亚图书馆馆长周原博士的热忱接待。周馆长为笔者提供了芝大馆藏中的许多宝贵资料，同时还意外地发现了钱存训与邓嗣禹往来书信100余封，时间从1951—1985年，跨度长达34年。从这些大量的往来信札中，我们可以清晰地发现学术著作与论文中看不到的讯息，以及两人合作背后的故事，同时可以补充《文集》的不足之处。

钱存训与邓嗣禹的交往

钱存训与邓嗣禹应该说是芝加哥大学的老同事，后来两人又保持了三十多年交往。1941年8月，邓嗣禹在哈佛大学学业还未完成之时，便应芝加哥大学之聘到该校任讲师，与美国汉学家顾立雅（H. G. Greel）、柯睿格（E. A. Kracke）一起，采用自编的教材教授汉语，以及中国历史课程。在太平洋战争爆发后，邓嗣禹出任中国研究院的执行院长，兼任远东图书馆馆长。1947—1948年期间，作为访问学者的董作宾，曾开设中国考古学、金文及古文学等课程。

当年，东方学系的三位教授各有分工：顾立雅担任第一年汉语、古代史和思想史；柯睿格担任第二年中文、中古史和政治制度等课程；邓嗣禹在第三年讲授中国近代史、中国目录学、中国史学方法和现代中文。1949年秋，邓嗣禹接受费正清邀请，重返母校哈佛大学最早讲授"现代中国问题"课程之后，他所讲授的中国目录学、中国史学方法等课程由钱存训接任（钱存训《留美杂忆》）。

1959年，时任印第安纳大学东亚研究中心主任的邓嗣禹在学校所在地布鲁明顿市举办了以"亚州研究与州立大学"为主题的国际性学术研讨会，钱存训曾代表芝加哥大学参加会议。在之后的二十多年期间，由于工作的相似性与友情关系，他们一直保持着通信联系。

钱存训与邓嗣禹的往来信札内容大致可为分六大类：1、交流各自的学术研究进展与家庭生活情况；2、两人与学界朋友交往的内容；3、为对方撰写推荐信与书评文章；4、委托对方寻找，或推荐所需工作人员；5、为撰写各自的著作，委托对方查找参考资料；6、在学术著作出版之前，征求对方的意见。

为《中国对西方的反应》提出修改意见

邓嗣禹、费正清共同编写的《中国对西方的反应》是一本具有历史影响的重要著作。1949年秋，当费正清在哈佛大学最早开设"现代中国问题研究"课程时，曾邀请邓嗣禹回母校哈佛大学讲授该课程。在任教期间，他与费正清再次合作，共同编写了著名的《中国对西方的反应》，以及《中国对西方的反应：文献通考，1839—1923》，书中汇编了65篇有关清代的重要历史文献。在此书中，费正清与邓嗣禹代表"哈佛学派"，首次提出了著名的"冲击—反应"理论，对国际史学产生过深远的影响。该书1954年由哈佛大学出版社出版，1963年、1965年曾两次再版，在美国流行了近三十年，是美国许多大学汉学研究生的必读参考书目，1971年开始在加拿大出版，到1980年已第5次再版。

有关此书在写作前后的一些细节，之前从未披露。1952年2月，邓嗣禹在写作《中国对西方的反应》一书时，曾就太平天国历史人物——袁昶所写三篇回忆录的真伪问题，写信请教过裘开明，询问是否可以把三篇回忆录的译文收录到即将出版的书中。而裘开明在恒慕义主编的《清代名人传略》中曾撰写过袁昶的传记，对于此人物生平比较熟悉。裘开明回信时提出过否定意见："我自己的意见是，三篇回忆录非常值得怀疑，因为似乎被曲改过。"（《裘开明年谱》）裘开明的意见得到了邓嗣禹的充分尊重与认可，并把已经翻译好的回忆录从书中删除。

此次，在这本书即将出版之前，邓嗣禹曾将书稿寄给钱存训，并写信再次征询钱存训意见之后，又一次做了修改，并提出过一些不同意见：

公垂兄（钱存训，字公垂）：

　　1952年12月30日前接惠书，指出《中国对西方文明之反应》若干错误，非常感谢。现在校稿有期，乃作一最后修改。

　　吾兄指出之点，皆已采纳，唯有一节：查1861总理衙门奏设同文馆似非冯贵芬之建议。冯之建议被李鸿章采纳（见1.4节），于1863年至上海及广州"仿同文馆例"，设"东方言馆"云云。不知同文馆之设，系李鸿章本人之主张，抑系别人条呈。手头无书，不敢妄断。

　　敬祝

　　新年快乐！

弟嗣禹上十二月三十日

除此之外，邓嗣禹在撰写有关太平天国方面的书籍，如：《太平天国起义的新观点》《捻军及其游击战》《太平天与西方列强》等书籍时，曾多次写信给钱存训，查询芝加哥大学图书馆收藏的这方面的资料，交流有关学术问题。这类信件在两人往来通信中占有较多篇幅，在此不一一列出。

《中国科技史：纸和印刷》写作前后

钱存训重要的学术活动，以及后来的成名作和代表作，应该是1968年应英国剑桥大学李约瑟博士（Dr. Joseph Needhan）邀请，参加他主编的《中国科学技术史》中的《纸和印刷》一册的写作。但是，写作前后的背景一直不是很清晰。

按照钱存训所述,"我对中国印刷史发生兴趣,最初是在大学时代选修刘国钧主讲'中国书史'所受到的启发。当时所用到的主要参考书是卡特(Thomas F. Carter)的《中国印刷术的发明及其西传》英文本和田中敬的《图书学概论》日文本,而没有同样性质的中文本可供参考,引为遗憾。1947年来美进修,在芝加哥大学选习西洋印刷史,得有机会和中国印刷史作了一些比较研究。"(钱存训:张秀民著《中国印刷史》序言)。

从1967年11月13日,钱存训致邓嗣禹的信函中,我们可以了解到这件事的起因。

持宇吾兄(邓嗣禹字持宇):

……

兹有荐者,弟向ACLS申请一奖金,拟于明年去欧洲及远东作短期旅行,藉能收集资料,主要为应尼登(笔者注:李约瑟Joseph Needham的英文简称)之邀,为其中国科学技术史写作一章:纸墨及印刷(125页,六万字左右)。附呈简单计划与提纲一份,拟请我公代作一书,加以吹嘘。我公对卡特一书之书评,至今仍属权威之作,一言九鼎,必为裁判所重也。其他三位拟请Joseph Needham(李约瑟)、Goodrich(富路特)、及E. A. Kracke(柯睿格)。

先此笔陈,余容面谢。专此即请。

安祺

存训敬上一九六七年十一月十三日

ACLS奖金,即美国学术团体理事会(American Council of Learned Societies)简称,为美国专门针对在人文学科领域申报项目所颁发的研究基金。该理事会同美国东方学会、远东学会等齐名,都是美国重要的涉华研究机构和组织。美国著名汉学家魏斐德教授，生前曾任美国学术团体理事会主席、兼任中国文明研究分会主席。

从钱存训的信函中我们可以得知：当年李约瑟邀请钱存训撰写《纸和印刷》一册的书籍，并没有提供任何费用，钱存训是通过将此项目申请ACLS奖金来完成的。而通过ACLS渠道申请资助的方式，必须邀请四位在此方面有研究专长的专家，作为申请项目的推荐人。

1934年7月，邓嗣禹在燕京大学任教期间，曾在《图书评论》第二卷第十一期上，对于卡特所著《中国印刷术的发明及其西传》英文版发表过长篇书评文章。从论文的内容提要、优缺点、可议之处到疑误之点和结论等六大方面进行了综合评论，全文约有三万多字，长期以来被历史学人所赞颂，作为这方面的专家自然有可信度。另一方面，他和柯睿格又都是曾与钱存训在芝加哥大学任教的老同事、老朋友，作为申请项目推荐人自然没有问题。

富路特是出生在中国的美国知名汉学家，1955年应卡特夫人邀请，曾对卡特所著《中国印刷术的发明及其西传》进行过修订与再版，作为推荐人自然也是有发言权。

英国著名汉学家李约瑟对于钱存训的评论推崇有加，早在1962年钱存训的博士论文《书于竹帛》英文版出版后，他就在《亚洲研究学报》发表的评论中称赞道"此书可称为卡特经典之作《中国印刷术的发明及其西传》一书的姐妹篇。……钱书与卡特的名著完全可以媲美而并驾齐驱。……全书行文清晰利落，要言不烦，是写作的典范。"李约瑟的这些赞美之词，成为他邀请钱存训编写巨著《中国科学技术史》的良好开端。

正如期待的那样，半年之后好消息如约而至。1968年7月7日，钱存训接到ACLS的批准通知之后的第四天，11日就曾致函邓嗣禹，告知了申请基金成功的喜讯：

持宇吾兄：

大作单行本两种，拜读至佩。我公著作等身，正拟修书道谢。适接七.七大函，藉望将有远东之游，甚感欣慰。嘱书Full-birylik基金介绍书，已经完就寄出，力为推荐，即社释念。甚望可加，成功也。年前申请之ACLS-SSRC补助金，以作中国印刷史之研究，已经批准。多承我公推荐，至深感谢。

暑假或秋季我将去欧洲一行，按照约定阅读有关资料，为李约瑟：中国科技史（第五册）写作纸墨及印刷一章节。我兄旅行时如见到有关这方面的资料（如：材料、刻工、印刷等等）是为见告是幸。

弟存训敬上一九六八年七月十一日

信中所述"单行本两种"，即是指邓嗣禹、费正清共同编写的《中国对西方的反应》，以及《中国对西方的反应：文献通考，1839—1923》。

后来，邓嗣禹见到此书之后，曾回复："接赐大作中国造纸原料，今早一气读完，既博且精，钦佩不已。吾兄主持馆务，尚能忙中偷闲，写出许多鸿文，定不容易，聪明能干。兼有贤内助，方能集中心力，收到各方面的成就。来日方长，当更有伟大贡献。何人代替Ed. Kracke（柯睿格），将来得便。"在"将来"一词的旁边，邓嗣禹用了三个句号加重语气。

威廉·麦克尼尔曾有意任教印大

威廉·麦克尼尔（William. H. McNeill, 1917— ），美国著名历史学家，擅长宏观的世界史研究，是全球史研究的开创者，也是芝大的一名杰出校友。他的本科与硕士教育都是在芝大完成的，1947年获得康奈尔大学博士学位之后，曾长期执教于芝加哥大学历史系，从事世界史教学与研究工作。1947年秋，麦克尼尔回到母校芝加哥大学任教时，最初他是在社科学部任讲师，受校长哈钦斯之命，为本科四年级学生开设了一门西方文明史课程。1949年他将授课的讲义编写成《西方文明史纲》一书，由芝加哥大学出版社出版。

2015年，他所撰写的回忆录书籍《追求真理：威廉·麦克尼尔回忆录》，由高照晶翻译成中文，浙江大学出版社出版。18万字的书籍，介绍个人成就的内容占绝大部分，忽略许多细节问题。

1954年，他曾一度因为担心不能在芝加哥大学历史系长期任教，有意到印第安纳大学谋求教职，将简历投递印大历史系。这年12月7日，时任历史系主任、兼东亚研究中心主任的邓嗣禹曾写信给钱存训，委托他对麦克尼尔在芝大情况进行过了解：

公垂兄： 　　　　　　　　　　　　1954年12月7日

敝系现在考虑William H. McNeill（威廉·麦克尼尔）来此教书之事。此人前在芝加哥大学教书，但不相识。不知吾兄能否从旁打听：

1、他是一个好的学者吗？

2、他是一个好的讲师吗？

3、他是一个容易和同事相处的人吗？等等。

在不十分麻烦的条件下，请顺便跟您的同事与学生们打听打听，如何？

嗣禹拜托十二月七日

钱存训接到此信后，他是如何调查、了解的过程，目前我们从已有的信件中还无法得知。1955年，麦克尼尔在英国著名历史学家汤因比的帮助下，出版了一本二战研究的书籍《美国、英国和俄国：它们的合作与冲突，1941—1946》，之后晋升为副教授，才赢得了在芝加哥大学长期任教的资格。

笔者收集的这批钱存训与邓嗣禹往来信件所透露的信息，当然不限于文中陈述的一鳞半爪，基于篇幅所限在此不能一一列举。希望有关出版机构在适当的时候，能够早日出版《钱存训文集·书信集》，以及《邓嗣禹师友书信集》，弥补两人现有《文集》中的不足之处。这必将会对国内外有志从事费正清、钱存训、邓嗣禹研究的学者，从不同的侧面提供更多的帮助。

（原文发表于《中华读书报》2018年02月07日）

杨联陞与邓嗣禹：
在美国的学术交往与汉学研究

杨联陞（1914—1990），字莲生，是驰名中外的历史学家，曾被誉为中国文化的海外媒介。余英时作为他最终爱和交往最密切的弟子，在纪念性文章《中国文化的海外媒介》一文中，对于杨联陞的学术特色、学术影响及品格等都有精练而切实的总结，在学界产生很大的影响。2010年，山东大学刘秀俊受其影响，曾以"中国文化的海外媒介——杨联陞学术交往探要"为博士论文的题目，第一次参阅了保存于哈佛大学，尚未整理出版的《杨联陞日记》，进一步论述了杨氏在东西方汉学界交往的许多细节。他在论文引言中指出，杨联陞"到美国之后，师事洪业先生，与周一良、王伊同、邓嗣禹、刘子健等人都私交甚笃"。但在正文中，刘秀俊却没有叙述杨联陞和邓嗣禹交往的任何内容，作为一篇学术严谨的博士论文，这不能不说是一种遗憾的事。

1950年代的杨联陞，蒋力提供

作为费正清先生在哈佛大学的同门弟子，杨联陞和外公邓嗣禹曾有过多次共事的经历，并保持了五十多年的通信往来。

一

杨联陞原籍浙江绍兴，1914年出生于河北保定。1937年毕业于清华大学经济系，曾任学生会主席，后任"北平学联"主席。1942年在哈佛大学获硕士学位，1946年获博士学位。其出色的学习成绩，使其不久即被留校任教，1947年在哈佛任助理教授，1951年任远东语言系副教授，1958年任教授。余英时曾评价，杨联陞在哈佛的成功立足，"使他顺利地站在了国际汉学界学术中心地带，并通过各种方式——课堂讲授、著作、书评、学术会议、私人接触等——把中国现代史学传统中比较成熟而健康的成份引进汉学研究之中"（余英时；《中国文化的海外媒介》）。自

1948年起，杨联陞一直担任《哈佛亚洲学报》中国研究部分的负责人和联络人，以及新竹《清华学报》主编，并长年撰写书评。这些工作，不但使其对于国际汉学界的发展动向了如指掌，更加强了他与国际同行的学术交流，得以随时指正汉学研究中出现的偏差。他出色的学术能力，受到国际汉学界的普遍认可和一致推崇。

1938年秋，在参加完由美国国会图书馆东方部主任恒慕义博士主编的《清代名人传略》一书的编著后，邓嗣禹获得哈佛燕京学社奖学金，与翁独健一同前往哈佛大学攻读博士学位。燕京学友周一良是在1939年到达美国，入哈佛远东语言系读博士学位的。而杨联陞则是在1941年2月，接到哈佛大学贾德纳（Gardner）教授邀请，赴美协助其工作。后由贾氏资助，在历史系研究院攻读硕士学位，并获得美国国务院的半年补助，以后也领取了哈佛燕京学社奖学金，于1942年夏取得哈佛大学硕士学位。

据周一良在《毕竟是书生》一书中回忆，哈佛燕京学社的奖学金，用于资助东方学研究，分为几种途经：一是资助美国学生到中国学习，第一个领取这个奖金来华的，是1930年到北京的卜德（Derk Bodde），以翻译冯友兰的《中国哲学史》而知名，回国后任教于宾夕法尼亚大学。后来他还曾多次提议，要将邓嗣禹1936年出版的《中国考试制度史》一书翻译成英文，但因为多种原因没有完成；二是资助中国学生到美国学习，头一个获得哈佛大学历史系博士学位的是齐思和；三是在哈佛和中国各教会大学颁发研究生奖学金；四是支付中国各教会大学文史哲等系某些知名教授的薪金；五是资助燕京大学图书馆和哈佛燕京学社图书馆购置图书。在裘开明先生的长期经营下，哈佛燕京学社图书馆有关东亚书籍，现在仅次于美国国会图书馆的藏书量。

当时在哈佛大学，中国留学生很多，不论是学习还是生活，常常聚在一起研讨学术，激辩时局，热闹非凡。尤其是1941年赵元任一家应哈佛燕京学社社长叶理绥教授（Serge Elisseeff, 1889—1975）之聘，来哈佛主持编纂字典工作之后，赵家更是成为中国留学生聚会的中心。如周一良、邓嗣禹、杨联陞、吴保安、张培刚、王伊同等一批哈佛年青学子都是这里的常客。当时学校宿舍费用昂贵，中国学生一般都是租住民房，但美国房东太太往往对于东方人的偏见很深，不肯把房间租给中国学生。有时外面贴着"出租"广告，房东开门看见黄皮肤的东方人，就立即说房已租出，甚至还有更恶劣者一言不发，享以闭门羹，中国留学生刚刚来美国时大多会碰到此事。邓嗣禹曾经将这段经历，以第三人称的方式写成《美国房东太太的面孔》一文，发表在1947年《世纪评论》第14期上。

由于赵元任的关系，邓嗣禹和杨联陞得以结识了许多来往赵家的中国学者，如胡适、傅斯年、钱端生等人，也就有了1944年邓嗣禹聘请胡适到芝加哥大学讲学，1946年胡适聘请邓嗣禹回到北京大学任教的历史（详见笔者发表的《胡适与邓嗣禹在四十年代的交往》，载《台湾传记》2013年第5期）。

杨联陞（后排右一）与周一良（中排右一）、胡适、赵元任（前排右三、右一）等在赵元任家门口合影，蒋力提供

在群英汇集的哈佛，杨联陞的领导才能得以充分展现，同时由于他的人品、学业、才艺等多方面的原因，曾被选为哈佛"中国同学会"主席，杨家也是继赵元任家之后学人的重要聚集地。当时哈佛大学中国学生带家眷的极少，1941年夏，周一良夫人邓懿由其父亲资助旅费来到美国之后，汉盟街58号、哈佛街333号两处周家的临时租住屋，就先后成为哈佛中国学子的另一处聚集地。

当年在哈佛完成博士学位，除了需要选修一定数量的学分及外语外，还需要参加参加一次口试，通过之后才能进入毕业论文写作阶段。1944年12月，杨联陞通过了由叶理绥、魏楷、欧文三位主考官主持的考试，并受到一致好评。在哈佛求学期间，杨联陞修读了赵元任在哈佛所开设的"方言学"课程，他还参与赵元任编写的《国语小字典》一书的部分工作。

1942年，邓嗣禹的博士论文《鸦片战争与南京条约》，顺利通过了由费正清主持的博士论文答辩。1944年，这篇论文经过修改之后，由芝加哥大学出版社出版，费正清为他撰写了前言，高度评价了他的学术成就。

在这一期间，他还利用课余时间与费正清合作撰写了"清朝公文的传递方式"的论文，并于当年发表在《哈佛亚洲研究学报》第4卷第1期上。1940年和1941年期间，两人再次合作撰写了《清朝文件的种类及其使用》及《论清代的朝贡制度》，先后发表在《哈佛亚洲研究学报》第5卷第1期和第6卷第2期上。这三篇文章都颇有开拓性质，后来于1960年由哈佛大学出版社出版，书名为《清代行政：三种研究》。

朝贡制度（the tributary system），曾是古代中国与周边国家传统关系的主要形态，进而成为近代以前，以中国为中心的整个东亚地区的一种基本国际关系形态。关于此主题的研究历来受到国内外学界的重视。《论清代的朝贡制度》是费正清一直以来所关注的朝贡制度这一主题的初步成果。国内外许多学者认为"虽然此文的完成距今已有半个世纪之多,但今天研读起来,其中关于朝贡制度的理论阐释及新的研究方法的采用,仍然可有力推动当今朝贡制度研究领域向深度发展,对目前的研究有重要的参考价值和借鉴意义"(王志强:《西方朝贡制度研究的开拓与奠基之作》,载《海南师范大学学报》2012年第5期)。朝贡制度的研究,不仅具有开拓性,而且影响深远,至今余音未消。著名学者山东师范大学李云泉教授,长期从事有关朝贡体系的研究,在2011年发表了《再论清代朝贡体制》一文(载《山东师范大学学报》2011年第56卷第5期)。他在开篇就指出:"自1941年美国中国学家费正清与美籍华裔学者邓嗣禹合作发表《论清代的朝贡制度》一文以来,其学术观点长期左右欧美、日、韩学界的相关研究,并对中国学界产生重大影响"。

在费正清、邓嗣禹的影响下,后来许多学者从不同角度探讨了中国传统外交观念和外交制度。1965年,在费正清主办的"世界秩序专题讨论会"上,杨联陞发表了《中国的世界秩序的历史诠释》的论文,王庚武发表了《明初与东南亚的关系:背景探析》论文等等。有关这方面的论文,费正清后来汇编成《中国的秩序观:传统中国的外交关系》一书,1968年由哈佛大学出版社出版。1967年,余英时在其出版的博士论文《汉代的贸易扩张——夏夷经济关系结构研究》一文中,也曾运用朝贡体系理论分析汉匈关系。

1941年下半年,邓嗣禹因研究生课程告一段落,应芝加哥大学之聘,任东方语言系讲师。1942年8月,芝加哥大学受美国陆军委托,举办"中国语言文史特别训练班",直到1944年3月结束。邓嗣禹负责主持特训班的全面工作,并任中国研究院院长、兼远东图书馆馆长。对于这一阶段经历的回顾,邓嗣禹后来专门撰写了一篇评论文章《美国陆军特训班给予吾人学习西语的教训》,发表在《东方杂志》第34卷第8期(1947年5月)。哈佛大学受美国陆军委托,则从1943年开始举办中文、日文培训班,赵元任先生负责主持中文训练班的工作,杨联陞由于表现突出,而受赵的特别赏识,在中文部二十余位助教中,特别为杨氏申请了一个讲师的职位。

1945年6月，哈佛大学陆军特训班已结束，根据美国移民法及兵役法，如无特别教职，须服兵役。杨联陞于是暂离剑桥，到耶鲁大学协助举办那里的美国陆军特训班工作。9月二战结束后回到哈佛，继续他的博士论文写作。1946年1月，杨联陞博士论文《晋书食货志译注》顺利通过答辩。他在学业上的优异表现得到叶理绥的充分肯定，之后给予杨氏种种便利。这年5月，叶理绥邀请杨联陞留在哈佛讲授中文，但由于是短期任教，不能给讲师职位，他婉言谢绝。更重要的原因，是因为此时他得知胡适先生要到北京大学任校长。1945年8月，蒋介石接受朱家骅、傅斯年的意见，确定胡适为北大校长，9月6日任命文件正式颁布。胡适在接到回国出任北大校长的任命文件不久，于这年9月26日就致信邓嗣禹，邀请他随同回北大历史系任教授。邀请邓嗣禹任教的前后过程，详见笔者发表的《胡适与邓嗣禹在四十年代的交往》一文（载《台湾传记》2013年第5期）。

对于能回国到北大任教之事，杨联陞也颇为心动，1946年3月15日他在给胡适的信里说：

"假如我能到北大来，教的东西您可以随便制定，大约中国史，秦汉到宋，断代史都可以来，通史也可以勉强。专史则除了社会经济史之外，美术史、文化史、史学史等也可以凑合。日本史也可以教，但明治以后不灵（得大预备），西洋史很糟，必要时可以教英国史。如果国文系能开一门《国语文法研究》颇想试教一下，指导学生的事情当然很高兴做（东西洋学者之汉学研究也可算一门）"。

1944年暑假期间，邓嗣禹曾到位于美国西部的奥克兰，任加州大学暑假学院密尔士（Mills）中国学园主任，1946年7月，邓嗣禹再次一同邀请杨联陞到该暑假学院讲授中国哲学史，目的是一边教学挣得回国经费，一边等待回国的船只。当时由于二战刚刚结束不久，舱位非常紧

张,两人一时订不到船票。7月14日,邓嗣禹曾致函给胡适校长,介绍了他与杨联陞的近况:

"现在嗣禹及内人与杨联陞先生,同在密尔士女校讲学,多半可搭八月三十号船回国,预定九月七日抵上海。杨联陞及内人俱欲乘船直抵大沽。若不可得,然总以早日返国为上策"(详见《胡适遗稿及秘藏书信》)。

但是,由于当时国内局势日益恶化,北平学运风潮不断,哈佛大学又反复邀请杨联陞回校任教,并不断提高聘请待遇,除年薪有所增长之外,又答应给予讲师职位。不久,赖肖尔与赖世和又请叶理绥设法聘请杨联陞为助理教授,聘期五年,贾德纳也力劝他留校。在征询胡适意见后,胡适建议杨联陞接受哈佛聘约。1947年9月,杨联陞正式留在哈佛大学,开始了他长达三十余年的哈佛执教生涯。

二

1946年夏季,邓嗣禹回国,在赴湖南家乡探亲之后,就任北京大学历史系中国近代史教授。杨联陞将邓嗣禹的动态,写信及时告知胡适:"邓嗣禹八月二十号上船到上海去了,他想先回湖南省亲,再到北大(太太仍留在美国),一年后也许再回芝加哥。前天又听说吴文藻先生想找他到日本帮忙,有电报来,不知转得到不"。

邓嗣禹到北大之后,不久就将自己在学校的所见所闻,北大的优势与劣势均在信中一一向杨联陞做了详细的介绍,他说"北大的优势是气象大,自由,劣势则是学生不用功,爱捣乱";"北大图书馆虽然四壁琳琅,西文参考书还不够多"等等。杨联陞也将这些问题,于1947年2月22日写信转告于胡适,并建议他:"如果您有甚么买书的计划,我们在美国的学生都愿意帮忙,不过让书店打折扣,恐怕得有图书馆正式的信"。

这时，杨联陞仍有随同邓嗣禹回国，一起在北大任教的意愿。在1947年2月22日的信中，他告诉胡适："我的情形比他（邓嗣禹）复杂一点儿，要待着就想把太太接来，那不知要费多少事。我告诉哈佛，如果胡先生叫我秋间回去，我一定遵命，如果让我自便，我看看三月份的大局再定。"胡适后来是如何答复的，我们目前不得而知。

1947年底，邓嗣禹将他前些年在芝加哥大学美国特训班讲课，为学员教授中文时的教材，补充、整理成《交际汉语与语法注解》一书，由芝加哥大学出版社出版，并请杨联陞为他撰写了序言。在本书后来在美国深受欢迎，流行很广，到1977年时就已经发行了十版。直到1986年，在他逝世的前几年，仍有再版发行。为此，1965年他又在此基础上编写、由芝加哥大学出版了《高级交际汉语》一书，同样深受美国读者的欢迎，并多次再版。

1948年2月，杨联陞开始担任《哈佛亚洲学报》编委，开始了他写作书评的生涯，并迅速成为中国部分的台柱式的编辑。正如周一良、刘子健等多人所评价的那样，书评更能体现杨氏精彩的学问与扎实的写作功底。杨联陞的书评并不仅仅是对著作的介绍，而是既有对全书进行综合评述，又不失每个考证细节的理论评述，因而获得了国际汉学界的广泛称赞。不仅如此，这一工作更让他与国际汉学界建立了广泛的联系，受到各国学者的一致推崇。

1949年6月，应费正清邀请，邓嗣禹离开芝加哥大学，重回母校哈佛大学任教，讲授"现代中国问题研究"课程，这是费正清在哈佛大学最早为研究生开设的一门课程。为了使美国学生对于中国历史人物有直观、深入的了解，他在讲课时将清代的曾国藩，形象地比喻为中国的乔治·华盛顿。后来王锺翰在《燕京学报》发表书评说："为使彼邦学子易于了解起见，似此轻松著笔，实具语言之妙"。正是这次重回哈佛，也有了他与杨联陞再次共事的经历。6月25日，在重返哈佛大学不久，杨联陞就邀请邓嗣禹到家中做客，两人开怀畅饮，再叙往事。离开杨家时，他曾在纪念册留言。据杨家纪念册记载，邓嗣禹曾在留言簿中写道："第一次在杨公馆吃炸酱面，好极了。以后尚不知有若干次可赏口福，谨此致谢，以便常来。"

杨联陞在哈佛大学从教三十年，交友面极广，也很好客。1948年他夫人缪宛君抵美，1949年在康桥购房后，每星期总有一两次请友人到他家吃饭。但每次请客，除了吃饭、打牌、唱戏、聊天之外，还有一个必不可少的内容，那就是要在纪念册上留下一点真实的、有特色的记录。1980年8月12日，他在某本纪念册中写道："以上是1977年以前在康桥圣门里一号舍下宴客题记。自1948年秋宛君与恕立来美为始，三十年得十六册师友留言，至可宝忆。七七年回国探亲，由蒋震陪游西安、洛阳、郑州，中原访古，甚快平生。七九年迁居阿灵顿，去哈佛较远，宴客颇稀。今年六月退休，七月蒋震与忠平来美探亲，宛君得有臂助，因欲重整旗鼓，新交旧雨尽兴乎来"。

杨联陞家的留言簿上有从大陆台湾，又到美国的许多知名学者，如陶希圣题辞云："1967年4月11日之夜，在联陞夫妇招待晚餐席上谈三十年前旧事，此为赏心乐事，亦感慨系之。谨志数语以资纪念。"也有回到大陆多年后又出访美国的，如瞿同祖题词云："廿二年前客居康桥，常为座上客。旧地重游，久别重逢，畅谈古今，为此行快事。"周一良题词云："三十六年，沧海桑田，康桥重晤，极乐尽欢。"语虽平淡，几十年的酸甜苦辣尽在其中了。还有钱端升题词："民国卅七年春重来康桥哈佛街三三一号"。

胡适先生的留言离不开诗，一次是："风打没遮楼，月照无眠我。从来没见他，梦也如何做？四十年前的词句"。另一次他引用广西桂林的民歌："买米要买一斩白，连双要连好脚色。十字街头背锁链，旁人取笑也抵得！"

留言簿中还有不少外国学者，如日本学者吉川幸次郎、宫崎市定等。杨联陞不仅与学者来往，他的座上客及友人还有著名艺术家，如国画大师张大千，作家老舍、曹禺等名人。张大千题："癸巳三月初九日来游波士顿，为联陞仁兄题此留念"。此癸巳乃1953年，画家张大千来访，闲叙中张大千复述了一副理发师的对联：磨砺何须问天下头颅几许，及锋而试看老夫手段如何。横批：顶上功夫。

杨联陞家来宾留言簿，其签名的学者，几十年中前后不下一百人。北大胡适先生很赏识他，两人论学谈诗二十年。史语所赵元任先生与他同编字典，研究汉语文法，在赵氏去世时，他挽赵先生云："岂仅师生谊，真如父子缘。"傅斯年先生到美后，也与他有来往。清华校长梅贻琦与胡适之先生等来康桥时都曾在他家下榻。清华、北大、史语所的学者们，凡到剑桥者无不在他家做客。

1950年，邓嗣禹在哈佛大学任教期间，曾与导师费正清通力合作，先后编写了著名的《中国对西方的反应，1839—1923》和《中国对西方的反应：文献指南》等书，并吸收房兆楹、孙任以都等人担任部分翻译工作。邓嗣禹是该书的第一作者，这在留美学者与费正清合作中是绝无仅有的事。该书后来于1954年由哈佛大学出版社出版，长期成为哈佛、剑桥等大学中国近代史研究生必读的教材用书之一，并多次再版。费正清在他晚年出版的回忆录《魂系中国：费正清对华回忆录》中，对于这一段合作过程有过长篇介绍，他指出："这个文本经过我的同事们逐一修订，又使我得到了一次宝贵的学习机会"。在1979年第二版序言中，费正清则直接说："该书在很大程度上是中国学者对美国中国学研究的贡献"。留美学者钱金保在《中国史大师费正清》一文（载《世界汉学》第一期）中曾明确总结道："可以毫不夸张地说，没有蒋廷黻、邓嗣禹等中国学者的帮助，恐怕未必有费正清的成名。充分利用与中国学者的广泛交流与合作是费正清能够成功的一大重要因素"。

1951年，杨联陞在哈佛燕京学社的支持下，利用学术休假的机会到欧洲访学，他不但广泛游历了法国、意大利、英国等汉学研究的传统重镇，更与汉学同道们进行了广泛的交流。1952年6月，杨联陞正式转为副教授，并得到永久职位。以往哈佛的东方学科从来不聘任中国学者任终身教授，他是开此先河的第一人。因此，他曾多次对于英国剑桥大学、荷兰莱顿大学的任职邀请给予婉拒。这几年，杨联陞先后出版了《中国史专题讲授题纲》（1950）、《中国货币与信简史》（1952年）。

1950年秋，邓嗣禹应印第安纳大学校长之聘，任该校历史系副教授，并将他在哈佛大学的讲稿整理成《太平天国历史新论》一书，由哈佛大学出版社出版。王锺翰在《燕京学报》第三十九期对此书评价道："著者于1937年应美国国会图书馆编纂《清代名人传略》之聘，即担任太平天国人物最多。故于此段史实研究有素，了解自然深切；加以文笔流畅，引证详明。……此书虽在美国出版，为彼邦近十年来治中国近代史者不可多得之作；即在国内最近出版界中关于太平天国之著作，亦系难能可贵之书。"

1957年，邓嗣禹与杨联陞再次在日本相聚。杨联陞受哈佛燕京学社委托，赴日本组织东亚研究会日本分会；1956—1957年期间，邓嗣禹则获得傅尔布脱法案（Fulbright-Hays Act，亦译"富布莱特法案"）教研及交换基金会资助，作为访问学者，在费正清的要求与指导下，广泛走访了日本的各类大学。在日本几位学者的帮助下，他进一步收集了日本学者对于近代中国、日本、韩国和印度研究方面所发表的论著资料，详细编写了一本《日本学者对于日本与远东问题的研究：传略及其著作述略》的著作，并于1961年分别在香港大学和牛津大学出版社出版，当年还被翻译成日文版。"只有专业人士才能了解他在这个项目上所付出的辛勤劳动，"麦瑞斯·琼森于1962年8月在《亚洲研究期刊》（21卷第4期）上发表书评指出，"为了更好地完成这本书的创作，邓嗣禹几乎对所有亚洲问题专家，发出了近千封问卷调查函，咨询了在各个专业领域的日本著作者的意见。然后再将这些反馈意见，结合他本人对这一领域的研究成果，将两者的观点进行比较，最后充实在这本书中。邓嗣禹对创作工作的敬业精神，赢得了同行的广泛敬重！"

在结束了在日本一年的访问、研究之后，邓嗣禹于1957年秋返回印大，任历史系正教授。同年，李剑农所著《中国近百年政治史》由邓嗣禹改编，并与他的学生英格尔斯共同翻译出版英文本。这本书后来由斯坦福大学多次再版，1964年印度新德里版本问世，前后共计发行5200册，其数量之多，在美国同类著作中实属少见。费正清先生对于该书作了较高的评价，认为是"中国近代政治史的最清晰的唯一全面的评述……对于西方的研究学者来说，作为一种可靠的纪实史和重要资料的简编具有重要的价值"。直到现在，这本书仍为国内外学者经常参阅和广泛引用，受到同行学者的普遍好评。2011年美国LLC出版社又分别出版了两个不同版本，2013年10月中国武汉大学出版社将再次出版。

1958年，时年44岁的杨联陞荣升为哈佛大学正教授，同样开创了中国学人在哈佛东亚研究方面，得到教授职位的先例。也正是在这一年，杨联陞的精神与身体状况开始急剧下降。这主要与他长期高负荷的工作与紧张有关。1958年起到1960年初，杨联陞一直深感忧虑，并一度患上严重的抑郁症，甚至写好遗嘱企图自杀。大病之后，杨氏在极力调整心境，亦在长期飘零美国多年之后，于1961年加入美国籍。其内心矛盾性情一度体现在诗作之中，这年12月他曾有一首诗就写道：

早晨梦醒成小诗

故国梅开几度花，余香惹梦到天涯；
封侯拜相他人事，养得妻儿便是家。

杨联陞不仅学识渊博，而且还多才多艺，这在美国的华裔学者中也是颇为突出的。许多人只知其能写诗，不知他还善画；只知其精于桥牌，而不知其兼擅围棋、麻将，甚至三者都有著述；只知其为京剧戏迷，不知其还能写唱子弟书。如在1983年，他的妻兄缪绒八十岁生日时，杨联陞曾画过一幅山水画并题诗致贺；在赵元任夫妇金婚纪念会上，他曾写过一篇子弟书，自作自唱，在纪念会大放异彩。赵元任所著《杂记赵家》中记载有此事，并有子弟书的全文；他还曾发表一篇谈论围棋艺技的文章《中国围棋数法变更小考》，发表在1960年台湾出版的《围棋》杂志上，这些都是鲜为人知的事。

三

1961年6月，邓嗣禹作为访问研究学者，第三次赴母校哈佛大学任教一年。当年6月9日，杨联陞在哈佛的家中再次宴请了邓嗣禹。邓嗣禹在杨家纪念册中写道："久别重逢吃烤鸭，其味无穷"。这一年他在哈佛大学出版了《捻军及其游击战》一书。1962年，作为费正清主持的哈佛大学东亚研究中心的资助项目，在哈佛大学任教时期，他还出版了《太平天国历史学》，费正清为此书再次撰写了热情洋溢的前言，并提到了在25年前（1937年）在国会图书馆，两人编写《清代名人传略》时愉快的初次合作经历。

1962年，作为中日双方的合作内容之一，杨联陞到日本京都大学讲授《盐铁论》和《颜氏家训》。1943年，当他考虑博士论文的时候，曾求教于胡适先生，问他："自汉至宋的史料中，有什么相当重要而不甚难译又不长的东西吗？"胡适先生建议他译注《颜氏家训》（见《胡适给杨联陞的信》，1943年10月27日）。后来他决定译注《晋书·食货志》，那是因为一方面经济史更符合他一贯治学的旨趣；另一方面，他已得知哈佛同学中有人正在着手翻译《颜氏家训》。这两次日本之行促成了杨联陞与日本汉学界的直接交流与合作。为更好地向日本及西方国家推介中国的文学名著，邓嗣禹则接受了胡适的建议，将他在20多年前着手翻译的《颜氏家训》英译本，几译其稿之后，于1968年在英国出版。王伊同曾评价说此书"开南北朝经典英译之先河"。可以说，他起到了将中国历史、文学名著走向世界有力推手的作用。

1972年2月,随着美国总统尼克松访问中国,中美联合公报的发表,中美之间结束了半个世纪的对立格局。5月份,应周恩来总理的邀请,邓嗣禹随同费正清一行六人,作为中美建交后第一批美国历史学家,到中国进行访问和演讲,受到了时任国务院总理周恩来和外交部副部长乔冠华的热情接待。1978年,他又再次回国考察。对这一段历史的回忆,邓嗣禹在他1979年出版的《一位海外历史学家对中国的评论》一书中,详细记载了他于1972年和1978年两次回国考察的经历,书中着重介绍了他在于1972年陪同费正清在中国的许多城市,如北京、广州、西安、武汉等地参观、考察时的所见所闻。作为一名海外历史学家,为了表达他对于祖国的深切眷念之情,在此书封面的显著位置,他用中文题字:"故乡明月"。费正清在百忙之中,再次为这本书撰写了英文前言。

1973年4月,赵元任一家回国探亲时,也受到了周恩来的亲自接见。会见期间,周总理谈到海外和台湾中国学者的情况,并表示欢迎这些学者回国访问。正是由于周总理的这番讲话,促成杨联陞于1974年8月13日首次踏上返乡之旅,8月27日受到了廖承志副委员长亲切接见,国内报纸对此事曾做过相关报道;1977年他再次回国,并游览了西安、洛阳、郑州等地。

多年来,杨联陞与邓嗣禹在美国虽然不居住一地,但他们之间经常保持通信往来,交换学术意见,关心对方身体健康情况。1978年5月22日,邓嗣禹在致函杨联陞信函中写道:"今年七月廿六日,是我们廿五周年的结婚纪念,承您们夫妇作证婚人,永志不忘。来布城后,曾买了一瓶酒,已廿余年,干了约1/5,贤伉俪如有机会途经印州,请来寒舍小住,促膝谈心,无忧无虑,远逾讲演的痛快。又蒋彝兄也很想来此讲演,已再三告知他无希望,他说七月三日飞往檀香山,八月底返纽约,如吾兄伉俪能在七月初或八月底同来更佳,请不必告知结婚纪念,以免送礼之烦。几位老朋友吃一次饭,不一定要在七月廿六,任何日子皆可。"到了八十年代末期，两人的身体都不是很好，并患有同样的眼病。1987年1月28日邓嗣禹在给杨联陞的信中又写道："眼睛早上就流泪，常用放大镜看书。三年前，此处眼科大夫劝开刀，手术费$1400，现在要$2500。钱是小事，想到陈寅恪、李剑农等先生，双目失明，不寒而慄。这位大夫，很有名，看他一次，三四分钟，收费四十元。弟在普通药房中买点眼药水，滴在眼中，微感刺激，觉得好一点。知兄有同病，交换情报"。

晚年的杨联陞在家中宴请周一良

1988年4月5日，邓嗣禹因车祸在印第安纳州布鲁明顿市逝世。在他去逝后的第三天，费正清为他特地撰写了一篇讣告（后发表在《美国亚洲研究期刊》，1988年第8期）。在文章的开头，费正清评价邓嗣禹作为美国亚洲研究会的创始人，在美国从事汉学研究50多年的经历；文中记叙了邓嗣禹与其他汉学研究先驱者如费正清、毕乃德、顾立雅合作编写、发表著作过程，以及对美国汉学界所做出的杰出贡献，并说他的专著、论文、和编纂的中文目录索引对他们的研究工作提供了更多的参考资料。费正清在讣告的结尾部分,还着重称赞:"邓嗣禹是一位乐观、谦虚、勤勉不懈的儒家,同时也一位对我有帮助的老师和有教养的绅士"。

1990年11月,杨联陞逝世后,哈佛大学为他所为的讣告说:"杨联陞教授在国际上以学术辨析能力与才思敏捷著称,是几代学生所亲切怀念的好老师,是协力培育与造就美国汉学的先驱学者之一"。

(原文发表于《历史学家茶座》2014年第四辑)

追忆钱存训先生

据美国人文社会科学在线网2015年4月10日披露,著名华人汉学家、中国书史和文化史研究泰斗,留美学者钱存训先生于4月9日在芝加哥去世,享年105岁。由于外公邓嗣禹(1943—1947年兼任馆长)与钱存训先生曾经是芝加哥大学远东图书馆前后任馆长,对于钱先生的动态,我近年一直关注。我曾保留了他们在1947—1948年期间的两张珍贵合影。为纪念钱先生,现撰文阐述他的学术成就,追忆他们早年交往中一些鲜为人知的往事。

学术成就与贡献

钱存训先生出生于1910年。1947年秋,他接受美国汉学家顾立雅邀请,到芝加哥大学攻读硕士学位,1949年任芝加哥大学远东图书馆主管,1962年升任远东语言文化系教授兼远东图书馆馆长,直至1978年退休，任职馆长时间长达16年。在这期间，他与夫人许文锦女士经过多年努力，将1936年以来芝大图书馆所积存的十多万册中文藏书，加以整理和编目，为芝大远东图书馆日后的迅速发展奠定了基础。

作为学者，他的研究主题是"东西文化交流"和"中国书史"，先后出版有《书于竹帛》及《纸和印刷》等中英文专著20余种。令人十分钦佩的是，他102岁高龄时，还在其学生的协助下，出版了《回顾集：钱存训世纪文选》一书。他一直强调中国文字和传统文化对世界文明的贡献，其中《书于竹帛》是在他早年的博士论文的基础上改编而成，1962年由芝加哥大学出版社出版，2004年增订再版，并分别在1980年、1990年有日文版、韩文版翻译出版和再版。书中特别指出汉字的伟大和功能，其持久、延续和多产性，不仅表现出中国文化的多姿多彩、源远流长，也展现了在世界文明史上所独具的特色。

此书英文版出版后，先后约有三十篇书评在世界各国的学术刊物上发表，对此书推崇备至。英国著名汉学家李约瑟博士在《亚洲研究学报》发表的评论中称赞道"此书可称为卡特经典之作《中国印刷术的发明及其西传》一书的姐妹篇。……钱书与卡特的名著完全可以媲美而并驾齐驱。……全书行文清晰利落，要言不烦，是写作的典范。"李约瑟的这些赞美之词，成为他邀请钱存训编写巨著《中国科学技术史》的良好开端。

钱存训的《纸和印刷》一书，更是奠定了他在中国文化史研究方面的国际地位。李约瑟出版的巨著《中国科学技术史》中，唯一由个人署名、华人撰写的分册——《纸和印刷》，就是出自钱存训之手。钱存训在书中不仅介绍造纸、印刷这两大发明在中国的产生经过与传播过程，还着重讨论了它们为何首先出现在中国的原因。钱存训在书的结论一章中指出：印刷术在中国和西方的功能虽然相似，但其影响并不相同。在西方，印刷术的使用，激发了欧洲各民族的理智思潮，促进了民族语言及文字的发展，以及民族独立国家的建立；而在中国，印刷术的作用正好相反，它不仅有助于中国文字的连续性和普遍性，更成为保存中国文化的一种重要的工具。因此，印刷术与科举制度相辅相承，构成中国传统社会相对稳定的两个重要因素，也是维护中国民族文化统一的坚固基础。这一结论得到了李氏的大加赞赏，认为可引发他在大系全书结论的思考。

1985年，此书作为《中国科学技术史》第5卷第1分册，由剑桥大学出版社出版。本册定价66英镑，合100多美元，应该说在当时西方图书市场，也是相当昂贵。但是出人意料的是，初版1500册在出版之前就已预订一空，二次续印不久又告售罄，成为这一大系中最畅销的一册。英国《泰晤士报》当时评价说："钱氏将这一专题的资料浓缩在一册之中，以西方语言介绍中国文明尚属首次，第一版在发行之前就已预订一空。"创造了学术出版书籍销售的奇迹。

李约瑟在该书序言中写道："这一分册使我们看到这一计划的第一个果实。我们说服了关于这一专题世界最著名的权威学者之一，我们亲密的朋友、芝加哥大学钱存训教授来完成我们书中这一部分的写作任务，我们非常钦佩他为此所做出的贡献。……我认为造纸和印刷术的发展，对整个人类文明历史的重要性是无与伦比的。从钱书中，读者将可纵观中国造纸和印刷术的整个历史，并了解到，欧洲对此一无所知时，它们已经在中国出现了许多世纪。"同时，此书也受到国际学术界的一致好评，认为这是一册关于纸和印刷术的权威之作，也是有关这一专题的百科全书。

在顾立雅、钱存训、邓嗣禹等中美汉学家的共同努力下，芝加哥大学成为除哈佛大学之外的另一个汉学研究重镇（详见笔者在2014年3月5日中华读书报第5版发表的文章《他们令芝加哥大学成为汉学重镇》）。

与顾立雅、邓嗣禹的共事交往

1947年的芝加哥大学，在哈钦斯校长的改革措施吸引下，就师资力量而言，可谓人才济济，尤其以东方语言文学系的阵容最为强大。东方系的中文课程由美国学者顾立雅（H .G. Creel, 1905—1994）、柯睿格（E. A. Kracke, Jr.1908—1976年）、中国学者邓嗣禹（1905—1988）三位主讲，每人除担任语文课外，另有其他专题讲授课程。三位教授各有分工，顾立雅担任第一年汉语、古代史和思想史；柯睿格担任第二年中文、中古史和政治制度等课程；邓嗣禹在第三年讲授中国近代史、中国目录学、中国史学方法和现代中文。再有受顾立雅邀请，1947—1948作为访问学者的董作宾，曾开设中国考古学、古文字学等课程。1949年秋，邓嗣禹接受费正清邀请，重返母校哈佛大学，最早讲授"现代中国问题"课程。之后，他所讲授的中国目录学、中国史学方法等课程由钱存训接任。

中国目录学课程，讲授的内容是图书历史与文献资源的基本知识，目录的编排方法及论文的写作格式；中国史学方法课程，则是着重研讨历史学科的类别和内容，系统介绍主要参考书目。这两门课程对于研究生论文的专题选择、编写大纲和写作进程，都有很大帮助。所以当时的东方系和后来的图书馆学系大部分学生的博士和硕士论文，其前期作业都是在这两门课程的基础上形成的。1958年远东系正式成立之后，这两门课规定为博士生班的必修课程。

1947年1月，董作宾来到芝加哥大学后，顾立雅为他精心安排，租住在离学校不远的一位美国学生家中。这是一幢两层楼的住宅，楼上有卧室一间，平时则在楼下会客起居。这年10月，钱存训来到东方学院报到后，和他合租在一个住宅。两人在东方研究院的办公室也是相邻。为欢迎钱存训的到来，邓嗣禹曾在学校宴请过钱存训，并邀请董作宾作陪。餐后三人在校园内合影留念。

顾立雅为了帮助钱存训尽快熟悉业务,加强与外界的联系,10月9日即致函哈佛大学燕京图书馆馆长裘开明,"你可能知道,国立北平图书馆的钱存训先生已成为我们的职员,负责进行我们中文馆藏的编目工作"。10月14日,钱存训就有关图书编目之事,根据邓嗣禹的要求,主动致函联系裘开明,"久慕盛誉,未获识荆,至深抱憾。训今秋应芝大之约,来此整理中文藏书,得邓嗣禹兄指示,略知梗概。此间订有HY(哈佛燕京学社)卡片五套,分类编目拟全部随尊著方法,以期一律。兹有数教,仍求指教,应祈拨冗赐示为幸。"(《裘开明年谱》1947年10月9日、14日)

钱存训在北平图书馆南京分馆任参考部主任期间,就曾与裘开明及其夫人曾宪文有过工作上的合作,他们之间应该说是老朋友。在裘开明夫妇赴美之后,钱存训又接续曾宪文未完的工作,继续为中国科学社编印书目。所以在信函之后,钱存训有意询问此事,并请裘开明代为转达他对于裘夫人的问候。

1948年,钱存训与邓嗣禹、顾立雅夫妇、柯睿格夫妇、麦克尼尔共同参加了在芝加哥大学司马特美术馆举办的王济远个人画展,并在展览会上合影留念(详见:《他们令芝加哥大学成为汉学重镇》)。

1950年代初期,随着中华人民共和国的成立,以及朝鲜战争的爆发,印度支那半岛的紧张局势,以致美军的介入,美国各大学逐渐重视对于中国及亚州地区国家的研究。1948年远东学会更名为亚州学会,《清代名人传略》主编恒慕义当选为主席,费正清为副主席,邓嗣禹任理事,1958年兼任亚州学会研究考察委员会主席。该学会在1966年改选时,钱存训当选为亚州学会东亚图书馆委员会主席。

1959年,时任印第安纳大学东亚研究中心主任的邓嗣禹,在学校所在地布鲁明顿市,举办了一次为期三天,以"亚州研究与州立大学"为主题的国际性学术研讨会,并邀请各大学亚州研究中心主任参加。钱存训代表芝加哥大学参加会议,他在会上提交了一篇题为"美国的亚州研究"

的论文，全面论述了"亚州研究"这一新兴学科在美国发起的历史及现状，强调了开展亚州研究的重要性。会后，邓嗣禹将与会学者们发表的论文汇编成册，主编了《亚州研究与州立大学》的论文集，1960年由印第安纳大学出版社出版（陈润成：《邓嗣禹与战后美国汉学的发展》）。1961年，冼丽环将钱存训的这篇参会论文翻译成中文，以"美国对于亚州研究的启蒙"为题目，在台湾的《大陆杂志》第22卷第2期上发表（1961年3月出版）。钱、邓两人为推动美国学界对于亚州研究工作的开展，并肩合作做出过不同的贡献。

在1960—1970年代，邓嗣禹与钱存训曾在多部名人传记的编写过程中再次合作。在富路特（L. C. Goodrich）和房兆楹主编的《明代名人传》（全2册，哥伦比亚大学出版社1976年出版）中，邓嗣禹应邀撰写明太祖朱元璋的传记；钱存训应邀撰写了明代铜活字印刷人华燧和安国的两篇传记。在包华德（Howard L. Boorman）主编的《民国名人传记辞典》（全5册，1967—1979年出版）中，邓嗣禹应邀撰写了赵恒惕的传记；钱存训则应邀撰写了齐白石、高剑父、高奇峰和冯承钧四人的小传。在法国人吴德明（Yves Hervouet）主编的《宋代名人传》（1976年出版），邓嗣禹撰写了郑樵（1108—1166）的传记；钱存训则写作《九经三传沿革例》一文。两人合作交往的时间长达30年。

（原文发表于《中华读书报》2016年02月17日）

林语堂：
中国首位诺贝尔文学奖提名者的多彩人生

  林语堂是我国著名的作家、翻译家和语言学家，现代文学大师，他的作品在国外曾具有广泛的影响力。1937年出版的《生活的艺术》在美国高居畅销书榜首长达52周，曾被译成十几国语言，在欧美掀起了"林语堂热"。1939年出版的长篇小说《京华烟云》人，让他跻身为中国首位诺贝尔文学奖被提名人。在他逝世后的第二天的1976年3月27日，《纽约时报》详细刊载了林语堂的生平事迹，以及他对于中西方文化的卓越贡献，并以三栏篇幅刊登了他的半身照片。

  《纽约时报》对于中国人如此郑重的报道，创刊以来只有两次：一次是在1975年4月蒋介石逝世；另一次则是1976年3月林语堂逝世。当日的《纽约时报》特别强调："林语堂向西方人士介绍他的同胞和国家的风俗、向往、恐惧和思想的成就，没有人能比得上"。

梦园求学路

林语堂，原名和乐，后改名为语堂，1895年10月出生于福建平和县坂仔村的一个牧师家庭，祖籍是福建漳州。其父林至诚既是乡村教师又兼牧师之职，后来到坂仔村任堂会会长。6岁前，林语堂受其父亲的蒙学教育，启蒙读物是儒家经典读物，如《四书》、《五经》、《声律启蒙》等书籍。6岁以后，他未入私塾，却进入了村办教会小学。8岁时，他曾用三字经的形式编写教科书，初显超凡才华，赢得家人的一致赞扬。10岁开始远走他乡，就读厦门教会学校。后来，林语堂在他晚年出版的回忆录《回忆童年》一书中说，幼年对他影响最大的有三个方面，第一就是坂仔的山水。

林语堂认为："一个人在儿童时代所生活的环境，将为对他一生产生很大影响"。他在风景秀丽的坂仔度过了一个幸福而快乐的童年，他在所有的自传、回忆文章中，总是反复强调他之所以成为一个豁达、幽默的人，全都是仰仗坂仔村的山山水水。他的思想、观念、性格，以致于人生观、美学观、世界观的形成，都深受闽南秀美山陵的影响。

林语堂的父亲林至诚，年轻时因为家庭贫困没有机会读书，但他懂得读书的重要，从十三四岁就开始自学，后来达到基本能读懂诗文、能写文言文的水平。成家以来，他把全部希望寄托在孩子们的身上。林语堂后来回忆说："他教我们古诗、古文和一般对句。他讲解古文轻松流利，我们都很羡慕他。"

同时，他因长期受基督教的影响，不仅富有理想，而且思想也开明。夜深人静，父亲坐在床头，口吸旱烟，孩子们围在他的身边，听他像讲故事似的，津津有味地叙述美国哈佛大学、德国柏林大学或英国牛津大学的情况。他如数家珍地称赞着国外大学的长处，介绍各国的风土人情、科技知识……

数十年后，林语堂以"两脚踏中西文化"而闻名于世，无疑与幼年时父亲对自己的教育有关。林至诚不懂英文，但他在同教会的往来中，知道上海有所以英文驰名的教会大学——圣约翰大学，于是他一心想让儿子们上大学，而且要上名牌的大学。但圣约翰大学、牛津大学对于一个清贫的牧师家庭来说，真有点异想天开，林语堂说他父亲是"不可思议的理想主义者"。尽管那时只是一种理想或者奢望，但也对幼年的林语堂产生了极大的影响。

1912年，17岁的林语堂以第二名的成绩结束了中学阶段的学习。这年暑假他轻而易举地考上了上海圣约翰大学，实现了他父亲的理想。整个暑假期间，父亲都在为他上学筹款的事东奔西跑，最后，有一位早年的学生借给他一百银元，这把林至诚乐得几夜都没睡着觉。

上海圣约翰大学，以它高水准的英文教学而名冠全国，在这里不仅培养出中国第一代外交家，是颜惠庆、顾维钧等外交家的母校，而且在国际上也享有相当高的声望。林语堂进入圣约翰大学神学系，从此他学到了更加纯正、地道的英语。几年间，校藏5000册书英文书籍被他逐一阅遍。西洋文化与文明对他所产生的潜移默化的影响与熏陶，对他日后用英文创作出畅销西方的书籍打下了良好基础。在大二时，他曾以凤阳花鼓为背景，写下了第一篇爱情小说，获得了学校金牌奖，成为他的处女作。在圣约翰大学的那几年，林语堂风华正茂，是校园里的风云人物，他不仅是全能型的校园文化积极分子，还是一名口才出众的演讲者，经常在比赛中获胜。在这里，他结识了后来成为他妻子的廖翠凤小姐。

1916年，林语堂仍然以第二名的优异成绩完成大学学业。毕业后，他被推荐到清华大学任英语教师。在学习上，林语堂是一个永不满足的索取者。一到清华大学，出国留学的事宜就排到议事日程上来了。

从家庭的宠儿到圣约翰大学的"校园明星"，林语堂的生活是一帆风顺的，清华大学又一次给了他这个幸运儿提供了一个难得的机遇。

当时清华大学规定：任教三年的在职教师，可由校方资助出国留学经费。1919年，林语堂顺利地获得了留美的名额，美中不足的是，他只得到了半额奖学金，每月40美元。尽管如此，但他还是决定要把新婚燕尔的妻子廖翠凤一起带出去留学。在清华大学这段期间，林语堂曾投稿给《中国学生月刊》举办的征文比赛，连续三次获得一等奖，后来自己觉得不好意思，只好停止投稿。

1919年秋，林语堂留学哈佛大学比较文学研究所，师从白壁德教授，学习比较文学。他在哈佛读完一年学业，各科成绩均是甲等，后因学费告缺，第二年转学到学费较低的欧洲，先到法国，后到德国，进入莱比锡大学主攻语言学。该校中国研究室收藏的中文藏书相当丰富，林语堂如饥似渴地深入阅读了大量专业书籍，同时训练了中外文翻译中的考、译等问学方法。1922年，经哈佛教务主任同意，林语堂以在法国所修课程弥补在哈佛所缺学分，获得哈佛大学文学硕士学位。四年之后，他又获得了德国莱比锡大学哲学博士学位。

1923年，林语堂学成归国，从此在中外文坛上开始谱写他才情人生的辉煌篇章。

驰骋中外文坛

20世纪二十年代初，林语堂初露锋芒于北京文坛。他与鲁迅、周作人、钱玄同等为伍，大战反动文人，并以"语丝"派的重要成员而闻名。他曾执教于北京大学、北京女子师范大学，支持反对北洋军阀的学生运动。在"女师大风潮"中，他毅然放弃了文人革命和斗争的惯用方式，拿起石块与竹竿，与学生一同走上街头，直接与军警进行肉搏斗争，成为街头暴力反抗的参与者，因此而遭到通缉，又被现代评论家骂为"学匪"。索性，他就以"土匪"自居，并以"土匪"的名义痛打"落水狗"，成为打狗"急先锋"。后来，他以这一经历为背景，在1928年发表了一篇题为"祝土匪"的散文。不了解这一段背景的读者，大多都不会理解，林语堂为何要以"祝土匪"为题目发表这样的文章。

1926年5月，由于在北京遭到通缉，林语堂应聘厦门大学文科主任，后任语言学教授。当时厦门位于东南一隅，又非中国经济、文化中心，知名学者一般都不愿来。为此，厦大采取高薪政策，规定教授月薪为400大洋，讲师可达200大洋。而北大校长蔡元培当时月薪才300大洋，陈独秀为200大洋，李大钊为100大洋，图书管理员毛泽东只有8块大洋。当时月薪25块大洋，便可养活五口之家。厦门大学这样的薪水对于当时的学者而言，是极具吸引力的。

因此，林语堂又先后推荐了文学家鲁迅、国学家沈兼士、历史学家顾颉刚等一批进步学者，前来厦大任教。一时间，厦大文科学者云集、人才济济一堂，教学与学术水准处于空前的高峰期，林语堂也以伯乐而闻名。但是不久，由于英籍华人校长林文庆的掣肘，林语堂等人相继离开了厦大。后来，他投身北伐革命，应武汉国民政府外交部长陈友仁之邀，担任了六个月的外交部秘书，这是他一生仅有的一次"官衙"经历。1928年底，林语堂把他早期作品，主要是在《语丝》、《晨报副刊》、《京报副刊》发表的28篇散文、杂文结集为《剪拂集》，由北新书局出版，这是他出版的第一部文集。之后，他又相继出版了《语言学论丛》、《大荒集》等多部文集。

林语堂的成名之作，是他于1935年在美国出版的《吾国与吾民》。该书出版后仅四个月，就重印了七版，在当年美国畅销书排行榜上位居榜首，这在西方世界是破天荒的事。林语堂的成功之处在于，他在该书中叙述的内容纠正了以往西方人的偏见，消除了误解，也使外国人对于中国文化有了比较全面、深入的了解。因为那时美国读者对于中国人的认识极其肤浅，他们在美国所见到的中国人，大多数是在中国餐馆和洗衣店里工作的华人。他们只知道在遥远的东方，有许多黄脸的东亚病夫。对于中国文化的了解，仅局限于孔夫子、鸦片烟、头上有辫子的男人、小脚的女人、野蛮的土匪等等。

此后，他差不多每年都有新作品出版。《生活的艺术》是《吾国与吾民》的一个续编，前者包罗万象，后者则是深入人生理想和生活中的闲情逸致，但《生活的艺术》一书更能表现出他自己关于中国文化的取向。他所提倡的晚明与清代文人的生活情调，在这本书中得到一次系统的汇集和整理。留美著名历史学家余英时曾说："林语堂的著作之所以能为西方读者所接受、所欣赏，则是由于他对于西方文学、艺术，以至日常生活都具有丰富的知识。无论是介绍一个中国的人物或观念，他都往往能左右取譬，使西方读者就其所知，推至其所不知"。一个最有代表性的例子是，他在《苏东坡传》中，介绍苏东坡的性格与成就时，竟一连串引用了五六个英、法国家的文学家和画家作为说明。

懂得西方但又不随西方的调子起舞，这是林语堂在西方传播中国文化获得成功的一个最重要的条件。东坡的"嬉笑怒骂皆成文章"和"一肚皮不合时适"的处事风格都是林语堂所认同的；东坡的旷达不羁、自然活泼和"幽默"的品质更是他特为欣赏的。在汉学界，这部书的生命力是林语堂所有著作中最为旺盛的。经常去书店、关心林语堂作品的读者应该注意到，2013年出版的文学作品中，林语堂的《苏东坡传》仍有两个不同译者的翻译版本在书店销售。

林语堂的作品不仅在西方国家产生过轰动效应，早在1930年代，日本对林语堂著作的翻译工作就已经展开。随着林语堂在国际文坛上的崛起，日本文学界对林语堂及其作品表现出极大的关注和热情。早在1938年即翻译、出版了林语堂的三部著作的日译本。如《生活的艺术》一书，日文译本名称为《生活的发现》，1979年再版时又更名为《人生如何度过》。1930年代最初的林著日译本，主要集中在林语堂在欧美文坛上轰动一时的畅销书代表作上。

进入20世纪四十年代，林著的日译本并未由于中日战争的形势变化而停止。如1939年出版的英文小说《京华烟云》，书中含有强烈的反日内容，并涉及到南京大屠杀场景的描写，但并未影响该书于一年之后在日本的翻译和出版，可见《京华烟云》一书在日本的影响力。但鉴于作品内容的敏感性，当年的两个译本都有不同程度的删节。直到1950年，才有佐藤亮一的全译本问世。这样，在《京华烟云》中文本尚未出现的时候，日本国内就已经有三个以上不同的翻译本出现了。佐藤亮一现任日本翻译家协会副会长，2012年曾应邀到厦门大学做日语翻译方法的演讲。从1950年代开始，佐藤亮一就将林语堂的英文著作《京华烟云》（1950年）、《杜十娘》（1956年）、《朱门》（1973年），先后翻译成日文出版。

目前，涉及林语堂《红楼梦》共有六个版本的书，翻译者均为佐藤亮一。在1983年的日文译本，是东京"六兴出版社"出版，共四册。1992年东京"第三书馆"又对其再版，书名为《红楼梦全一册》，曹雪芹作，林语堂编，佐藤亮一译。在此书的封面中，第三书馆称此书为"中国近世小说的金字塔"。另有一本"六兴出版社"出版的《红楼梦》合订本，出版年限不详。由此可见，林语堂《红楼梦》节译本在日本是极受欢迎的。到20世纪末，林氏著作的日文翻译本已超过26种之多。《红楼梦》译本在1964年7月，还曾以希腊文版在希腊出版。

林著的日译本在日本社会产生过相当广泛的影响，日本中学教科书中就曾采用过林语堂作品的片断。根据1950年代出生的日本友人回忆，在他的中学《国语》教材中，有两位中国现代作家的作品给他们留下过深刻的印象：一位是鲁迅，另一位就是林语堂。由此可以推断，在60年代中期，也就是中国的文革发生之前，在日本中学语文教科书中，确信采用过林著日译本的片断。

林语堂《红楼梦》日文版书影

诚然，对于林语堂在中外文化比较研究的成果，如《吾国与吾民》之类畅销书的学术文化价值，学术界很难以取得共识。这本书在国外尽管畅销，受到赞扬，但尊重事实的读者也是存有疑问的。1952年英文版《人民中国》曾收到一些外国读者来信，询问林语堂的情况。有一位印度读者写道："耳闻目睹新中国取得的伟大成就，我开始摒弃对中国的错误看法，这些看法很大程度上是受林语堂《吾国与吾民》一书的影响。现在我认识到林语堂所描绘的中国情景毕竟不是真实的。"作家老舍也肯定读者的这些观感，对林语堂做了评论。虽然今天看来这些评论难免有用语过重之处，但却反映了中国作者和读者对于《吾国与吾民》的不满情绪。

林语堂虽然对外国和中国古代哲学进行过广泛的择取，但他并没有形成自己的思想理论体系，大量的工作还是演绎，特别是用之于道德说教。他把中国古代的各种哲学、宗教思想以简单的"杂烩"方式融合到一起，然后当做中华民族文化的精粹而推出，这显然是不妥当的。他从西方汲取的人文主义，也未结合中国的实情提出自己的创见。林语堂的文章、著作尽管妙语如珠，但未能在哲学思想上给读者留下深刻的印象，难以同鲁迅、茅盾、巴金、老舍等代表作家的小说相媲美，但他弘扬炎黄文化的功绩应当予以肯定。作为一位卓越的语言学家，他的成就在学术界是公认的。他早年对音韵学、新闻学、英语教学的研究，早期出版的《中国新闻舆论学》，晚年出版的《当代汉英词典》等，都达到了较高的学术品位。

赛珍珠的提携与恩怨

20世纪三十年代，林语堂在上海曾经创办、主编《论语》、《人间世》、《宇宙风》等杂志,提倡"幽默"、"性灵"。办刊物、编教材、撰文等,都曾轰动一时。林语堂曾学贯中西,加上他个人的天赋,令其出手不凡。他的文章如行云流水,对人物描写游刃有余。这些都使他的小品文基地《论语》杂志,成为当时中国为数不多的畅销刊物。他的名气也因此吸引了美国著名作家兼出版商赛珍珠的注意。

赛珍珠(1892—1973),美国著名女作家,出生于美国传教士家庭,自幼随同来中国传教的父母定居于安徽,在中国生活了30余年,于1975年逝世,享年83岁。1931年她出版了一本以中国农村为背景,表现农民疾苦的长篇小说《大地》,并以此而在1938年获得诺贝尔文学奖。1933年她曾翻译中国古典小说《水浒传》在美国出版。

赛珍珠视中国为自己的祖国,但她毕竟是一位生长在中国的外国人,她所体验到的往往不过是一些浮在表面上的东西,对于中国悠久的文化历史也只不过是略知一二,根本无法理解其中的玄妙。她自己也意识这一点,因此决定寻找一位中国作家,用英文来写一本介绍中国的书。当她得知学贯中西的林语堂,能用纯正的英文写作时,她断定这是一位可以直接用英语向西方国家介绍中国文化的绝妙写手,也是她难得的摇钱树。于是她便登门拜访,希望他能以公正的态度、详实的文笔写一本阐述中国的书。

林语堂在1933年,曾于《论语》杂志上发表过《白克夫人之伟大》一文,对赛珍珠做了高度评价。对于她的这次邀请,林语堂欣然应诺,先是在上海家中,后来住进避暑胜地庐山,潜心写作英文版《吾国与吾民》,一气呵成。林语堂果然不负赛珍珠的厚望,当她读完那厚厚的手稿时,忍不住拍案惊呼:这是"伟大旳的著作"!并亲自为该书撰写序言,对这部书给予高度的评价。诺贝尔文学奖获得者的评语,为此书奠定了成功的基石。从《吾国与吾民》开始,林语堂的写作转向以英文为主。

这本书在美国的成功出版,也为赛珍珠及其丈夫华尔西的出版社带来滚滚财源。于是，赛珍珠夫妇决定邀请林氏去美国写作。在国内完成了《中国新闻舆论史》一书的创作之后，1936年8月，林语堂一家乘坐"胡佛总统号"，向辽阔而神秘的大海驶去，把"山地的孩子"送上了新的征途。

到了美国之后，林语堂一家先是住在赛珍珠乡间的住宅，后来才迁居纽约。林语堂根据出版商华尔西的建议，以及《吾国与吾民》出版后美国读者的反馈，将这本书的第九章节《生活的艺术》部分，在半年时间里进行重新补充和扩写，并将其单独成书出版。《生活的艺术》一书在美国图书市场又成为一颗"重磅炸弹"。它于1937年在美国出版之后，立即被美国"每月读书会"选为1937年12月特别推荐图书，从此在美国畅销书排行榜上高居第一名达52个月之久，并在欧美国家的读者中掀起了一股"林语堂热"，他们把林氏著作当成生活指南和"枕边书"。从那时起，这本书在美国再版达四十次以上，且被译成中、法、德、日等十多种文本，数十年畅销不衰。如此这般，也使林语堂成为了国际性的知名作家。究其原因，除了林语堂的天赋与个人努力之外，与赛珍珠夫妇的提携与帮助也是分不开的。从某种意义上说，她是林语堂走向美国、走向世界的引路人。很难想象，如果没有赛珍珠，林语堂是否还会走向大西洋彼岸，成为"两脚踏中西文化，一心评宇宙文章"的中西方文化交流的使者与桥梁。

之后，在1938—1966年期间，他又用英文相继出版了《孔子的智慧》、《京华烟云》、《风声鹤唳》、《苏东坡传》、《武则天传》等数十本书。其中，1939年出版的长篇小说《京华烟云》，让他第一次跻身于诺贝尔文学奖候选人的行列。

林语堂的作品尽管也受到国内外学者的一些非议，但不可否认至今还在影响着美国人的"中国观"。1989年2月10日，美国前总统布什在国会两院联席上，谈到他访问东亚的准备工作时，说他读了林语堂的作品，内心感受良深。他说："林语堂讲的是数十年前中国的情形，但他的话今天对于我们每一个美国人都仍受用"。

从1935年出版《吾国与吾民》一书开始，林语堂就与赛氏夫妇开办的约翰·黛公司合作，他交给该公司出版的著作达13部之多，赛氏夫妇单靠出版林语堂个人的著作就获利上百万美元。林语堂之所以同赛氏夫妇决裂，矛盾的焦点在版税问题上。当年在美国出书，一般来说出版社提取10％的版税，可是赛氏夫妇的约翰·黛公司居然提成50％，超过其它出版社的四倍之多。赛氏夫妇认为，朋友归朋友，赚钱是赚钱，朋友的钱照赚不误。

为了报答赛珍珠的知遇之恩，林语堂也就心甘情愿地接受了赛氏夫妇提出的签约条件。但当林语堂因研发中文打字机的经费问题向他们求援时，却遭到了拒绝。面对赛氏夫妇在他患难之际的冷酷无情，回想自己过去对于钱财的"潇洒"态度，此次林语堂再也忍无可忍，决定讨回十九年间他应该得到的版税。他委托律师向赛珍珠要回所有的著作版权，并且态度十分坚决，一点也没有回旋的余地。得知这个消息之后，赛珍珠感到非常突然和吃惊，她打电话给林语堂的女儿林太乙，追问林语堂是不是疯了。但林语堂没有给赛珍珠任何情面和斡旋的空间，坚持自己的决定。

在这场官司中，林语堂虽然得到了经济上的应有补偿，但也失去了他与赛珍珠之间的多年友谊，两个曾经亲密合作的朋友最后形同路人。1954年，林语堂要到新加坡南洋大学任校长，临行之前他打电报跟赛珍珠告别，也许他还珍惜这份友情，想最后挽回曾经拥有的美好情谊，但赛珍珠却没有回复，为此，林语堂感到非常恼火，他痛心地说："我看穿了一个美国人。"从此以后，两个有着近二十年合作关系和深厚友谊的朋友，就这样彻底分道扬镳，直到赛珍珠去世，他们都没有再联系或者见面。

幽默大师的生活

提倡"生活艺术"的林语堂，自己也是一位践行者。他做事严肃认真，讲究效率，但不赞成整天过枯燥无味的生活。他规定自己每年出一部作品，只要有新作品问世，就给自己放1—2个月的假，带家人外出旅游。因此，他的足迹踏遍欧美诸多国家，用他自己的话就是尽情工作，尽情作乐。他极力主张现代人应适当调整生活节奏，在繁忙中有几分悠闲。

除旅游之外，钓鱼则是林语堂尽力工作之后，"尽力作乐"中的另一项内容。对于钓鱼，他还有自己的见解，他认为钓鱼的人，都喜欢上钩之后会"斗"的鱼，如果一条鱼乖乖地被钓上来，十分驯服，毫不挣扎，就会感到乏味。而一边拉线，一边与鱼斗，有的鱼出水后还会挣脱，这种一拉一斗，即使一无所得，与钓得一条大鱼纳入篓中，同样其乐无穷。林语堂说那种滋味与乐趣，都很难与人描述，唯有持杆而钓的人才能真正体会的到。

林语堂喜欢钓鱼，是因为钓鱼可以调剂生活的节奏，放松一下绷紧的脑神经。他长期旅居美国纽约，地处大西洋之滨，北及长岛，钓鱼风气甚盛，钓鱼为乐的人亦不少。林语堂每年夏天出去旅行或避暑之前，总要先打听旅途中有没有钓鱼的机会。因此，林氏在到过的瑞士、奥地利、法国等地，都留下了垂钓的回忆。

演讲是林语堂除写作之外的另一项重要内容。1961年1月，应美国国会图书馆的邀请，林语堂到华盛顿作了题为《"五四"以来的中国文学》的演讲。被这座号称世界上最知名图书馆邀请去演讲，这对林语堂而言是一项殊荣。除此以外，林语堂还多次应邀到美洲七国发表演讲，在巴西的一次演讲会上，林语堂在讲演中插入了一段幽默风趣的话，他说："世界大同的理想生活，就是住在英国的乡村，屋子安装有美国的水电煤气管子，有一个中国厨子，取一个日本太太，再有一个法国的情妇。"对于他的这个段子，听众们忍俊不禁，当地报纸立即刊出。对于演讲的艺术，他还有一句经典幽默的话："男人演讲时的开场白，要像女人的裙子一样，越短越好。"后来这几句话成为广为流传的幽默妙语之一，至今还在民间传播。美洲七国的演讲又一次提高了林语堂在国际文坛上的地位。

叼着烟斗或者双手环抱胸前，手托烟斗，一脸平和闲适的笑容，几乎成了中老年林语堂的经典姿态。烟斗与吸烟可以说已经成为林语堂生活中的一部分，和他如影相随。林语堂说没有烟斗，他便做不来任何事。有时当他放下烟斗或是忘记放在什么地方，他便不做事，在全屋中乱跑。嘴里说着："我的烟斗在哪里？烟斗，烟斗。"他常在找到之后便大笑而觉得满意。他经常对身边的人说："现在，我可以做一件事情吗？吸烟好吗？"但不等别人回答，他早已在吸烟了。

但生活之舟，不会总像顺流的江水那样一帆风顺。林语堂的生活中并不总是伴随着掌声与鲜花，"幽默大师"也有落寞与孤独之时。抗日战争时期，旅居美国的林语堂长期撰写宣传中国抗日战争的作品和文章，希望借此能唤起美国民众对中国的同情，引起美国对华政策的改变。但事与愿违，林语堂收到的却是美国出版商的严重警告："不可以，也不应当再说那样的话。"林语堂的声誉也因此受到严重影响。不久之后，人生不如意的事接踵而至。林语堂由于长期痴迷于研发中文打字机，耗尽了全部家产，并随即引发了他与赛珍珠之间的一场版税官司。

落叶归根

1953年，为了能重振家业，58岁的林语堂举家离美，到新加坡南洋大学任校长。可是好景不长，不到半年的时间，他就因预算问题与南洋大学执委会发生尖锐的矛盾，最后不得不辞去校长一职，离开南大。一连串不顺心的苦闷，一直纠缠着这位一向以乐观、豁达著称的"幽默大师"，使他长期难以绽放笑容。

美国人的冷漠，加上经济和精神上的双重打击，使林语堂产生了落叶归根的想法。1966年林语堂一家离开美国，定居台湾。于是，他重操久违的语言学研究，主编规模宏大的《当代汉英词典》，并于1972年出版。应台湾"中央社"的邀请，他先后发表了多篇关于《红楼梦》的研究论文，1973年，林语堂出版了《"红楼梦"版本目录》，1976年还出版了《"红楼梦"人名索引》等著作。这是林语堂对于《红楼梦》研究的收获期，也因此奠定了他"红学家"的地位。

台湾时期的林语堂

作为台湾文坛的当然领袖，国际文坛公认的巨匠，他先后被选为国际笔会台湾分会会长和国际笔会副会长。1975年，因长篇小说《京华烟云》影响效应，林语堂再次被国际笔会提名为诺贝尔文学奖的候选人。

但本想安度晚年的林语堂，在台湾却又一次遭受到致命的打击。1971年，林语堂的长女林如斯因婚姻失败，在台湾故宫博物院上吊自杀，林氏夫妇在巨大的悲痛面前，精神几乎完全崩溃。

1974年，林语堂用英文写成了《八十自述》一书。这本书是用散文化的笔调描述他一生的主要经历，相当于一部5万多字的自传，但又与一般的自传有所不同，书中没有准确的时间和事件的记载，而是一种概括性的回顾和总结。《八十自述》写完之后，林语堂完全搁笔。这时，他的身体状况一天不如一天。1976年3月26日，林语堂因严重心脏病引发肺炎，经抢救无效，在香港圣玛丽医院逝世，享年81岁。

胡适故居：
留给上海的遗憾与期待

每一座城市都有它的遗憾之处。上海的遗憾之处，就是至今没有一处可供游人公开展览的胡适故居。公众能够看得到的故居，似乎只有安徽绩溪与台北南港的两处房屋了。

但是，上海是胡适的出生地，也是他人生道路的起点。1889年，胡适的父亲胡传续娶胡适的母亲冯顺弟，婚后不久，胡传在上海任浙沪厘卡（税务）总巡职位，便把冯氏接到上海同住。1891年12月，在上海大东门外，外咸瓜街南段251号，程裕新茶叶栈内，有一个婴儿出生。这个婴儿就是日后成为"五·四"新文化运动的引领者、现代著名学者的胡适。

胡适在《四十自述》中曾记载道："我生在光绪十一年十一月十七日（即1891年12月17日），那时候我家寄住在上海大东门外。我生后两个月，我父亲被台湾巡抚邵友濂奏调往台湾；江苏巡抚奏请免调，没有效果。我父亲于十二年二月底到台湾，我母亲和我搬到川沙住了一年"。

程裕新茶叶栈是胡适祖上与他人合开的，现今为复兴东路东段，外咸瓜街223号（现为龙潭街道居委会）。这附近，还曾经是明末科学家、政治家徐光启，清代著名实业家、状元张謇，国务院副总理邹家华，经济学家于光远、顾准等人的诞生地。

今天，能够知道和了解这段历史的人已经不多了，《辞海》最新版本也仅说明，胡适是安徽绩溪人。笔者的外公邓嗣禹，早年为哈佛大学毕业的留美学者，20世纪40年代曾与胡适有许多交往。2016年是胡适先生诞辰125周年。他在上海的旧居还有哪几处？带着这样的疑问，也出于家族关系的渊源，笔者利用几个假期，先后进行过资料考证与寻访工作。

有迹可循的胡适旧居，在上海还有两处。其一，在浦东新区川沙镇。当时，胡适的曾祖父在川沙中市街开了一间茶庄（现川沙中市街川百劳防商店处），三开间的临街楼房，前店后作坊，店面门头上方的匾额题名："胡万和茶庄"。到胡适祖父经营时，茶庄已有很大发展，不仅在上海老城区内开了茶叶分店，还在湖北汉口开了酒店。

1892年3月，胡适在母亲的怀抱中，来到川沙的胡万和茶庄。当时，大三间门面的茶庄，里间、楼屋都颇宽敞，不过均作为制茶工场及工人住宿所用。所以，胡适母子便被安置到离中市街很近的南市街沈家大院"内史第"居住。胡适母子就此在"内史第"前进厅、屋东侧临街的厢房，住了整整一年。

"内史第"又名沈家大院，位于浦东新区川沙新镇新川路218号。史料显示，"内史第"原占地3423.7平方米，总建筑面积1868.9平方米。由清代著名金石学家、书画鉴赏家沈树镛祖上建于清道光年间，至今已有170余年历史。由于沈树镛曾任"内阁中书"一职，故后人将该院取名为"内史第"。

"内史第"还与中国近现代史上的诸多名人有着不解之缘。比如，曾任北大校长的黄炎培，其祖父黄典谟就是沈树镛的姐夫，外祖父孟庆曾也是沈树镛的妹夫，因此黄家四代都曾住此大院。再有，"宋氏三姐妹"的父亲宋耀如也曾安家在"内史第"。后来，宋家夫妇在这里生下宋庆龄、宋子文、宋美龄，直到1904年，全家离开川沙迁至上海市区，"内史第"承载了"宋氏三姐妹"许多童年记忆。巧合的是，胡适的父亲胡铁花和黄炎培的父亲曾是同僚。1892年，胡铁花奉命调往台湾，胡适就随母亲冯氏搬至"内史第"居住。

尽管有如此多的名人曾在这里生活，"内史第"也难逃毁坏的厄运。到1988年，"内史第"在历次运动中已被拆三分之二，仅剩下最后一进黄炎培故居。2004年，浦东新区正式立项修复老宅。2009年，"内史第"复原工程启动。经过多年修复后，如今"内史第"已恢复成原来的三进院落，并保存了大量珍贵的史料和实物。

其二，是在静安区的万航渡路320弄49号，当年是极司菲尔路49号。要真正触碰到胡适的精神与灵魂，恐怕仍然要数闹市中心的这一处。这里虽然并没能留下他的任何遗物，但徜徉其间，却分明还可看到：有一位身着深色西装系花色领带，有时也穿着中式长衫，戴着旧式圆眼镜，相貌清秀的年青学者经常出入其中。他的双眼中，有着对于社会的深刻洞察，为了追求自由却孤傲自尊，对于突破底线的事，他决不会妥协。

上世纪20年代的极司菲尔路，已是街道纵横，商肆林立，百业俱全，并聚集了大片居民住宅。其中极司菲尔路49号是一幢混合结构的三层楼住宅，胡适在这里居住的时间最长，大约有三年半之久。

这是一幢带小花园的新式里弄住宅，当年楼下是客厅、厨房、餐厅和卫生间，楼上大间是胡适和夫人江冬秀的卧室，旁侧小间是其两个儿子的卧室，另一侧是胡适的书房。1927年5月，胡适自欧美旅行讲学回国，寓居上海后，接受光华大学教授聘任，又与徐志摩、闻一多、梁实秋等人重整新月社，筹办《新月》杂志和新月书店。1928年3月，他就任母校中国公学校长，对学校大加改革，不仅使濒临破产的中国公学有了发展，并且培育了像吴晗、罗尔纲、吴健雄等后来出类拔萃的学生。

那时，胡适除了到学校和参加其他社会活动外，就在寓所潜心写作，在这里完成了许多学术论著。

著名的《中国哲学史大纲（卷上）》，就是在这里完成的，由蔡元培亲自撰写序言，它的出版被视为中国哲学史学科成立的标志。

我站在旧居的里弄门前，竭力想象室内的情形，想象午夜时分还坐在写字台前，奋笔疾书的那个人；

想象细微的晨光，如何斜穿过棕色的窗棂，洒在先生的书桌上。先生在繁忙的公务之余，仍挂念于学术研究。他很想写一部完整的中国哲学史，但是长期超负荷运转的心脏，最终已经无力支持他实现这一夙愿。但是，近年有学者考证，《中国哲学史大纲（卷中）》曾经有北大内部发行的"讲义本"，曾任胡适秘书的胡颂平，他所编写的《胡适之先生年谱长编初稿》一书中，在1919年内有描述，胡适在1922年3月2日的日记也有记载。

当年，在胡适寓所斜对面的极司菲尔路40号（今天是万航渡路323号），住着商务印书馆总经理、出版家、上海市文史馆第一任馆长张元济，这是一座两开间带有尖顶的二层英国式建筑风格的花园洋房，是张元济在这里买下2.5亩土地，请英国在沪开业的一家建筑设计事务所设计的。那时，胡适在写《中国哲学史大纲（卷中）》时，经常过来向张元济借阅古书，他写完一两章，即送张元济阅读。每当随后两章送来，张元济立即订成本子，一口气读完，晚上临睡前，在床上又重读一遍，并给予很高的评介。

1930年11月，胡适携家眷离沪赴北平，出任北京大学文学院院长，极司菲尔路的寓所归还房东。岁月沧桑，如今该处居住着好几家普通百姓，里弄口挂着"沙利文饼干专卖店"的牌子。往里可见一栋被周围棚户区包围着的红砖大房，四周皆是大开面的大窗户，还配上木质的玻璃窗，不知道曾是哪家豪门的旧居。

由于商务印书馆两次毁于日寇炮火，张元济家庭经济也大受影响，1939年不得以把居住了25年之久的极司菲尔路的花园住宅，出售给了上海建筑营造厂的老板陶桂记，自己租赁了霞飞路（今淮海中路）善钟路（今常熟路）口的一栋三层楼的新式里弄房子居住。陶老板买下该房后进行大规模整修，加盖一层，并在西面空地上新造一栋楼与之相连。新房刚竣工还未入住，就被"76号"汪伪特务闯进来强占了，成了吴四宝手下汉奸特务潘达的公馆。抗战胜利后，汉奸潘达被枪决，房屋作为敌产没收。解放后，这幢楼房成为解放军部队家属宿舍。20世纪90年代，随着武宁南路市政拓宽工程的需要，张元济这幢故居也被拆除了。

胡适自1962年猝然去世以来，数十年间，不断有纪念他的文章发表，赞美之声不绝于耳。

有人赞美他的性格，说刻薄是离他最远的东西；有人赞美他的道德，说他堪称世人楷模；有人赞美他的学术，说他常开风气之先；有人赞美他的知识分子立场，说他是伟大的自由主义者；有人赞美他对新文化运动的贡献，说他是中国的文艺复兴之父等等。

诚然，你也可以找出他的不少缺点来。例如他在道德上并非完人，在学术上常留下缺憾。他虽然推崇范仲淹的"宁鸣而死，不默而生"，其实不能真正做到，进退失据时也会沉默，或者讲些有技巧的话。但是，"光焰不熄，日久弥新"这确是事实；"我的朋友胡适之"这是许多与他有过交往的人，经常说的一句话，无论是上流学者，还是出租车司机。

留美学者唐德刚在《胡适杂忆》书中，对于胡适有相当高的评价："胡适之先生的了不起之处，便是他原是我国新文化运动的开山宗师，但是经过五十年之考验，他既未流于偏激，亦未落伍。始终一贯地保持了他那不偏不倚的中流砥柱的地位。熟读近百年中国文化史，群贤互比，我还是觉得胡老师是当代第一人！"华中师范大学前任校长、著名历史学家章开沅先生近年也谈到："胡适关于社会和国家建设的一些思想，用今天的话说，就是科学发展观"。

早在70年前的1946年，胡适《四十自述》的节译本，就曾作为耶鲁大学的教材，进入到美国人的公众视野。在台湾"中央研究院"胡适的墓地，由毛子水执笔的墓志铭分明写着："我们相信，形骸终要化灭，陵谷也会变异，但是在墓中这位哲人所给予世界的光明，将永远存在。"由此，我不由得想起一句格言："用笔写下来的，用斧头砍不掉！"

2012年胡适先生逝世五十周年时，胡适著述正式进入公共版权领域，席卷而来的胡适出版热，让人目不暇接。解读、评价胡适及其思想，将成为今后很长一段时间里，学术圈、文化圈、读书圈里的一个共同主题。

在上海，可对公众展出的胡适故居，将不会成为永久的遗憾，我们对此拭目以待！

04
费正清研究

胡适对于青年费正清的影响

胡适与费正清的相识,缘于北京东兴楼饭庄的一次聚会。

1932年2月,第一次来到中国的费正清,居住在北京总布胡同24号,这里现在是梁思成、林徽因的故居。当年,他岳父坎农教授通过北京协和医院生理学家的熟人关系,将自己的女婿介绍给胡适。瓦尔特·坎农（Walter B. Cannon, 1871—1945）当时已是国际知名的生理学家,1906—1942年期间担任哈佛大学生理系主任长达36年。

5月10日,费正清被邀请参加东兴楼饭庄的聚会,到场的人有:北京大学文学院长胡适、北平社会调查所所长陶孟和、中国地质调查所创办人丁文江等人。

费正清后来在一封家书中描述了当时的情景:

我很惊讶地发现,胡适就是现代的伏尔泰。他坐在我的旁边,帮我递来竹笋和鸭肝，其他的每个人都很友好。我不能完全明白为什么会是如此，但是毋庸置疑，喝着中国的白酒，我们可以畅所欲言。……真不知道要怎样才能回报这份荣耀。

当时，胡适已是英美归国留学生的领袖。费正清能与以胡适为首的中国学术精英交往，自然会感到很荣耀。这次见面之后的两个星期，胡适主编的《独立评论》创刊号问世了，立即引起了费正清的关注。费正清认为这是一本类似美国《新共和》周刊的一本杂志，主要刊登一些政治评论文章，"从此将其视为教科书来进行研究"，其文章的写作风格，为他之后撰写政治评论文章，提供了许多范文和蓝本。

1935年5月，瓦尔特·坎农应邀来北大讲学，胡适曾去听讲，并参加了多次宴请活动。作为费氏夫妇的邻居和好友，讲学之前梁思成、林徽因曾宴请过坎农，并邀请胡适等人参加。胡适在1935年5月24日的日记中有这样的记载："思成、徽因请Professor Cannon（坎农教授）父女吃饭，我与孟真同去。Cannon 是少年学人Fairbank（费正清）之妻父。"在胡适的眼中，当时的费正清应该是"小字辈"的学人。胡适可能不会想到，这位少年学人日后会成为美国汉学界的泰斗。

5月31日，在听完坎农讲座的当天，胡适在日记中又记载道："听Professor Cannon (Harvard) 讲演，讲的极清楚。"可以看出，胡适当年对于费正清岳父坎农的评价是很高的。有了这层关系，胡适在日后的学术场合，给予费正清许多关照。

1937年，费正清应邀参加恒慕义主编的《清代名人传略》的编撰工作，并与邓嗣禹合作完成了三位清朝官员（徐广缙、怡良、穆彰阿）人物传记。1945年出版时，胡适曾为这本著作撰写序言，"至少在目前来说，没有任何语言包括中文在内的著作可与之相匹，无论在对概念的理解方面，还是在陈述的客观性和其应用上"，"它是今天可以看到的一部最翔实、最好的近三百年中国史，是研究现代中国早期历史的一个重要里程碑。"胡适的高度赞扬，不仅为这本书奠定了学术地位，同时也是对费正清等人的工作给予充分肯定。

当胡适将他新出版的《四十自述》寄给费正清时，费十分惊讶。他认为"几乎没有人会这么早写自传"。1946年，这本节译版的《四十自述》，曾在耶鲁大学作为教材使用。但胡适本人对于此事并不知晓，在他本人的自传、日记、回忆录中也均未提及此事。

50年后，当费自己编写自传时深有体会，"写自传就像编写一本教科书一样不易。你必须总结大量的细节，但是不能让读者读之不知所云"。

胡适对于费正清的影响是深远的。1954年，邓嗣禹、费正清合作撰写的《中国对西方的反应》出版，曾长期作为哈佛、牛津的教科书。在这本书中，他们用了整整一个章节的篇幅，分别论述了胡适"新思想的影响"、"对文学革命的贡献"。遗憾的是，这部英文著作虽然再版过七次，但至今尚未翻译成中文出版。

2016年是胡适先生诞辰125周年。我们回顾费正清的一生，如果把他放在特定的时代环境中，注意他的师承关系，以及众多中国学者对其影响的史实，会对从事美国学研究的学者给予更多的启迪。充分利用与中国学者的广泛交流与合作，这是费正清能够成功的一大重要因素。

费正清与中国鸦片战争研究

——纪念费正清诞辰111周年

费正清为何对于鸦片战争研究如此感兴趣,我们在他专为所指导的第一篇博士论文撰写的前言中可以找到答案。他认为:"1842年英国与满清签订的南京条约,预示着一个不平等条约的世纪来临。它标志着一个完整的中西关系的时代。1842年到1942年这个世纪,是中国人民的近代史时期。奇怪的是,它只受到少数中西方学者的认真研究。""鸦片贸易是19世纪的一件大事,历史学家迟早都应该分析其原因、活动和影响。它同中外关系的各个方面——商业、政治和文化关系息息相关,因此它的具体情节迟早也应该同这个时期所有其他方面一样考订出来,并把两者之间的关系阐述清楚。"

费正清(1907—1991)是美国哈佛大学终身教授,美国最负盛名的中国问题观察家,哈佛东亚研究中心创始人。他生前曾历任美国远东协会副主席、亚洲协会主席、历史学会主席、东亚研究理事会主席等重要职务，还曾是美国政府雇员、社会活动家、中美关系政策顾问。费正清致力于中国问题研究长达50年，他曾经主持编写过一套15卷容量的《剑桥中国史》。从他进入哈佛大学直到他1991年去世，其著作绝大部分都是论述中国问题的。在他漫长的学术生涯中虽然毁誉交加，但就其崇高的学术地位及巨大的影响力而言，在西方汉学界诸贤中，依然无人能与之比肩。

目前，国内学者虽然对于他的学术成就做过大量研究，但是关于他对中国鸦片战争方面的研究，仅见到有学者提及他早年发表的第一篇学术论文涉及到这一问题，后来他指导邓嗣禹、张馨保两位博士研究生，相继开展这一课题研究的成果未见报道。这两位学者以博士论文为基础出版的学术专著，不仅传承了他在这方面的研究旨趣和学术思想，而且进一步丰富、完善了费正清在此方面的研究成果。今年是费正清先生诞辰111周年，谨以此文来纪念这位优秀的学者。

鸦片战争研究思想的雏形

费正清对于中国鸦片战争研究的构想由来已久。早年留学北京期间，他在《中国社会及政治学报》第17卷第2期（1934年7月）上发表学术处女作《1858年条约前鸦片贸易的合法化》，就是围绕这样一个中心问题展开的。该刊物的主办单位，中国社会及政治学会，是1915年由一批中外人士共同在北京发起建立的。1916年该会创办了英文会刊《中国社会及政治学报》（Chinese Social and Political Science Review），第一期于当年4月出版，以后每个季度出版一期，4期为一卷。1941年终刊。

费正清为何对于鸦片战争研究如此感兴趣，我们在他指导邓嗣禹博士论文撰写的前言中可以找到答案。他认为："1842年英国与满清签订的南京条约，预示着一个不平等条约的世纪来临。它标志着一个完整的中西关系的时代。1842年到1942年这个世纪，是中国人民的近代史时期。奇怪的是，它只受到少数中西方学者的认真研究。"研究这一课题的中西方学者很少，自然是学者们关注的兴趣所在，但是其难度也很大。在这篇文章的开篇，费正清明确指出，"鸦片贸易是19世纪的一件大事，历史学家迟早都应该分析其原因、活动和影响。它同中外关系的各个方面——商业、政治和文化关系息息相关，因此它的具体情节迟早也应该通这个时期所有其他方面一样考订出来，并把两者之间的关系阐述清楚。"他写这篇文章的背景，正在于利用当时所能掌握的中文资料，揭示事实，引起更多学者对这一问题的关注。

费正清的这篇论文的主题，围绕这样一个中心问题展开：为什么鸦片输入中国为合法这一条款会被写入1858年11月8日中英签订的《通商章程善后条约》？是由于英国的武力逼迫（这是普遍流传的看法），还是有其他原因（顾均《岂有文章惊海内》）？

费正清在结论部分指出，那种认为1858年英国强迫中国皇帝使鸦片贸易合法化的流行说法是不完全正确的，只说出了一半事实。另一半事实是"中国人希望通过对鸦片贸易全面征税，增加收入"，所以"承认鸦片贸易也是中国内政问题产生的结果"。费正清这篇处女作的重大突破在于使用了中文资料。但是，由于当时所能使用的中文资料很有限，所以得出的结论不免有些片面。后来，有一些中国学者对此提出了异议："费正清教授对鸦片战争的叙述是我们中国人无法接受的，他为英国发动战争推卸责任，抹杀了鸦片战争的实质"。

1842年8月29日签订的中英《南京条约》，标志着19世纪远东史、条约体制和满清帝国没落的开始。但是，无论是在英文、中文和其他文字的材料中，这次划时代条约谈判的记录都是很简单的。因为英国公布的关于第一次中英战争的文件几乎只停留在1840年的蓝皮书上，而中国官方的报告和敕令直到1936年才发表（邓嗣禹英文版《张喜与1842年南京条约》引言）。要想理清《南京条约》缔结的真正实质，看来只有在各方面条件成熟时，指导研究生继续完成了。

任教哈佛大学开始学术研究

1936年4月，费正清获得英国牛津大学博士学位之后，于当年秋季应聘到哈佛大学教授中国史。当时的美国学界对于中国的研究仍处于传统汉学禁锢之中。所谓的中国学要么为西方文明的分支或点缀，处于一个边缘学科；要么则在传统汉学模式下只注重古代汉语。

费正清正是在这种形势下，以顽强的精神开始了他的中国学研究生涯。执掌教鞭初始，他即提出新的学术主张，像意大利哲学家及历史学家克罗齐一样，认为一切真历史都应该是当代史，重视现代汉语与档案研究，呼吁加强中国近现代史研究。费正清决心以哈佛大学为阵地，用自己的研究成果建立一个全新的中国学研究模式，来达到他所说的中国学和他个人学术生涯的"辉煌时刻"（徐国琦《美国汉学界巨人费正清》）。任教哈佛大学后，他指导的第一位本科生弟子，即是后来成为美国著名政论家和新闻记者的白修德（Theodore H. White）。

1934年，白修德获得哈佛大学220元生活补助金，以及伯勒斯报童基金的资助，得以顺利进入哈佛大学历史系，成为走读生。大学二年级时，白修德对中国历史产生了兴趣，遂转入哈佛燕京学院，成为该学院唯一一位选择汉语为专业的本科生。刚刚当上教授不到一年的费正清，被安排做他的指导老师，这一机缘使得费正清成为他的重要导师，尤其是对他早年职业生涯的选择产生了极大的影响。费正清根据白修德的特点，以及他家庭的生活现状，鼓励他选择做新闻记者，而不是去做一名历史学教授。1938年，白修德毕业时，从哈佛大学获得了一笔弗雷德里克·谢尔登旅行奖学金。这笔奖学金，为这位才毕业的大学生出国旅行提供了重要的经济来源，而白修德于中国西部城市重庆的记者生涯也自此展开（彭靖《费正清的首位弟子白修德》）。

1938年，费正清开始招收博士生。第一位师从其门下的博士生，正是他在中国北京留学期间结识的老朋友，燕京大学硕士毕业的邓嗣禹。费正清后来在其出版的回忆录中有这样的记述："当邓嗣禹来哈佛大学攻读博士学位时，我们在1939年至1941年间合作过三篇系列文章，分别论述清代公文的传递、清代公文的不同类型和用途，以及清代朝贡体制规则与施行办法。所有的文章都发表于《哈佛亚州研究学刊》，之后合订成论文集《清代行政研究》。"三年时间内，在著名刊物上合作发表三篇论文并汇编成书出版，可谓成果丰硕。后来，这本书以《清代行政管理：三种研究》为题目被哈佛大学多次再版，畅销了三十多年，成为国际上研究朝贡制度的奠基之作。

但是，费正清对于中国鸦片战争研究的旨趣并未终结。他注意到：对于鸦片战争研究"中国学者通常由于中国史其他丰富的研究资料而分散了注意力。西方学者恰恰相反，他们因不能熟练掌握研究所需要的中国各种文体资料而感到为难。总之，中国过去的一个世纪，仍然是巨大的历史空白之一。但在若干年后，中国和美国的历史学家们将冲破界线而进入这个空白区"（英文版《张喜与1842年南京条约》前言）。如何突破这一空白区，费正清的思路已经确定，招收中国学者作为博士研究生也许是最佳的选择。根据当时所能寻找到的中文资料的难易程度而言，以参与南京谈判人物的日记作为切入点，这是最好的方向。1941年中旬，邓嗣禹在开始他的博士论文选题构思时，正是围绕着费正清的这一思路来展开的。

以参与者日记作为研究的切入点

鸦片战争以后，清王朝在外国人炮口下签订了多个条约。可是令外国人疑惑不解的是，签约的时候，清朝大臣们的态度似乎并不是很认真。在《南京条约》的整个谈判中，"中方没有翻译，对条约的英文本全不过问；同时对中文本的字句也不做仔细的斟酌。"

英国人利洛在《缔约日记》中，对南京谈判大臣们还有这样的描述："在欧洲，外交家们极为重视条约的字句与语法。中国代表并不细加审查，一览即了。很容易看出他们所焦虑的只是一个问题，就是我们赶紧离开。因此等他承认条约之后，就要求我们将运河中的船只转移到江中。"更让外国人意想不到的是，条约签订之后，朝廷就把它们"藏之金匮"，长期秘而不宣。

在《南京条约》签订之后，条约文本一直存放在两广总督衙门，并未上缴朝廷供呈御览，也并未能向下颁发。很多外交官员也不了解条约的具体内容，正所谓"历来办理夷务诸臣，但知有万年和约之名，而未见其文"。很多人将另外一个《通商章程善后条约》误认为是"万国和约"的《南京条约》。

为何如此，当然是因为这个条约的内容有损于当时朝廷的面子。堂堂大清天朝在人家的炮口下被逼迫签订了和约，而且和约的内容更是不同寻常。中方在条约中不得不改称"英夷"为"大英国"，称夷人头领为"大英国君主"。这样的称谓在当时中国人看来，简直是不可想象的事。所以朝廷决定，条约的内容能不发就不发，尽量缩小知情人的范围。幸运的是，当时有一位名叫张喜的中方谈判官员写了一本《抚夷日记》，日记中提供了他当时参与外交谈判进展的详细记录。这篇日记的手稿藏于文殿阁书庄，并于1936年才在北京发表，相距1934年费正清发表处女论文的时间有两年之久。

在鸦片战争中，中方参与谈判的主要人员有琦善、伊里布和牛鉴。1839年9月，琦善作为钦差大臣到达广州，取代被解职的林则徐，受命与英方谈判所有的问题。1840年8月，伊里布被任命为钦差大臣，负责调查和管理浙江事务，后来临危受命参与求和行动，并与琦善和牛鉴一起代表清朝政府同英国签订《南京条约》，处理善后事宜。当时的张喜只能算是一个小人物，在《筹办夷务始末》一书中被写成张禧。他曾是伊里布的家臣，需要他出头给他一个六品的官衔。但他作为伊里布的心腹，在中英谈判中扮演了重要的角色，负责与英国代表直接交涉的工作，与英国人有大量接触的机会。

因此，费正清认为，张喜撰写的《抚夷日记》内容十分重要，翻译成英文的价值更高，对于西方学者研究鸦片战争的意义重大。正如他后来在为邓嗣禹博士论文撰写序言中所表述的那样："这本书是对谈判的研究，这次谈判是一个世纪的不平等条约的开端。它通过中国方面一位次要的谈判官员的眼睛来观察这次谈判。他缜密地论述了这个文件，尽管这个文件仅包括几个月的时间，然而却能使我们对这个阶段的认识，比许多卷本的考察还要多。"

博士论文撰写的过程与结论

确定将张喜撰的《抚夷日记》作为博士论文的主要参考文献，首先要考察《抚夷日记》的真实性。关于这方面的问题，邓嗣禹曾致信给燕京大学的硕士生导师洪煨莲教授。"在1941年5月14日的信中，洪煨莲教授回答了关于《抚夷日记》是否真实的问题。他写道：'我看不出有任何理由怀疑这个原文的真实性。特别是因为它的叙述和英文记载完全一致'"。从邓嗣禹博士论文引言的文字中，我们可以推测，他的博士论文写作的时间始于1941年5月之前。

这篇博士论文分为七个部分：一、费正清撰写的序言；二、致谢函；三、正文：1、引言：A.《抚夷日记》作者张喜和1842年的事态背景；B.日记的真实性和它的突出之处；2、《抚夷日记》的翻译和注释；四、附录：A.1842年谈判进程年表；B.浙江与江苏海防地图；五、参考书目提要；六、相关注释；七、索引。

邓嗣禹在引言部分评论道："张喜在日记中提供了1842年5月20日第一份官方通讯和以后谈判的详细记录。虽然他没有能力改变这一次外交历史的进程，但这些记录确实为我们描述了一幅新的画面。因为他在日记中直接披露了这次秘密谈判的内情，而这个谈判的结果通常只有1—2页纸概括地提到。"

张喜在加入和谈阵营之时，定海已经失陷，对英方的船坚炮利也有直观认识（他曾登上过英军的战舰）。但是，张喜在与英方对话的过程中丝毫不落于下风，而且充满正义感，一切不利条件都被慷慨的言语化解了。在张喜向英方索要定海之时，英方问张喜，为什么他们在定海登陆之时，没有遇到什么抵抗。张喜回答："我朝以德服人，不在兵威。""尔们外夷不知大体，船坚炮利是霸道，非王道也。天朝所行，俱是王道，即如我中堂来浙征兵数万，铸炮数千，粮饷船只，俱已完备，而已获之囚，不伤毫发，亦是以德服人之证明也。"

其实，英军在定海并非没有遇到抵抗，而是因为中国战时反应迟钝，不知定海开战，而导致战败。张喜通过强调"王道"与"霸道"的区别，用"以德服人"突出天朝的"大体"，从而斥责英国的不正义，并将其贬低为夷人。从而使中国与英国实力上的差距被看成了王道与霸道的差别，天朝人与夷人的差别。然而，谈判是需要砝码的，中国军事力量不足，导致中方在谈判中已经处于被动局面，不是几句话就能够化解的。

在引言部分中，邓嗣禹还提到有关《清史稿》等著作的错误之处："张喜的叙述有助于纠正其他著作中的错误。例如，英文资料报道伊里布是1842年8月9日到达南京，但张喜记载是8日，这和牛鉴的报告相同；1842年7月底左右，扬州受到英军威胁，花了50万英镑的赎城费才得以幸免。在《清史稿》和中国的几本重要著作中，这个数字是60万英镑。所以《清史稿》和其他著作的数字应该改正。"

张喜在他的日记中，还记录了三位高级谈判官员许多有趣的内幕故事："例如，牛鉴认为英国轮船的大轮子一定是靠公牛转动的。当英军对南京的进攻延期时，中国高级官员认为这种情况是如此容易对付，因而拒绝了英军要看到国书和玉玺的要求;当条约在英国军舰'皋华丽'号签订的前夕,耆英非常害怕被英军扣留在船上。据说直到几星期以后,他还尽最大努力,用极其温和的态度恭维英方谈判代表马礼逊。所有这些故事在英文资料中都能得到证实,从而说明了它的真实性。"

邓嗣禹在结论部分指出:"日记和补遗材料清楚地表明:一、南京条约的缔结是由英军强迫,耆英、牛鉴和其他人陈情书中夸大其辞的劝说,中国人民对战争的淡漠,财政的困难,以及穆彰阿的和平建议等综合因素造成的;二、谈判的所有条件自始至终是由英国提出的,用中英两国文字写成的。条约在缔结时,作为一种谦和的姿态,双方允许一些讨论和评论。但是英国最初提出的一切要求,最后几乎毫无改变地得到贯彻执行;三、中国的高级谈判官员不仅不能胜任外交事务,不懂国际法,不适应中国将来的复杂情况,而且对他们面临的形势也十分无知,因为他们对于情报的收集极为贫乏;四、南京的高级大臣们除了关心敌舰立即从长江中撤走,迅速实现和平之外,其他什么也不关心。"很明显,邓嗣禹在这篇博士论文中得出的结论,进一步丰富、完善了费正清在1934年处女作中的研究成果。

在论文的最后,邓嗣禹强调指出:"我认为在论文注释中所收集到的中西方重要资料,对于那些不能读懂中文的西方学者是有价值的。同时,张喜日记刊本中运用的许多西方著作,对于中国那些难以接触到这些著作的学者也是有用的。"

相关博士论文的出版及其影响

1942年,邓嗣禹以《张喜与1842年南京条约》为题目的博士论文顺利通过了哈佛大学的论文答辩。1944年,经过二年的补充和完善之后,同名英文书籍由芝加哥大学出版社出版。值得一提的是,这本书的中文节译版本由杨卫东翻译，刊载于《国外中国近代史研究》第10辑，1988年4月由中国社会科学出版社出版。

在致谢部分的文字中，我们可以清晰地了解到：这篇论文主题和构思完全是在费正清建议和指导下完成的。而且论文在写作的过程中，自始至终得到了费正清的鼓励，才激发出创作的灵感。同时，邓嗣禹还提到芝加哥大学的麦克尼亚教授（Harley F. MacNair），不仅同样给予他许多鼓励，而且用心阅读了论文的全部手稿，并提出过许多改进的建议。另外，哈佛大学的魏鲁男（James R.Ware）教授、哈佛燕京图书馆的裘开明馆长，还有好友周一良、杨联陞等都在借阅参考书目，讨论疑难问题等方面提供过许多帮助。

费正清在本书的序言中，高度赞扬道："通过详尽运用中西双方的资料，邓博士提出了到目前为止最有效的证明，即中国的外交关系可以而且必须通过双方材料进行研究。……邓博士详尽地吸取了当年的各类资料，他的注释和参考书目将拓展这项工作的深入进行。"

1945年6月，美国汉学家哈罗德·诺布尔（Harold J. Noble）对于这本书发表书评指出："东亚史专业的许多学生无法阅读中文，因此这一重要的日记的翻译出版，对于历史学家来说是最受欢迎的贡献"，"希望邓教授将来能有时间翻译其他的文献与日记"，同时"希望有更多的中国学者能以邓教授为榜样"（*Pacific Historical Review, Vol.14, No.2Jun.1945, pp.223—224*）。

在过去三十年内，由费正清及其弟子所形成的"哈佛学派"，在有关中国近代史研究方面，一直居于西方学术界的领导地位。哈佛学派在中西关系史的研究领域中，一直十分活跃，并形成了一套完整、系统的体系。继邓嗣禹1944年出版《张喜与1842年南京条约》一书之后，张馨保在费正清指导下于1958年获得哈佛博士学位，他的论文题目还是涉及到鸦片战争问题研究，名为《林则徐和鸦片战争》，并于1964年由哈佛大学出版。他所使用的资料，包括了林则徐的日记、鸦片战争文学集、怡和洋行档案和其他重要的英国和美国商业档案。费正清对该书同样予以较高的评价，他在为该书所撰前言中写道：该书"对于鸦片战争起因有一个更均衡（Balance）的解释，远比用任何其他语言所写的书都有用"。

鸦片战争虽然已经结束175年，但是中国人从来没有停止过对它的反思。从道光朝开始，鸦片战争便给予中国人巨大的耻辱感，这种耻辱感持续到今天还挥之不去。从费正清及其指导的博士生形成的"哈佛学派"理论中，或许能给予我们更多的启示。

（原文发表于《中华读书报》（2018年02月28日）

美国汉学家费正清的中国情结

费正清（1906—1991），美国哈佛大学教授，著名的中国问题专家，国际汉学泰斗，也是影响美国对华政策的重要智囊成员之一。费正清对中国有着深厚的感情，一生中曾五次以不同身份来到中国。20世纪40年代，他曾受聘于美国政府，两次被派往中国，与周恩来、乔冠华等人多次接触，并与他们结下了深厚友谊。1972年中美关系正常化后，他曾率领美国第一批历史学家代表团访问中国，受到周恩来总理的热忱接待；1979年邓小平访美，费正清应邀出席美国政府举行的国宴，与卡特总统和邓小平同席而坐。他与中国领导人周恩来、邓小平的交往成为后人津津乐道的一段佳话。

一

1941年8月，珍珠港事件爆发前的四个月，已经在哈佛大学任教5年之久的费正清，作为研究中国问题的专家，被征召到华盛顿情报协调处（美国中央情报局的前身，简称COI）。1942年9月，他以华盛顿驻华代表的身份，被该机构派往中国重庆，历时1年零3个月，1943年12月返回美国。1945年9月，他又重返中国，担任美国驻华新闻处处长，兼任美国驻华大使克勒伦斯·高斯的特别顾问，历时8个月。这一时期，周恩来在重庆领导中共南方局的工作，与费正清有过多次往来。

1941年12月7日，太平洋战争爆发后，国际反法西斯统一战线逐步巩固，中共外事工作有了更加广阔的舞台，南方局与美英在华各机构的联系更加密切了。除继续保持与英美驻华大使馆、美军驻华司令总部的联络外，还加强了与美国战时新闻处的联系。

作为华盛顿驻华代表的费正清清楚地认识到，作为毛泽东和延安派驻重庆的代表，周恩来领导的办事机构主要从事统一战线工作，从那里可以得到外国新闻机构所需要的延安方面的最新消息。1943年6月，经他在哈佛大学的学生——时任《时代周刊》驻华首席记者白修德介绍，他结识了周恩来的新闻发言人，"一位聪颖而光彩照人的年轻女士"龚澎，并与她成为了朋友。龚澎是1935年燕京大学新闻系的毕业生，"一二·九"学生运动的领导之一，早年在北京时就曾与费正清有过交往。费正清回忆说："那时她已是新闻界最著名的女性之一。她的性格中既有精神饱满的面貌，又有对共产党事业的坚定信心；既有战地记者的老练，又富有令人愉快的幽默感。"通过龚澎，他结识了周恩来、叶剑英等中共高层领导。

在1943年11月8日的日记中，费正清记录了他当天到中共驻重庆办事处"周公馆"与周恩来见面的情景。初次见面，周恩来非凡魅力和卓越的领导能力便使费正清深深叹服。"他英俊帅气，眉毛浓密，智力超群，直觉敏锐。在我们用汉语谈话时，时不时也蹦出一些英语，好在有龚澎为我们双方作补充翻译"。"随后，龚澎介绍我认识她的未婚夫乔冠华"。后来，周恩来、乔冠华等人不仅与费正清建立了朋友关系，而且还介绍中共秘密党员刘尊祺、孟用潜、金仲华、刘思慕、葛未凡、韩幽桐、郭达等人，通过各种途径相继参加到美国新闻机构中开展工作，使战时新闻处成了中共与美方联系的一个成功通道。

在战时的重庆和昆明，费正清还让夫人费慰梅从美国把药品和其他日常贵重物品，如派克笔、手表等运往美国驻昆明领事馆，分发给在昆明的中国教授、学者们，作为对他们微薄薪水的补贴。当时，一支美国派克钢笔的价值是相当可观的，生活急需时可以随时变卖为现金，补贴家用。为了帮助生活窘迫的"联大"学者，费正清还通过各种渠道，向美国政府和社会各界大声疾呼，极力建议美国政府对中国的知识分子政策进行有限干预。

在费正清的积极推动，以及周恩来和中共中央南方局成员的配合下，通过大量的外事宣传活动，国际社会逐渐了解和认识了中国共产党的作用与延安的情况。

1944年5月17日，在龚澎等陪同下，斯坦因、爱泼斯坦、福尔曼、武道、夏南汉神甫、普金科等六名外国记者，与九名中国记者共同开始了赴延安的破冰之旅。离开延安后，斯坦因将他五个多月采访毛泽东与中共领导人的经历，写成了《红色中国的挑战》一书，于1945年在美国出版。1946年5月即被翻译成中文版。

紧接着，以马歇尔为团长的美军观察组也来到延安、张家口等地考察。欧美国家媒体对中国共产党和延安的关注也越来越多。

1945年9月，费正清以情报协调局驻华新闻处处长的身份第二次来华。他看到了当时中国抗战的艰辛、国民党政府对知识分子的打压，以及对整个局势逐渐失控的局面。据此，他曾以不同的方式提醒美国政府,不能简单地将国民政府视为盟友。他还预测毛泽东及共产党会获胜,并主张美国要与中共尽快建立关系。

1946年6月4日,作为美国驻华大使馆新闻处处长的费正清和时为美大使馆文化专员的妻子费慰梅一行,由北平乘专机抵达张家口。他后来回忆说:"我们拜访了最高长官聂荣臻将军,随后我与威尔玛(费慰梅的英文名)一同在挤满热情洋溢年轻人的剧院作了演讲。"这是费正清在中共管辖地区仅有的一次露面,他虽然当时也很想去延安看一看,但"一直没有凭空编造出合适的理由"。

在重庆谈判将要取得成果的时候,重庆中共代表团为答谢以费正清为首的美国新闻处,在当时最豪华的胜利酒店举办了盛大的鸡尾酒会。费正清回忆道:"晚宴分为两桌,周恩来坐在其中一桌,叶剑英将军坐在另一桌。大家都显得兴奋而充满活力。周恩来摇头晃脑地唱起了歌,我们也跟着哼唱起来,而叶剑英则用筷子敲着桌子和玻璃杯进行伴奏。他们唱起了延安歌谣,互相敬了几次酒后,我们也唱起了美国内战时期的歌曲。"26年后,当费正清1972年再次应邀来到中国,与周恩来见面,两人重提此事,都记忆犹新。

1946年7月,费正清回到哈佛大学,重新开始了他中断5年的教学与科研工作,并积极投入到中美关系问题的讨论之中。1946年9月,费正清在美国著名的《大西洋月刊》杂志上,发表了一篇反思美国政府对华政策的文章《我们在中国的机遇》,力图纠正美国原有对华政策的错误。他在文章中指出:"一个旁观者感觉到最触目的一件事,是他们将中国农民最迫切的需要——经济改善,作为他们立党的基础,而不是以政治言论自由作为党的前提的。要知道经济改善的迫切,我们可以从千万中国人民所受的苦难中明白地看到……当一个党员加入以后,党的训练,改变了他的生活。为大众而工作,为党而效忠,变成了一个宗教式的信徒,这样就逐渐磨灭掉少数的、自私的目的。这种大公无私的精神,使共产党的领导居于有利的地位,而获得广大的民心。"他在文章的最后断言,"如果我们盲目地反对中国革命,最终发现自己将会被群众运动赶出亚洲"。

1948年7月,费正清将其两次到中国的经历,梳理形成综合研究成果,出版了他的第一部对中美关系有重要影响的著作《美国与中国》,得到了美国政界、学术界,以及中美两国广大公众的普遍赞誉。后来,该书成为尼克松访华之前重点阅读的书籍之一,1989年已修订到了第五版。

作为"哈佛学派"的开创者,几十年间,费正清培养了一千多名年轻的中国学研究者,其中一百多人在他的指导下完成博士论文答辩。他的学生分散在美国和美国以外的一百多所大学和研究机构,其中不少已成为著名的中国研究专家。在半个多世纪里,费正清对中国问题的预见性和判断力,甚至超过了中国人自身——他以自己独特的视角审视和考察了中国,他的学术研究、著作和主要观点代表了美国主流社会的看法,不仅影响了几代美国汉学家和西方的中国学界,而且直接或间接地影响了美国政界和公众对中国的态度、看法以及美国对华政策的制定。

二

20世纪70年代以来,费正清不断呼吁美国政界、学术界应深入、全面地研究整个东亚地区,以便加速中美关系正常化和美国从越南撤军。1980年,他又强调东亚研究对改善美中贸易、文化关系的重要性,指出认识东亚符合美国的国家利益。费正清还在哈佛发表了一系列以美中关系及美国对华政策为主题的演讲,引发了一场旷日持久的关于美国对外政策的讨论。

费正清在推动中美关系方面所做出的贡献,得到了中美两国政府的承认。在尼克松总统访华前,时任总统国家安全事务助理的基辛格就中美恢复邦交问题专程请教费正清。费正清向基辛格讲述了中国历代的朝贡制度,指出依照此种制度和传统心理,任何外国元首的登门拜访都将被毛泽东所接受；而美国总统出访，则无历史与任何现实政治上的负担。费正清还将自己在1966年12月发表的"中国的世界秩序：中国的外交传统"论文，以及随后出版的著作《中国的世界秩序》一书赠送给了基辛格。基辛格后来评价说："那次谈话改变了历史。"

1972年2月，随着尼克松访问中国以及中美联合公报的发表，中美之间结束了半个世纪的对立格局。5月13日，应周恩来的邀请，费正清及夫人一行六人，作为中美关系正常化后第一批美国历史学家，前往中国进行访问和演讲。6月16日，乔冠华陪同周恩来接见费正清和夫人，以及美国《纽约时报》联合主编哈里森·索尔兹伯里和夫人等。周恩来、乔冠华和费正清等人一起在著名的"迎客松"画像前合影留念，周恩来还同费正清愉快地回忆起他们三十年前在重庆初次见面的情景。费正清还提到了在重庆的那一次宴请时，周恩来兴致勃勃地唱起了中国当时内战歌曲时的场景，周恩来轻声地笑了起来："我想我不会唱得太多吧！"

合影之后，他们来到能容纳20人用餐的安徽厅参加晚宴，周恩来亲自挽着费正清夫人的手臂进入宴会厅。索尔兹伯里在他后来出版的《北京及更远处》一书记录了当时的情景："在人民大会堂安徽厅门口，我们站成一排，鱼贯而入，费正清走在第一。周恩来身着灰色中山服，胸前戴着'为人民服务'的毛泽东像章，跟来宾一一握手。"宴会中，"在座的人在周的要求下，都脱掉了上衣，大家谈笑风生。席间共有中国人八个，美国人九个"。宴会持续了四个小时。费正清在会见中发现周恩来喜悦的面孔下"透出久经磨炼的刚毅与顽强"，他说周恩来是一位具有古典风格的总理大臣，尽管面临着复杂的局面，却一直在权衡时势，修补残局。

但费正清等人却不知道，周恩来当时已患膀胱癌，病魔正吞噬着他有限的生命，而1972年周恩来与费正清等美国朋友的见面，也正他是生前最后一段美好时光。

三

时间转瞬之间到了1979年。

1月29日早晨，已有179年历史的白宫显得分外整洁，南草坪进行了装饰。约一千名欢迎者挥舞着小小的中美两国国旗，向卡特总统和出访美国的时任中华人民共和国国务院副总理邓小平欢呼。

上午10时，卡特总统走出白宫，欢迎仪式开始。美国国务院礼宾司司长多贝尔夫人向卡特介绍主宾邓小平和其夫人。然后，由卡特向邓小平夫妇介绍美国副总统蒙代尔、国务卿万斯夫妇、总统安全事务助理布热津斯基夫妇、艾伦将军夫妇等。

此时，白宫南面的国会大草坪上，按照接待国宾规格，礼炮鸣放19响。待最后一声礼炮响起，卡特夫妇陪同邓小平夫妇登上南草坪正中的演讲台。乐队先后奏中华人民共和国国歌和美国国歌。

这天，是邓小平访美行程中极为繁忙的一天。上午与卡特会谈，中午与国务卿万斯一起在国务院共进工作午餐。邓小平爽朗地在席间简短致词，他说："中美关系正常化，有人说是美国的胜利，有人说是中国的胜利。我认为，应当说是中美两国人民的胜利。"

晚7时，卡特总统为邓小平举行的国宴开始，共140余人赴宴。宴会完全是美国式的，国务院的一位美籍华人书法家用两国文字书写了菜单和座位姓名卡。从卡特的老家——佐治亚州穆尔特里运来的1500株红色和粉红色的茶花使宴会厅充满温馨的气氛。

与卡特和邓小平夫妇同桌的有众议院议长托马斯·奥尼尔、参议院民主党领袖罗伯特·伯德、著名女影星雪莉·麦克莱恩。作为中国问题专家的费正清与夫人也应邀出席，主持人特别安排费正清在总统夫人和女影星之间就坐。

"这真是莫大的荣幸！我大概是被视为三十年来积极提倡中美关系正常化一派的代表，如今如愿以偿。然而我并没有为此制定计划，所做的贡献还不足。"费正清在回忆录中这样描述他当时的心情。

邓小平对费正清20世纪40年代在美国驻华大使馆工作，以及回到哈佛大学开始深入研究中国问题的细节都非常了解，这时他当面向费正清询问道："您贵庚？"

费正清回答："我已经72岁了。"

邓小平说："我今年74岁。"

费正清说："你还是满头黑发，而我早已谢顶了。"

邓小平幽默地说："这证明您脑筋用得太多了。"

费正清本想通过敬酒的方式一同追忆周恩来，随后再提议举行一场中国式的聚会。"然而我什么也没做，真的彻头彻尾的失败。"他后来回忆说。

1979年8月，费正清应邀陪同美国副总统蒙代尔又一次来到中国，在北京、西安和广州进行了为期10天的访问，并在北京大学进行了演讲，以庆祝中美两国正式建立外交关系。这一次，他获得了补偿的机会。"在人民大会堂的第二晚宴中，副总统陪同副总理突然出现在我的身后。邓小平对我促进恢复中美关系所做出的贡献给予了高度的评价，我对此并不十分惊讶，借此提议为纪念周恩来而干杯，我们碰了杯。"

中美两国的正式建交，让费正清发自内心地感叹："1979年，结束了中美两国之间三十年的疏远状况，也结束了我作为一个中国问题研究专家五十年的奔走呼号。"

（原文发表于《党史纵览》2014年第5期）

二战期间费正清夫妇推动中国学者访美始末

1943年6月,金岳霖、费孝通等六人收到了美国哈佛大学、芝加哥大学、哥伦比亚大学的邀请函,作为第一批入选美国国务院邀请的中国访问学者,他们即将奔赴美国访问、讲学。这件事曾引起了蒋介石的高度关注,钦点他的秘书陈布雷专门负责,郑重其事地搞了五天的培训。作为国民政府的最高领导人,蒋介石曾一对一会见并宴请了各位教授,并向教授们赠送了他自己的照片,这对于六位教授都是莫大的荣誉。那么,这一系列活动的背后,是由那些人来策划和推动的呢?

实质性策划作用的人物:费正清

提到二战时期美国的对华援助,被人们所熟知的往往是美国对华经济和军事援助。实际上,这一时期中美两国之间,还有一条鲜为人知的文化交流纽带。珍珠港事件后,美国对中国实施了文化援助项目,其中的子项目之一便是邀请中国学者赴美考察。中国曾先后派出四批访问学者赴美考察，皆取得显著的成就。这一项目的积极推动者则是费正清。

费正清是美国最负盛名的中国问题专家、美国中国近代史研究领域的学术泰斗、哈佛大学东亚研究中心的创始人。以往学界对于费正清的研究，大多侧重于对他的学术研究成就、中美关系，以及学者交往方面，而对于他在战时担任美国战时情报局官员、美国驻华新闻处处长期间的工作，以及他对于中国抗战期间，在文化领域的支持方面的研究涉及很少。

美国战时情报局是抗日战争史、中美关系史上一个重要而特殊的组织机构，对于该机构的基本情况及其与中国抗战的关系，长期以来海内外学界的关注也较为有限。值得注意的是，战时情报局驻华办事处在抗战期间曾以"美国新闻处"名义进行活动。

早在1937年，为了支援中国的抗日战争，费正清在哈佛大学就曾组织过"为中国捐书"的活动。后来，他把募集到的书籍和期刊运到南迁的中国大学。笔者外公邓嗣禹早年毕业于燕京大学历史系，后留校任教。1937年应邀赴美，曾经协助恒慕义编写过《清代名人传略》，并与费正清有过合作的经历。1938年进入哈佛大学，师从费正清攻读博士学位。在这期间，作为费正清的助手与长期的合作者，他见证了费正清支援中国抗战的许多重要活动。

1941年8月，珍珠港事件爆发前的四个月，已经在哈佛大学任教五年的费正清作为美国研究中国问题的专家，被征召到华盛顿情报协调处（美国战时情报局的前身，简称OWI）。1942年9月，他以华盛顿驻华代表的身份被该机构派往中国重庆，兼任美国驻华大使克勒伦斯·高斯的特别助理，直接介入了对华文化关系交流计划，并起到了实质性的推动作用。

在费正清之前，高斯大使就发现了当时生活在重庆的中国学者的悲惨状况，建议给予资助。尽管他提出过建议，但是未能得到美国国务院的积极配合，高斯也并未做进一步的争取。

费正清到任之后，在递交给国务院关于"文化关系策略"的报告中，重申中国是美国价值观与其他价值观冲突的战场，而扩大文化交流有利于维护美国的利益。他认为：为了我们在此的长期利益考虑，我们必须鼓励培养那些具有领导能力，且按照我们想要的方向发展的中国人。

为此，费正清曾提出许多中肯的建议：1、将文化关系项目提升到更高的层次，而不是仅局限于技术援助层次；2、直接从文化关系司派遣人员来执行文化关系项目规划；3、对中国的教育进行科学的研究（"文化"领域）。文化关系司派遣的官员走访大学并结识教员们。他在此还补充说明：英国大使馆文化参赞布菲尔德（J. Blofeld）曾于去年进行此项工作，因此美国人应该做得更好。4、将美国的交流学者派往昆明、重庆、成都和桂林的四到五所重点大学开展交流活动。他强调指出：如果这是一场全面战争，如果美国军队在此进行作战，那么为什么在文化前线不采取行动呢？（《费正清中国回忆录》，P238）

费正清提出的四点建议，实际上是层层渗透，抓住了美国国务院官员的心理。在此之后，他在出版的《费正清看中国》书中，进一步补充了他"学者好比是交往、竞争战略中的前线战士"，学者的文化交往可以使美国完成"对中国尚未完成的革命"的观点（《费正清看中国》，P259）。

当时英国也在和美国争夺对华文化交流的机会，费正清趁此机会，还曾写信给美国远东司司长霍恩贝克等人汇报情况，希望能够引起美国的重视，给予中国学者实质性的帮助。费正清在信中表示："这里的英国人比美国人活跃得多……西南联大的原清华教授们，都是美国留学生中的精英，在中国学术界处于顶尖，而现在却在精神、肉体两方面都处于饥馑状态。"然后他又对中国学者之于美国的利益进行了具体阐述。费正清表示中美之间"思想融通和技术交流同等重要"，"这些在美国受训练的中国知识分子，无论思考、言谈、教书都和我们一致，他们是美国在中国看得见、摸得着的一部分利益。"

为了能达到援助战时中国学者的目的，费正清可谓用心良苦。由于费正清的积极争取，美国国务院终于找到了对华"互惠性"文化交流的方式，决定邀请中国学者赴美考察。

美国的对华文化关系交流计划，全称为"国际教育和文化交流计划"的援助项目，它始于1940年，最初只是针对拉美国家实施。珍珠港事件爆发后，美国加强了对中国抗战的援助，首次在西半球之外增添了对华关系项目，由美国国务院对外文化关系司负责落实。1942年1月，对外文化关系司在中国专门设立了对华关系处，全面负责战时与中国的文化学术交流活动，中美学者的互换交流是其重点工作之一，包括邀请中国在教育、农业、工程、社会学等诸多领域的学术精英去美国进行学术交流。

从1943年到1947年，对华关系处与设在重庆的美国驻华大使馆开展了紧密的合作，在国内共选出了二十六位有名望的知识分子，分四批应邀访美。中共拟派出的四名学者，由于战后国际国内的复杂形势，最终没有成功出行。第一批的人员中，除了金岳霖、费孝通，还有蔡翘、刘乃诚、张其昀和萧作梁等六人。

1942年11月，美国驻华大使高思代表美国国务院，在通知中国教育部的同时，正式向中国六所大学校长发出邀请函，请求他们各推荐一名教授赴美讲学。1943年1月底，这六位人选最后确定：西南联合大学哲学教授金岳霖，中央大学生理学教授蔡翘，武汉大学政治学教授刘乃诚，浙江大学历史地理学教授张其昀，云南大学社会学教授费孝通，四川大学政治学教授萧作梁。这几位都是各自领域的佼佼者。

费正清作为高斯的特别助理，也曾为推进此项目的实施做了大量推进工作。他在《费正清中国回忆录》中记载道："到1943年底，美国国务院文化关系司邀请六位教授前往美国，在我的督促下，哈佛燕京学社为6位教授每人赞助1000美元，其他八位教授每人500美元，共计1万美元。美国学术团体委员会也按同一方针组织了类似的援助活动。"（《费正清中

国回忆录》，P231）

费正清1943年12月返美，调往陆军情报局远东部工作。1945年9月他又重返中国，担任美国驻华新闻处处长，历时八个月。他在回忆录中说："这是我公开宣布的职务，以这种体面的学者身份，掩护我的另一项任务。"他名义上是为美国新闻处服务，实际上他仍然在谋划国际教育和文化交流项目的实施。

费正清对第二批中国高校的遴选

鉴于第一批访美学者对于中美文化交流起到显著作用，美国国务院决定启动第二批访问学者计划，再度邀请六位中国学者访美。由于种种原因，第一批赴美中国学者在选拔、培训的过程中并不顺利，曾受到国民党政府，以及个别大学领导层的过多干涉。同时，美国国务院特地建议各地有关机关，选择精通英语口语的学者赴美，目的是使美国人民得以了解中国情形。

费正清在重庆一年多的时间内，为中美两国的文化交流做了大量的工作。作为情报官员，他的工作是收集战时中国和日本的情报，向美国国内汇报；此外，他还兼任美国国会图书馆的驻华代表，主要工作是将中国的重要出版物，特别是学术出版物，带回或拍成缩微胶片寄回国会图书馆。目前在美国哈佛燕京图书馆中，就收藏有大量抗战时期老舍、曹禺等知名作家的著作，许多是当时在重庆用土纸印刷的，如老舍的《骆驼祥子》《四世同堂》，曹禺的《北京人》剧本等。这些书的封面上，都印有费正清捐赠的标志，说明是他当年在重庆收集并带回美国的。后来《骆驼祥子》英译本在美国出版，和费正清前期的工作是分不开的。

费正清将他在重庆拍摄的缩微胶片寄回美国之后，费慰梅则组织人，在华盛顿进行后期制作。两人虽然天各一方，但却是文化战线上最亲密的战友。

其时对于费正清来说，更感兴趣是还是对华文化援助计划项目。作为其中的重要人物，

有了他的积极活动，才有美国邀请中国学者赴美计划的顺利实施。同时，他对第二批中国大学的遴选也提出了许多宝贵意见。费正清与许多中国学者，如金岳霖、费孝通、陶孟和等都是旧交，他对于中国高校科研与师资情况有充分的了解。在这个问题上，费正清甚至比专业外交人员更有发言权。

针对第一批中国高校遴选时的局限性，他指出"美国只顾在中国扩大利益，并未认真挑选有层次的科研院所，比如清华和北大。最优秀的学者应该第一个接受帮助，我们必须尽快寻找高质量的学者，他们可能蛰伏在西南联合大学。"

除了西南联合大学，费正清希望中央研究院也在邀请之列，并适当考虑教会大学。对此，费正清也提出了中肯的意见："希望考虑一下教会大学，燕京大学和南开大学都是合适的选择。教会大学中的学者需要支持和帮助。更重要的是，他们都是头等能干的人。"（费慰梅《美国对华文化项目：1942—1949》）

美国国务院充分尊重费正清提出的意见，在第二批人员中，邀请了南开大学社会学教授陈序经；金陵大学校长、化学教授陈裕光；厦门大学校长、物理学教授萨本栋；中央研究院心理学所主任、心理学家汪敬熙；北京大学中文系教授杨振声；岭南大学植物学教授容启东。其中，南开大学是私立大学，金陵大学、岭南大学都是教会大学。

该批学者赴美考察过程并未如第一批那般麻烦，主要原因是美国总结了第一批邀请学者出国时的经验教训，尽量避开国民党政府教育部的

纠缠与干涉。

抗战时期中国学者为中美文化交流做出了显著贡献，但这一切都是在美国控制主导下进行，中国被动响应。在半个多世纪里，费正清以自己独特的视角审视和考察了中国，他的研究、著作和主要观点代表了美国主流社会的看法，不仅影响了几代美国汉学家和西方的中国学界，而且直接或间接地影响了美国政界和公众对中国的态度、看法以及美国对华政策的制定。

具体操作的关键人物：费慰梅

费慰梅（Wilma Canon Fairbank, 1909—2004）是费正清的夫人，1942年1月，她是新成立的美国国务院对华关系处的首名职员与筹建者，后任美国驻华大使馆文化参赞，对华人员交流计划的主要负责人。1942年9月，费正清以国务院文化关系计划联络官的身份被派往中国，费慰梅则继续留在华盛顿工作。在中国许多学者都曾认识费慰梅，1943年到1947年期间，中国派到美国的四批访问学者中，许多人都与她建立了长期的交往关系。

1976年，费慰梅负责撰写的美国国务院文化司的官方历史项目《美国对华文化项目：1942—1949》，由美国国务院在华盛顿出版。该书全面、系统地记录了美国政府在1942到1949年期间所开展的对华文化外交的有关情况；对华文化项目的起源与各个阶段的发展历史，其中包括中美富布赖特项目的早期工作；以及美国政府与中国共产党解放区的文化接触等方面的资料，具有重要的史料价值，是研究中美政府间文化关系不可多得的珍贵文献资料。由于费慰梅处事及为低调，书中"几乎没有提及自己，更不用说她创建大使馆文化处取得的功绩。"费正清在回忆录中如是评介。

著名文物专家王世襄先生早在半个多世纪前就翻译过她的论文,她最后的著作《梁思成与林徽因:一对探索中国建筑史的伴侣》也已译成中文,1997年由中国文联公司出版。但是,如果查阅已经出版的书籍,或者在互联网上检索"费慰梅"三个字,就会发现前面总有"费正清的夫人"、"林徽因的朋友"这样的定语。可以说,我们今天所看到的,只是作为配角出现的费慰梅的一个侧影。

1909年,费慰梅出生在马萨诸塞州波士顿市剑桥。她小时候的家现在是哈佛燕京图书馆的所在地,她去世时的家环抱在哈佛小广场以南的学生公寓之间。在这两个地点之间步行只需十来分钟。费慰梅自小爱好绘画,1931年从哈佛大学拉德克利夫女子学院艺术系毕业后,她于1932年6月到达北京,和费正清租住在西总布胡同21号的房子。这栋房屋很快见证了费正清与费慰梅的婚礼。到北京后,她开始学习汉语并研究中国的美术与建筑,很快她结识了梁思成、林徽因夫妇,并得到他们的悉心指导。当时梁、林夫妇住离她家不远的总布胡同3号,梁家小院成了他们经常聚会的地方。1934年8月,费氏夫妇与梁氏夫妇曾一同去山西考察古代建筑,在这期间,费慰梅学会了测绘古代建筑的基本方法。

近一个世纪以来,费慰梅去过大大小小的中国城市和乡村,她的思想穿越了两三千年的时光,她的情感联系着她的中国朋友。自1979年起,费慰梅多次访问中国。2004年4月4日,费慰梅在马萨诸塞州剑桥的家中告别尘世,享年95岁。

1943年,作为美国文化专员的费慰梅,受美国国务院文化关系司指派来到中国昆明,追踪调查美国庚款留洋学生的学习、工作状况。当她在昆明的"魁阁"地区,看到聚居在这里的中国学者费孝通等人,目睹他们如何工作和生活的感人一幕,她特别赏识费孝通的努力,也因此与他成为相知的朋友。

费孝通当时任教的云南大学社会学系,是他在的燕大老师吴文藻的规划下，于1938年建立的。1939年，在吴的努力下云大和燕大合作成立了一个社会学研究站，费孝通以云大教授的名义，主持研究站的工作，开展社会学调查。1940年昆明遭到日军大轰炸，社会学研究站不得不疏散到昆明附近呈贡县的农村，租了当地人用来供奉神灵的古楼——魁星阁作为工作的基地，从此这个研究站就被简称为"魁阁"。

当时社会学研究站的工作条件异常艰苦，但在费孝通的引领下，聚集了一批有理想、有抱负的青年学人在抗战的烽火中坚持进行社会调查，写作和出版了一系列有价值有分量的作品，这些成果作为人文区位学（社区）研究的典范，很快得到国内外同行的广泛认可，三层小楼的"魁阁"也因此成为中国社会学发展史上的高大地标。后来，费孝通去美国访问期间，在芝加哥大学翻译出版的英文版《云南三村》，就是"魁阁"的代表性成果。

费慰梅积极向美国政府推荐："费孝通是一位可以读懂中国和美国的学者。"美国科学界向来有很大的倾向性，推荐人一致用大量热情的语言宣扬费孝通，于是美国政府很快就接纳了这位中国学者。费孝通到达美国之后，一直与费慰梅保持着通信往来，将学术交往的得失及时向费慰梅通报。在费孝通到达美国的初期，还曾在费正清、费慰梅的家中居住过。

1945年5月，费慰梅正式以美驻华大使馆文化参赞的身份到达重庆。当时，她与费正清在北京时期结识的朋友，康奈尔大学的汉学家毕乃德教授（Knight Biggerstaff）也在大使馆，负责中方的联络工作。1936年，他曾与笔者外公邓嗣禹合作编写了《中国参考著作叙录》，受到学术界的广泛好评，这也是毕乃德出版的第一本学术著作。

在大使馆工作期间，毕乃德为费慰梅提供了很多帮助，使她能迅速开展工作，建立起美国国务院文化关系司的中国分部。被任命为中国战地文物保护委员会副主席的梁思成迎接了她。她与梁思成带着日本投降的好消息，一起到营造学社的临时驻地李庄看望了林徽因。此后，两家频繁地聚会，为在贫困和疾病中挣扎的林徽因带来了许多欢乐。费慰梅在工作之余还与德国历史学家傅吾康(Wolfgang Franke)调查了岷江沿岸的十几座汉代崖墓。

1945年11月，费慰梅带着尚有墨香的《骆驼祥子》英译本，专程到重庆拜访了老舍，向他透露了美国国务院邀请他作为第四批访美人员的信息。第四批赴美学者并不限于科研机构，美国还邀请了若干文艺界人人士，文学家老舍、剧作家曹禺、漫画家叶浅予及夫人舞蹈家戴爱莲等九人均名列其中。

1946年，马歇尔赴华负责调停国共矛盾，负责大使馆文化关系处的费慰梅建议，趁此机会邀请解放区的学者赴美考察，马歇尔表示赞同。在征得了周恩来的同意后，6月4日，马歇尔与费正清、费慰梅等人亲赴张家口。中共对此计划态度较为积极，并选出四名学者：周扬、欧阳山尊、聂春荣和陈凌风。但由于国际国内的复杂形势，共产党学者申请的护照皆被国民党政府拒绝。但是，中共方面对于费正清、费慰梅在其中所做出的贡献，还是十分钦佩的。

(原文摘要发表于《中华读书报》2015年11月25日)

费正清与他的首位弟子白修德

　　白修德，本名西奥多·哈罗德·怀特（Theodore Harold White），白修德是他的中文名，他是二战时期美国《时代》周刊驻重庆的首席记者，是费正清在哈佛大学培养的第一位本科生弟子。俩人除了师生关系之外，还是毕生的挚友。白修德离开哈佛大学之后，一直与费正清保持着密切的关系，他甚至用费正清的姓Fairbank为儿子大卫·费尔班克·怀特命名。历史上的白修德，是较早一批来到重庆的美国记者，他从1939年开始就跟随国民党政府，深入观察了中国政治情况变化，亲历了这一时期影响中国的若干重大历史事件，如重庆的两次大轰炸、皖南事变、河南大饥荒报道、史迪威事件、美军延安观察团、重庆谈判等。白修德不仅是一名熟练的政治新闻报道记者，还是一位出色的美国小说家。

初到重庆亲历两次大轰炸

1915年5月6日，白修德出生在美国东北海岸波士顿的一个犹太社区，在家排行老二。他的父亲大卫·怀特（David White）是一位律师，是有着犹太血统的俄罗斯移民，为了摆脱沙皇俄国的严厉统治，于19世纪80年代后移民到美国。当时，父亲的收入微薄，几乎不能养活妻子和四个孩子，全家人与白修德的外祖父母家合住在一起。12岁那年，白修德在《文学文摘》上读到一篇名为《格列佛游记》的文章，他要父亲给他讲解这个故事。大卫说："这个故事是关于中国的，中国正在进行一场革命，当这个革命成功之后，我们一定要对中国另眼相看。"当时白修德见过的唯一的中国人是一名洗衣工，他和小伙伴们还曾羞辱过这个洗衣工，叫其"中国佬"。但是父亲告诉白修德不要这样做，要尊重中国人，中国正在进行一场推翻专制主义的运动。这便是童年白修德对于中国的最初印象。

尽管生活在贫寒的家庭，白修德本人却获得了良好的教育机遇。他先是进入多尔切斯特的威廉·恩迪克特学校和克里斯托弗·吉布森学校，接着又进入波士顿拉丁学校就读。在正统犹太教徒的外祖父母坚持下，他还先后参加波士顿的伯特利希伯来语学校和希伯来学院的夜校学习。1931年父亲大卫·怀特去世，全家不得不依赖救济度日。1932年，白修德以优异的学习成绩从波士顿拉丁学校毕业后，他去哈佛大学深造的申请就获得了批准，但是没有奖学金和津贴。

为了养活母亲和三个姐妹，白修德被迫推迟两年上大学，到一家报社当报童。在卖报纸的那段日子里，他发现关于重大历史事件的报道更能吸引公众的注意力，这是他日后记者生涯的最初启发。1934年，他重新申请入读哈佛大学，这次他成功获得哈佛大学220元生活补助金，以及伯勒斯报童基金的资助，白修德顺利进入哈佛大学历史系，成为走读生。

大学二年级时，白修德对中国历史产生了兴趣，遂转入哈佛燕京学院，成为该学院唯一一位选择汉语为专业的本科生。刚刚当上教授不到一年的费正清，被安排做他的指导老师，这一机缘使得费正清成为他的重要导师，尤其是对他早年职业生涯的选择产生了极大的影响。费正清根据白修德的特点，以及他家庭的生活现状，鼓励他选择做新闻记者，而不是去做一名历史学教授。1938年，白修德从哈佛大学获得了一笔弗雷德里克·谢尔登旅行奖学金。这笔奖学金，为这位才毕业的大学生出国旅行奠定了重要的经济来源，而白修德与中国西部城市重庆的渊源也自此展开。

1938年底，毕业后的白修德带着导师费正清赠给他的一台二手打字机来到中国上海，开始了他的记者生涯。1939年4月9日，年仅24岁的白修德被派往国民政府战时首都重庆，报道中国的抗战新闻。最初，他受雇于国民党政府的中央宣传部，谋得了一个"外国顾问"的职位。他回忆说："我所领导的那六位新闻专栏作家像我一样能讲一口流利的英语，年纪都在30至40岁之间，他们都有在沿海城市的英文报社里当记者的经历。"重庆，为这位刚刚跨出校门、年龄不足24岁的哈佛大学本科生，提供了一个前所未有的亲历观察战时中国的大舞台。在那里他采访过不少国民党政府高官，他们都曾有在美国著名大学留学的经历，白修德对"完全美国化"的重庆政府惊讶不已。

但是，在白修德来到重庆不到一个月的时间，重庆就遭遇了抗战以来空前残酷的两次大轰炸：1939年的"五三"和"五四"大轰炸。白修德亲眼目睹了这场"从空中对手无寸铁的人进行的最大规模屠杀"的悲惨景象，并写下大量书信和文字，记录了日军的暴行。他在美国《纽约时报》上发表的文章中写道："我曾亲眼看到日本人轰炸重庆，使这座城市成为一片火海，然后又让他们的飞机俯冲，用机枪扫射街上的老百姓。日本人向我开过枪，我也向他们开过枪。"当时的重庆，对于空袭完全没有防范措施。旧城区的市民过去从未遇到过这样的飞机，也从未想像过会从天空降下这样的恐怖。

然而，对于作为记者的白修德来说，"最糟糕的是宣传部的新闻封锁"。战争使最严厉的检查合法化，每篇报道都必须符合宣传部的口径。白修德在写给费正清的信中表述道："人越在这里呆下去，就变得越狼狈。第一，你所看到的到处都是肮脏和污秽；第二，你得接受这些肮脏和污秽。于是，人便不得不开始怀疑。怀疑之后便是挫折。"他对家人解释说，他在宣传部的工作是"一份奇特的差使"。他负责确保重庆的记者不向日本泄露任何有用的信息，并制造一些虚假报道，以引起各方对于国民政府的关注。

白修德在重庆经历的亮点，使他有机缘成为《时代》周刊驻华首席记者，随之产生一系列有关战时中国的报道文本。1939年6月9日，白修德开始作为"特约通讯员"为《时代》周刊撰写新闻稿，他从重庆发往纽约总部的新闻稿，每次都给编辑留下了深刻印象，因此很快被提升为《时代》驻重庆的首席记者。1939年9月，他曾穿过日军的封锁线，到山西敌后游击区采访。

白修德是一位勤奋的写作者，即使在日军实施狂轰滥炸时，他的写作也从未停止过。作为《时代》《生活》杂志在战时中国的明星记者，他在相当程度上拥有了从重庆发出权威信息的话语权。随着战争的进行，生活在陪都重庆的白修德，对蒋介石国民政府的认识发生了深刻的变化。

见证皖南事变与河南大饥荒报道

1941年1月4日，新四军军部及所属的支队9000多人由云岭出发向北移动；6日，行至皖南泾县茂林时，遭到国民党军8万多人的伏击；新四军奋战七昼夜，弹尽粮绝，除约2000人成功突围外，大部分被俘或牺牲；叶挺与国民党军队谈判时被扣押，项英、周子昆被杀害。皖南事变发生后，周恩来在《新华日报》上愤然写下了"千古奇冤，江南一叶；同室操戈，相煎何急？"的题词。与此同时，中共中央借助于同情中共的国外记者，发动国际舆论，对于国民党在皖南的暴行进行了强烈的谴责。

早在1940年11月6日，毛泽东就致电周恩来"加强国内外联络以制止投降分裂"。周恩来等人就展开了积极争取国际舆论，特别是加强与美英等国记者的联系。1940年12月初，美国著名记者斯特朗抵达重庆，周恩来随即捎信给她，表示愿意与她进行深谈。12月23日，周恩来同章伯钧、邹韬奋等人，在沈钧儒寓所会见斯特朗，几天之内长谈数次。周恩来揭露了国民党顽固派正在酝酿投降与内战的阴谋，预言即将发生更大的反共事件和战争，并将一份长达26页的文章和其他文件交给她，嘱咐她在必要的时候，在美国的报纸上发表。周恩来告诉斯特朗"我们不希望过早地暴露这些冲突而加剧摩擦，不过我们愿意把这种资料交到值得信任的国外人士手中，以便在蒋介石更加疯狂地进攻时及时揭露。"

1941年2月1日，周恩来又与白修德进行了几小时的深谈，向他详细介绍了抗日民族统一战线内部出现摩擦和裂痕的过程。周恩来从1937年全年开始，"一天天，一小时一小时地叙述事实真相"，使白修德了解到皖南事变的真相。八路军驻重庆办事处还多次招待以美国记者为主的国外记者，驳斥国民党关于中共军队消极抗战的说法，介绍中共的抗战活动，披露国民党军队围攻中共游击队的事实。

2月初，在皖南事变发生后，斯特朗抢先将这些材料全部在《纽约先驱论坛报》上刊登，成为轰动一时的新闻。同时她还撰写了《中国的国共危机》一文，在《美亚》杂志3月号上发表。斯特朗在文章中，全面分析了皖南事变发生的国际环境和国内背景，呼吁全世界反法西斯力量联合起来，制止中国的内战。

抗战时期，特别是"皖南事变"以后，国共关系始终是美国记者十分关注的问题之一。尽管国民党当局在事变发生后，严格封锁消息，对同情中共的记者采取迫害加限制的办法，检查、扣压一切有关事变真相的报道。但这些记者还是通过各种方式，将事实真相公布在美英的报刊上。1943年后，国际舆论对国民党的批评高潮迭起，很大程度上是由各国在华记者的批评电报以及发表的文章所触发的。这些批评对国民党当局产生了强大的舆论压力，迫使国民党的反共行为不得不有所收敛。

1943年，河南出现严重灾荒，白修德与任职《泰晤士报》的美国记者哈里森·福尔曼同时前往灾区采访。他在《时代》杂志上以全纪实的文字，揭露了河南灾区惨绝人寰的真相，最先让西方的读者了解到发生在河南的悲剧，使一贯支持蒋介石政府的美国新闻舆论界受到了严重冲击，同时也真正改变了对国民党政府的态度。

当时正在美国访问的宋美龄气急败坏，马上打电话给她的老朋友、《时代》周刊的老板亨利·卢斯，要求他立即召回"那个鲁莽的小记者"。当时白修德虽然未被立即解雇，但他同卢斯的关系越来越紧张。1944年冬至1945年，白修德与卢斯发生过多次激烈的争执，其核心分歧就在于对蒋介石及重庆政府的认识问题。与此同时，白修德的朋友们也劝他离开《时代》周刊。

费正清的作用与影响

1943年8月，作为美国情报协调局官员的费正清当时也在重庆。他根据观察到的情况告诉白修德："现存政权已无多大希望，它之所以能维持其摇摇欲坠的统治，只是因为还没有足够的民众拿起武器反抗它。"意识到这一点的费正清，开始主动与中共及其他左派人士接触。1943年下半年，费正清通过白修德，首先结识了《大公报》女记者杨刚，之后又结识了中共驻重庆办事处新闻发言人龚澎，又通过龚澎结识了中共驻重庆主要负责人周恩来、乔冠华等人，与中共人士来往密切。

1944年10月，为了真实了解"那些即将掌握中国命运的人"，在费正清的建议下，白修德作为第二批获准采访的记者来到延安，采访了毛泽东、朱德、刘少奇、彭真等中共领导人。他回忆说："延安首先是一个思想工厂，这在历史上也许是前所未有的。"他认为，延安人是一支正在壮大的力量，他们能够打败日本人，并治理好这个国家。1945年7月，蒋介石下令拒绝各国记者来华，从而中止了战时同美国记者的关系。

1946年初，费正清也建议白修德离开卢斯的《时代》周刊。他在给白修德的信中写道："我觉得你不该挣他的钱，……这些天来美国的局势日趋紧张，我们必须选择自己的立场。从卢斯编辑的杂志来看，他的感觉是错误的。出于政治目的，他践踏了事实真相，出卖了自己的下属。"

1946年中旬，白修德从《时代》周刊辞职，着手与《时代》周刊驻重庆的美国记者贾安娜（Annalee Jacoby, 1916—2001）合作，撰写一部名为《中国的惊雷》的书。这是一部完整地记录蒋介石国民政府走向衰败，以及延安中国共产党人崛起的著作，1947 年由威廉·施隆公司出版，后被"每月新书俱乐部"推荐给它的百万会员。斯诺称之为"一部精湛的报告文学，也可以说是一部东亚战争史略"。

白修德在该书的前言中写道："我做出了一项重大决定——是的，我准备写一本书，因为我感到这个政府（指国民党政府）不会有什么好的未来，必须有人充分明确地让美国民众看到真实的情况。"费正清在所发表的书评文章中写道："直至今天，这本书仍然是描写战时中国最为经典的著作。……我得出的结论是，如果《中国的惊雷》所描述的内容客观准确的话，那么掩盖真相的盖子已经打开，美国公众将会看到，在民主的旗号下，他们所支持的是一个怎样的独裁政权。"

在重庆期间，白修德以《时代》周刊记者的身份，曾与中共高层领导人周恩来，以及中共首位新闻发言人龚澎保持有密切的接触，让他深深介入与中共的民间外交事务,并在其中扮演了重要的角色。在哈佛大学档案馆中,保存有记录他与中共领导人接触的珍贵笔记与日记。档案中还有许多费正清与白修德的往来函电,则进一步验证了导师对于学生的影响力。

在与中共领导人的广泛接触中,白修德对周恩来尤为敬佩。他在之后出版的自传《历史的探索》一书中,曾以感情真挚的笔调,记述了周恩来留给他的深刻印象。他怀着崇敬的心情写道:"在周恩来面前,我几乎完全丧失判断问题的能力。……我不得不承认,他完全征服了我。"

作为中国人民的老朋友,白修德于1983年春天曾来到中国,参观了北京、西安、广州、重庆等地,在曾经长期居住过的重庆,旧地重游让他极为高兴。这年4月16日,时任全国人大常委会委员长的彭真,在北京亲切地会见了白修德和他的夫人。1985年2月10日,白修德在《纽约时报》上发表文章,详细报道了他那次重访重庆的许多见闻,盛赞重庆这座城市发生的巨大变化。

(原文发表于《党史纵览》2016年第3期)

尘封的历史
——邓嗣禹与费正清50年合作内幕

引言：《巨流河》揭开了一段尘封的历史

费正清是美国汉学研究领域的学术泰斗，素有研究中国历史的"美国教父"之称，当今美国诸多有影响的中国问题专家皆出自其门下。以往，由于种种历史原因，许多人只知道费正清是汉学泰斗，并不了解邓嗣禹作为他长期的助手与合作伙伴，对于费正清所产生的作用与影响。如果说在半个多世纪里，费正清以自己独特的视角审视和考察了中国，他的研究、著作和主要观点代表了美国主流社会的看法，不仅影响了几代美国汉学家和西方的中国学界，而且直接或间接地影响了美国政界和公众对中国的态度、看法以及美国对华政策的制定；那么，邓嗣禹作为他的助手与长期的合作者，无疑对费正清的研究作出了重要的帮助和贡献。可以说，他们共同对于世界格局，曾经产生过重要的影响作用。

2009年，台湾大学知名教授、翻译家和比较文学学者齐邦媛女士，以八十多岁高龄撰写的长篇自传体回忆录《巨流河》一书，在台湾一经问世，便洛阳纸贵，几个月后即荣获台湾第五届"总统文化奖"，2011年5月又再次荣获第九届华语传媒大奖，2013年大陆版在国内面世。齐邦媛是台湾文学走向世界的有力推手，在台湾素有"文学教母"和"永远的齐老师"之誉，她早年曾留学美国印第安纳大学，与邓嗣禹教授有过密切的交往。在《巨流河》一书的第七章"开花的城"一节中，描写她在印大的学习生活时，有这样真实的记载，也因此揭开了世人很少了解，尘封多年的一段历史：

"印大著名的图书馆和她的书店是我最常去的地方。在占地半层楼的远东书库，我遇见了邓嗣禹教授（Teng Ssu-yu, 1906—1988），是学术界很受尊敬的中国现代史专家。他的英文著作《太平军起义史史学》、《太平天国史新论》、《太平天国宰相洪仁玕及其现代化计划》皆为哈佛大学出版，是西方汉学研究必读之书。邓教授，湖南人，虽早年赴美，已安家立业，对中国的苦难关怀至深，我们有甚多可谈之事。他退休时印大校方设盛宴欢送，他竟邀我同桌。在会上，校方宣读哈佛大学费正清（John King Fairbank, 1907—1991）的信，信上说他刚到哈佛大学从事汉学研究时，邓教授给他的种种指引，永远感念这位典范的中国学者。"

齐邦媛在书中所提到的邓嗣禹教授，曾是费正清早年在哈佛大学培养的第一批博士生。但费正清在众多的学生中，为何要"永远感念"邓嗣禹呢？费正清与邓嗣禹从1935年结识、相交，到1988年邓嗣禹逝世，历时超过50年，两人一直保持着密切联系，邓嗣禹出版的大部分著作，都是由费正清作序或撰写导言。在费正清出版的《魂系中国五十年：费正清对华回忆录》一书中，有多处文字，大篇幅地介绍他与邓嗣禹共事及合作出版著作的过程。在1988年他为邓嗣禹逝世所发讣告中，重点介绍了他与其他美国著名汉学家毕乃德、顾立雅等合作出版汉学著作的业绩，高度评价了他对于美国汉学界所做出的杰出贡献，并称邓嗣禹"是一位对我有帮助的老师和有教养的绅士"。

邓嗣禹，是留美学者中的杰出代表，华人的骄傲。看过上述文字介绍，人们一定会对邓嗣禹充满好奇。

初识北平成知己

1925年费正清中学毕业后，考入威斯康辛大学，1929年转入哈佛大学。他在日记中写道："我对工作越来越有兴趣，求知欲日渐增强。我再也不满足于当一个半吊子，希望自己在某些方面有突出的建树。我仍然需要一桩事业，一桩我至今尚未发现的事业"。由于一个纯粹偶然的机会，费正清选择了中国历史。

费正清把毕生精力投入到近现代中国及中西方关系史的研究，始自1929年。这种研究在其最初阶段得到了韦伯斯特的启发与马士的指导。因此，他早期的学术思想与研究方法也深受马士"蓝皮史学"的影响。韦伯斯特（C. K. Webster）是英国威尔士大学国际政治学教授，1928年秋他来到哈佛大学讲学。当时正在哈佛大学学习的费正清，正是接受韦伯斯特的建议，才开始从事中西方关系史新领域的研究工作。

1929年秋，费正清在获得罗得斯奖学金之后，启程去了英国。为了熟悉中西方关系史研究的最新进展，他在穿越大西洋前往牛津大学学习的旅途中，通读了马士的三卷本经典著作《中华帝国对外关系史》。费正清抵达英国之后，即拜访了牛津大学历史学教授马士。当时马士已年逾70岁，在听说费正清设想用《筹办夷务始末》的新鲜材料，来研究中西方贸易体制的演变这一课题后，他感到非常兴奋，继而把费正清当做自己未来事业的继承者，对于这位热心中国研究事业的美国青年给予了最大的关爱。在费正清的晚年，为感谢这位恩师当年的指导，他曾为马士写作、出版了一本《马士传》的书籍。在他的办公室中长期悬挂有马士的遗像。

马士(H. B. Morse)1874年毕业于哈佛大学，之后考入中国海关，历任各埠海关帮办、副税务司、税务司、上海江海造册处税务司。1909年从中国海关退休后，蛰居英国剑桥大学附近，潜心著述，所撰写《中华帝国对外关系史》三卷本于1910—1918年陆续出版。在马士的指导下，费正清集中精力对早期条约口岸外交制度的核心——中国海关机构进行了深入研究。他首先利用伦敦公共档案馆各条约口岸英国总领事提供的材料，于1931年春天完成了他的学士论文——《1850—1854年英国对中华帝国海关起源的政策》。在这篇论文中，他利用的几乎全是一些英国官员和商人所陈述的西文资料。费正清十分清楚，该文由于严重缺少中国人的观点，存在各种局限性。费正清认识到，要利用中文资料就必须学习汉语。

1932年2月，一个高个子、沙色头发的美国年轻人走进了北京总布胡同，他就是费正清。在这里，费正清结识了中国著名改革者梁启超的儿子梁思成，和他的夫人林徽因。梁思成夫妇又向他们介绍了其他一些中国学者，其中有哲学家金岳霖(被亲切地称为老金)、政治学家钱端升，还有陶孟和、陈岱孙，以及物理学家周培源等人。费正清和费慰梅两人的中文名字，就是梁思成根据他们英文名字的译音为他们起的。

梁思成说，叫"费正清"这个名字好，意思是费氏正直清廉，而且"正"、"清"两字又跟英文原名 John King 谐音。"使用这样一个汉名，你真可算是一个中国人了，"梁思成幽默地告诉费正清。

这年7月，费正清在北京的教堂，迎娶了有着苗条身材、蓝灰色眼睛的新娘费慰梅（英文名，威尔玛）。她出身书香门第，是一位开朗、聪明，并且善于交际、富有艺术气质的姑娘，也是一位研究中国艺术和建筑的美国学者，她与梁思成夫妇学的是同一个建筑专业。婚后，俩人租住在北京总部胡同的一个四合院内。

在北京度过的蜜月生活令这对美国青年终生难忘。他们保留着自己的爱好、骑马、打网球，同时又尽情领略东方古国的浪漫与生活。他们共同在月光下沿着古老的城墙漫步，观看西山美丽的日落景象。费正清在写给远在美国父母的信中，是这样描述当时的情景："我带着威尔玛沿着帝国宫殿的路回家，我们乘车穿过宫殿的大门，黄昏时分抵达我们居住的胡同。在烛光下，我们甜美而亲密地就餐，屋外传来中国人举行婚礼的笛声和铜锣声。"

最初，他在清华大学进修时，把全部时间用在语言的学习上。为了更快地通过语言关，他利用业余时间，进入了由美国人创办的"华语学校"，这是一所专供外国人学习中文的学校。在这里，费正清不仅接受了语言方面的训练，而且直接或间接地了解到中国文化，为他深入调查中国社会做初步的准备。同时，他徜徉于北京的街道与市场中，广泛接触中国学生和各界人士，学会了基本的汉语会话。1933年，他用中英文档案完成了第一篇学术论文《1858年条约以前鸦片贸易的合法化》。1935年，他结识了时任燕京大学史学研究所讲师、《史学年报》主编邓嗣禹，并在日后成为师生与多年的合作伙伴。

邓嗣禹（1906—1988）字持宇，中学毕业后考入燕京大学历史学系，1932年任燕京大学历史学会主席。在硕士导师洪业的指导下，先后编纂、出版了《太平广记篇目引得》（1934年）、《燕京大学生图书目录初稿——类书之部》（1935年）。这些书目为费正清查找中文资料提供了大量的帮助。费正清在他的《费正清对华回忆录》中有这样的评价与记载：

> 哈佛燕京学社之所以成功，部分地在于洪煨莲（洪业）教授和其他人士的工作。譬如说，他们在燕京时编制了一套汉学引得（Index）丛刊，为大部分中国经典和人物传记提供了原文重要词语的检索。
>
> 1935年，我结识了燕京大学一位年轻而富有专业知识技能的文

献目录学家邓嗣禹，他刚好与我同年，手头有无数中文参考著作。比我早两年到达中国的毕乃德（Knight Biggesrtaff）与邓嗣禹合作编写了一部不朽的近代著作《中国参考著作叙录》（1936年）。

毕乃德（Knight Biggerstaff, 1906—2001）也是美国第一代汉学家，1934年获得哈佛大学博士学位后，来到燕京大学做为期两年的博士后研究，在中国与邓嗣禹相识，后来回到美国康奈尔大学任教，是该校从事汉学研究的领军学者，曾当选为1965—1966年度美国亚洲学会会长。两人在合作出版《中国参考著作叙录》一书时，正好都是30岁的年青学者。该书后来曾于1950年、1969年、1971年、2013年在哈佛大学出版社多次再版。1972年曾被翻译成韩文版，在韩国出版。

美国汉学家John K. Shryock在书评文章中，对于《中国参考著作叙录》一书评价道："在这本书之前，这个领域唯一的英文书是伟烈亚力（Wylie）编写的《中国文献提要》。这两本书内容不尽相似，难以详细比较。但我们完全可以说，最近出版的这本书更有价值。……这本书涵盖的范围很广，对于不知道如何着手寻找资料的学人来说，本书是最好的途径。"

1936年，费正清在《1858年条约以前鸦片贸易的合法化》一文基础上写成了博士论文，并于1936年5月份顺利通过论文答辩，获得了牛津大学的博士学位，同年来到哈佛大学执教。这篇博士论文后来在邓嗣禹的帮助下，经过多次修订，于1954年以《中国沿海的贸易与外交》为书名，在哈佛大学正式出版。对于这一段历史，哈佛大学留美博士后钱保金，在《中国史大师费正清》（《汉学研究》1998年第1期)一文中，也有这样的记载：

> 费正清阅读清代档案就是蒋廷黻指导入门的。后来他在研究中，对清代档案中的一些问题还是搞不懂，致使他的博士论文扩充

成书的计划迟迟难以实现。后来邓嗣禹来求学,成了费的学生。正是他根据那时关于清代档案中的一些中文论著,帮助费正清搞清楚了清代公文的处理过程,帮他扫除了在使用中文档案方面的障碍后,他的那本《中国沿海的贸易与外交》才最终得以成书。

可以毫不夸张地说,没有蒋廷黻和邓嗣禹等中国学者的帮助,恐怕未必就会有费正清的成名。充分利用与中国学者的广泛交流与合作是费正清能够成功的一大重要因素。

在这一年,邓嗣禹以在1934年在《史学年报》上所发表的《中国科举制度起源考》一文的基础上,完成了《中国考试制度史》一书,并由南京国民政府考试院出版发行,顾颉刚、邓之诚等著名史学家为其作序。该书后来从1956年到2011年,先后七次在台湾及国内再版发行,成为研究中国科举制度的奠基之作,而且仍是目前国内外科举学研究学者普遍要引用的重点书目,与之后发表的《中国考试制度对西方的影响》一书,构成了对于中国科举制度研究完整的"三部曲"。因此,邓嗣禹也被国内外学者公认为科举制度研究的奠基人与开拓者。近年,国内科举学研究领域的领军学者,厦门大学教育研究院院长刘海峰教授多次撰文,称赞邓嗣禹揭开了科举学领域的"哥德巴赫猜想"命题,是科举领域的陈景润。

科举制起源于中国,对东亚和西方国家产生过深远的影响。历史上日本曾一度仿行过科举,韩国、越南曾长期实行过科举制度;英、法、德、美等国曾借鉴科举建立了文官考试制度。东亚诸国仿行科举于史有征,不成问题。而科举制对西方考试制度的影响,却是一个相当复杂的问题。

20世纪初,清朝统治者在欧风美雨和坚船利炮的冲击下摇摇欲坠,实行1300年的科举制也走到了穷途末路。为了推广新学、兴办学堂,清政府不得不于1905年废止了科举制。随后，八股科举被看作和鸦片、缠足等同类落后丑恶的东西，为人们所唾弃。因此，一些谈及科举考试史的人往往避免使用"科举"这一名词，而代之以"中国历史上的考试"的说法。在中国人多对科举加以批判的1920年代，长期接受西方教育的孙中山说出的话石破天惊："现在欧美各国的考试制度，差不多都是学英国的。穷流溯源，英国的考试制度原来还是从中国学过去的。所以，中国的考试制度就是世界中最古最好的制度。"正是在孙中山这一说法的启导下，一些中国学者对科举西传问题进行了艰难的探索。

1943年9月，时任芝加哥大学东方研究院院长的邓嗣禹，在国际著名期刊《哈佛亚洲研究学报》上发表了"中国对西方考试制度的影响"一文，长达三万余字，搜集、引用了1870年以前西方人论述科举的文献七十多种，围绕"西方考试制度的发展、西方记述或涉及中国科举制的资料、英国对于中国文明的推崇、英国驻华使臣论中国科举制、确认中国影响的证据"等问题旁征博引，论述详赅。邓嗣禹称："根据上述所有同时代的证据，我们可以确凿无疑地证明：中国的科举是西方制定类似制度的蓝本"。文章发表后，在海内外引起广泛的反响，被先后两次翻译成中译文本，同时还被多种文集收录。目前该论文在西方汉学界几乎无人不知，无人不晓。

因为在此之前，科举考试与现代西方文官考试制度是否具有联系，西方文官考试是否曾借鉴或受到中国科举制度的影响，一直是一桩悬案。基于这一问题的复杂性和研究、考证的难度，学术界一直未能提供有力的证据。

邓嗣禹的研究是具有开拓性的，它不仅再一次印证了文化的交流与融合是促进人类文明的基本途径，科举制度作为中国的"第五大发明"，对西方近代文官制度曾发挥过积极的影响，同时它也开创了科举研究的一个新领域，因此揭开了科举学领域的"哥德巴赫猜想"命题。

为了让西方学者尽快了解此书的内容，并向西方介绍中国的科举制度，在1967年再版时，曾任美国亚洲研究会第一任会长的恒慕义（A. W. Hummel, 1884—1975）为其撰写了长篇英文导读。目前该书2011年中文版被哈佛大学图书馆收藏。

编写《清代名人传略》结良缘

1937年7月，邓嗣禹接受燕大同学房兆楹邀请，辞去燕大教职，前往美国华盛顿，参加由国会图书馆东方部主任恒慕义博士主编的《清代名人传略，1644—1912》的编纂工作。在这本书中，共收录了中国这一时期800个人物的传记，反映了美国早期汉学的特色，30年代开始分两卷出版。在撰写这部著作时，主编恒慕义博士共组织了50位东西方学者参加编写工作，其中包括费正清等众多知名学者。为编写好这部著作，工作人员查阅1100多卷正史，并做了数百卷"笔记"。该传略在行文方面也十分严谨，每位传主都有姓名、字号、出生年月、籍贯，主要经历和事迹，篇末有注释。早在恒慕义博士指导下编写《清代名人传略》时，曾邀请邓嗣禹负责编写33位太平天国时期正反两方面的人物传记，其中有3位做为反面人物的清朝官员（徐广缙、怡良、穆彰阿）的传记，就是他与费正清两人共同完成的。

恒慕义出生于美国密苏里州沃伦顿，是美国著名汉学家、传教士。1915年，恒慕义被公理会派到中国，在山西汾州（今汾阳）明义中学教英文，并任汾阳中学首任校长。1928年，恒慕义回到华盛顿，任美国国会图书馆东方部主任，1931年获得莱登大学博士学位，1957年与郭秉文创办中美文化协会，并任首任主席。其子恒安石，后来成为美国第二任驻华大使。

美国国会图书馆是美国最早收集中国图书的图书馆，也是中国之外最大中文书籍收藏馆之一。该馆最初是在同治八年（1869年）收到清朝政府赠送书籍10种，共计933册，这是应美国政府要求回赠的图书。该馆于1928年正式成立东方部，恒慕义为第一任主任。在他任职27年期间，中文藏书由10万册增至29万多册，使之成为在海外从事中国历史研究的重要基地。

1945年，两卷本的《清代名人传略》巨著，由美国官方机构政府印刷局出版，并首先在华盛顿发行，由此填补了美国汉学研究的空白。2002年此书在台湾再版。胡适曾为这本著作撰写序言，称该书为一部具有开拓意义的著作，"至少在目前来说，没有任何语言包括中文在内的著作可与之相匹，无论在对概念的理解方面，还是在陈述的客观性和其应用上"，是"研究现代中国早期的一个重要里程碑"。费正清在他1982年出版的《费正清对华回忆录》中，也称这本著作是"按照恒慕义博士的编辑宗旨，编纂出版了独一无二的最重要的外国论述近代中国的著作"。"这既是中外合作的产物，又是美国汉学研究的胜利"。

五十年后的1986年，邓嗣禹发表《太平天国研究之过去、现在与前瞻》一文中，回忆道：他在参与编写《清代名人传略》时，"负责撰写太平天国时两方面的人物，在十个月内，共草成三十三篇传记，包括洪秀全、洪仁玕、李秀成、杨秀清、石达开、林凤祥。虽然冯云山、韦昌辉、洪大全、李开芳传已草就，因可据的材料少，太单薄，将前三者并入洪秀全传，李开芳与林凤祥合传。官方的材料多，写了曾国藩、曾国荃、胡林翼等篇。……为看远景，要写冲破网罗的谭嗣同传，其中附点孙中山事迹。"

长期以来，西方学者对我国许多历史事件和历史人物的叙述和评价，与我国大陆学术界的观点存在着较大分歧。我国历史学者大多是从无产阶级立场的角度出发，对清代人物进行评价与定性。《清代名人传略》一书的著者在论述鸦片战争有关的主要历史人物时，引用了大量十九世纪中叶西方出版的历史著作，诸如：阿瑟·坎宁安的《鸦片战争》

（1845年）、郭士立的《道光皇帝传》（1852年）和德庇时的《交战时期及媾和以来的中国》（1853年），著者们依据这些史料对清代历史人物做出客观、公正的评价，这些史料都是我国学者不易见到的珍贵资料。

1850年爆发于广西的太平天国起义，是中国近代史上一场重要的革命运动。《清代名人传略》下卷中有较多的篇幅论述这场历时十五年之久，波及十七省的农民起义战争。由邓嗣禹撰写的《洪秀全》一篇中，作者概述了太平天国运动的全部过程，并论及太平天国革命失败的教训，对其定都南京后所做出的若干改革也有详细的叙述，诸如改历法，制定土地制度等。除洪秀全之外，太平天国时期正反两方面的主要人物均分别为之立传。

《李鸿章》一篇是本书中最长的一篇，约有一万余字。从这篇《传略》中，读者可以较为全面地了解到晚清时期的政治脉络。李氏发迹于镇压太平天国起义军，1870年之后任直隶总督兼北洋大臣，操持清朝内外重权达二十五年之久，清代后期对外签订的三个重要条约（1885年的《中法条约》、1895年的《中日条约》、以及1901年的《辛丑条约》）均经其手。《传略》称赞李鸿章一贯倡导改革，倡议修建铁路，架设电报线路，在1870—1894年间引进西方科学技术。同时对他的亲俄政策，他接受俄国人的贿赂，在招商局等大企业中拥有大量个人股份等问题都作出了客观、公正的评判。

1990年，中国人民大学清史研究所将《清代名人传略》翻译成中文版，并由青海人民出版社出版，1995年再版。全书分上、中、下三册，约130万字。出版者在前言中写到："本书以丰富的史料为基础，通过对清代八百余名人物活动情况的详尽具体介绍，把上起明末下至清亡300年间历史的各个方面——政治、经济、军事、外交、社会、民族、宗教、文化思想、文学艺术、科学技术等领域的历史概貌展现出来，勾画出了整个清代历史的基本轮廓，构成了一部完美的中国清史专著。本书具有较高的学术和史料价值，对研究我国清代的历史具有重要的参考价值"。

在恒慕义博士的领导下，参与编写《清代中国名人传略》的工作，让费正清与邓嗣禹有了第一次合作的机会，进一步加深了两人的友谊，同时也让邓嗣禹开始涉足太平天国的研究领域，这为他日后从事太平天国历史的系列研究工作打下了良好的开端。本文开头台湾著名学者齐邦媛提到，邓嗣禹后来在哈佛大学出版的多部涉及太平天国研究的著作，即是在此基础上完成的。1961~1962年期间，他先后参加了世界三大百科全书之一的《不列颠百科全书》与《科利尔百科全书》关于太平天国部分内容的编写工作。2005年，《新不列颠百科全书》与《科利尔百科全书》中，记载太平天国部分的内容中，引用的文字仍是邓嗣禹的著作《太平天国史新论》（1950年哈佛大学出版社出版，1966年再版）中的内容。

师生合作出精品

在美国，盛传有"先有哈佛，后有美利坚"的说法，说明这所学校的古老与重要性。哈佛大学始建于1636年，比美国成为独立国家几乎要早一个半世纪。当年移居美洲的英国清教徒，为了其子孙后代的幸福，仿效当时英国剑桥大学的模式，在马萨诸赛州的查尔斯河畔，建立了美国历史上第一所高等学校，始称剑桥学院。1639年，学校更名为哈佛学院，目的是为了纪念学校的创办人，经费的主要捐献人约翰·哈佛。

1780年，哈佛学院被马萨诸赛州议会破格升为哈佛大学，此名一直沿用至今。历经370多年的发展，哈佛大学目前已经资产庞大、规模超群，常被人们戏称为"哈佛帝国"。哈佛大学之所以能从"一叶小舟"发展成为世界高校中的"航空母舰"，原因之一在于她开创和形成了一整套颇为独立的办学理念和创新思维，以及拥有超一流的研究学者。

目前哈佛大学不仅有一流的研究机构，还有许多世界著名的中国问题研究专家，最著名、最具代表性的人物当属费正清教授。1997年江泽民主席、2003年温家宝总理在哈佛大学演讲中,对于他的学术成就和致力于中美友好的贡献,都给予了很高的评价。

1937年春天,费正清在哈佛大学首次开设"1793年以来的远东史"的历史课程。在这以后的四年里,选学这一课程的学生注册人数均在25—53人之间,从而扩大了他在哈佛大学的影响。该课程与赖肖尔(E. O. Reischauer)的汉语课程相结合,成为当时哈佛大学远东史课程的基础。

1938年,邓嗣禹获得了哈佛燕京学社奖学金,前往哈佛大学师从费正清攻读博士学位。由于学业优秀,1939年再次获得哈佛燕京学社奖学金,并利用课余时间与费正清合作撰写了《清朝公文的传递方式》的论文,并于当年发表在《哈佛亚洲研究学报》第4卷第1期上。1940年和1941年期间,两人又合作撰写了《清朝文件的种类及其使用》及《论清代的朝贡制度》,先后发表在《哈佛亚洲研究学报》第5卷第1期和第6卷第2期上。后来,这三篇论文于1960年由哈佛大学出版社结集出版,书名为《清代行政管理:三种研究》。

人们通过《清代行政管理》一书所提供的资料,就能够看到清王朝统治机构的运转情况,如分布广泛的邮政、盐税、经由大运河供应北京的漕粮运输、防止黄河泛滥的治理部门与关税系统。其中关于清朝公文的两篇文章,通过对《筹办夷务始末》等各类文件进行分类,集中研究了连结北京和各省市的邮政体系,并以注明准确时间的公文为实例,绘制出了一张表明种类公文由地方送至北京所需时间图表,由此推断出其它公文的具体时间,从而对清政府制度结构之间的关系做出了详细的研究。

陈君静在《美国中国史研究历史考察》一书中写道:"费正清与邓嗣禹合作出版的《清代行政管理》一书,不仅证实了《筹办夷务始末》的档案材料的价值,而且还扫除了美国学者考察中外关系问题的一些障碍,使他们懂得如何通过中文材料来窥探清朝各种社会制度的动作模式。"

朝贡制度(the tributary system),曾是古代中国与周边国家传统关系的主要形态，进而成为近代以前，以中国为中心的整个东亚地区的一种基本国际关系形态。关于此主题的研究历来受到国内外学界的重视。《论清代的朝贡制度》全文共八个部分，计112页，是费正清一直以来所关注的朝贡制度这一主题的初步成果。国内外许多学者认为"虽然此文的完成距今已有半个世纪之多，但今天研读起来，其中关于朝贡制度的理论阐释及新的研究方法的采用，仍然可有力推动当今朝贡制度研究领域向深度发展，对目前的研究有重要的参考价值和借鉴意义"（王志强：《西方朝贡制度研究的开拓与奠基之作》，载《海南师范大学学报》2012年第5期）。朝贡制度的研究，不仅具有开拓性，而且影响深远，至今余音未消。著名学者山东师范大学李云泉教授，长期从事有关朝贡体系的研究，在2011年发表了《再论清代朝贡体制》一文（载《山东师范大学学报》2011年第56卷第5期）。他在开篇就指出："自1941年美国中国学家费正清与美籍华裔学者邓嗣禹合作发表《论清代的朝贡制度》一文以来，其学术观点长期左右欧美、日、韩学界的相关研究，并对中国学界产生过重大影响。"

1938年，费正清在哈佛大学首次开设了使用清朝文献资料的研究生讨论班，他还与邓嗣禹共同编写了教材，并亲自向学生讲解清朝文献的意义及使用方法。"由于讨论会缺乏合适的教科书，编写教材就再一次成为必需做的事了。费正清与邓嗣禹在博伊尔顿宿舍辛勤工作，并以一起撰写的三篇文章作为编写教材的起点，于1940年写成了《清朝文献介绍提要》一书，先是油印供学生使用，1952年由哈佛大学正式出版。"加拿大约克大学东亚研究中心主任　保罗·埃文斯在《费正清看中国》一书中有这样的记载。

保罗·埃文斯是一位加拿大学者，1970年代曾师从费正清攻读博士学位，与费正清私交不浅。费正清破例向他提供了全部个人学术档案，埃文斯在此基础上撰写出了以研究费正清为主题的博士论文，1988年在美国整理成书出版，2005年被翻译成中文在国内发行。

诲人不倦的导师

费正清是美国汉学界的"太上皇",此乃举世公认。哈佛的学生们也因此私下常用他的英文名字中间的字——King(国王)作为他的绰号。他在哈佛大学为研究生们开设的两门课最为叫座:一门课为"近代东亚文化";另一门课为"中国近代史"。第一门课程被学生俗称为"稻田课",据说他第一次开"近代东亚文化"大班课的时候,为了能吸引学生的注意力,时常辅以幻灯片,而第一张幻灯片就是一张中国稻田的图片,然后他不动声色地说:"女士们、先生们,这是一块稻田,这是一头水牛……"学生们因此把此课叫做"稻田课",但这门课却是有史以来在哈佛大学持续最久的课程之一。

哈佛大学"费正清东亚研究中心"之所以能吸引大批优秀学生,除了费正清本人筹款有方,他作为导师的个人魅力,也是一个十分重要的因素。作为他曾经的学生,如今美国各大学东亚研究中心的带头人,仍然满怀深情地回忆起他们导师的关心与教诲,许多学生亲切地称他为"父亲"或是"教父"。

当时哈佛大学的教授大多难以接近,令学生们敬而远之。而费正清却十分平易近人,学生们要找他求教或商讨问题,他从不拒绝。他甚至慷慨地让他的研究生们使用他的书房,只要求用过的书必须放回原处。许多人就是在他的书房中开阔了眼界,了解到中国研究的楼外青山。同时,他对于学生也十分负责,学生们交给他的学术论文,他常常是在48小时之内,批改好之后返回,并附上整整一页或两页批语。这些批语中有的很具体,比如:"不要什么事情都说两遍";有的则相当严厉,比如"这不是写给家庭妇女看的"。

1941年,邓嗣禹开始撰写有关"鸦片战争与南京条约"研究方面的博士论文,他每写完一章节,费正清就拿走审阅,但必定在第二天早上送回。费正清对于整个论文的结构、研究内容的深度都曾提出过具体意见。1942年初论文完成之后,费正清又让他再做修改,并鼓励他说:"你能使这篇论文成为一本很好的书。只要再做修改,你就能使一本'好书',成为一本'很好'的书。"费正清读过邓嗣禹的修改稿后,在封面上写道:"你的书给我留下极其深的印象……这是一项真正的成就,我祝贺你。"一本高质量的学术专著就这样诞生了。

1944年,《张喜与南京条约》一书经博士论文扩充之后,由芝加哥大学出版社出版,费正清为书撰写了前言,高度评价了邓嗣禹的学术成就。书中所述张喜为中英南京条约谈判时的一个重要人物。

1946年,费正清回到哈佛大学设立中国问题研讨班——国际著名的"费正清东亚研究中心"的前身,曾邀请邓嗣禹、杨联陞、房兆楹等几位学者帮助他整理清代史料,并合作出版了多篇论文。同时,他还着手对哈佛—燕京学社的近代中国史藏书进行了一次系统性调查,在留美学者刘广京的大力协助下,用了整整三年时间,整理出了含有1067部著作的详细目录文献:《近代中国:中文著作书目指南,1898—1937》。

杨联陞是费正清1946年指导的博士生,并长期在哈佛大学任教,曾为邓嗣禹的《高级社交汉语》一书撰写过前言,他与邓嗣禹在此后的几十年中一直保持着密切的交往。房兆楹后来也与邓嗣禹在七〇年代合作编写过《明代名人传记词典》。

1949年秋,当费正清在哈佛大学最早开设"现代中国问题研究"课程时,曾邀请邓嗣禹回母校哈佛大学讲授该课程。在任教期间,邓嗣禹与费正清再次合作,共同编写了著名的《中国对西方的反应》一书,以及《中国对西方的反应:文献通考,1839—1923》,书中汇编了65篇有关清代的重要历史文献。该书1954年由哈佛大学出版社出版,1963年、1965年曾两次再版,在美国流行了近三十年,是美国许多大学汉学研究生的必读参考书目,1971年又在加拿大出版,到1980年已第5次再版。2013年10

月，哈佛大学东亚研究中心将此书又一次再版。

在《中国对西方的反应》一书中，费正清与邓嗣禹首次提出"冲击—反应"理论，他们认为：19世纪中叶以前中国的历史是皇朝的循环，中国社会是一个自我平衡的社会。西方国家来到中国，对"停滞不前"的中国产生了冲击，面对冲击，中国做出了反应，中国的社会—经济基础、传统习惯到政治制度出现了改变，开始"走向近代"。"传统—近代"模式大体可以概括为：欧美近代工业社会是世界各国发展的楷模或必然趋势，在西方入侵前，中国是一个凝滞的传统社会，只有在西方影响下，中国才能沿着西方走过的路发展。近代中国是一个由"传统"走向"近代"的进程。虽然在此书出版后，一些学者曾提出过不同的观点，但费正清与邓嗣禹在之后的再版过程中，对其中内容曾进行过多次修改与补充工作，但"冲击—反应"理论的观点依然保留在书中。

对于这段经历，费正清在他的回忆录中这样写道："由于我在1938—1941年间的合作者邓嗣禹再次来到哈佛作为期一年的战后进修，我们便决定利用这一机会通力合作，于1950年拿出了一部厚厚的《1839—1923年中国对西方的反应》的油印稿，全书共有65篇重要的文献。邓先生起草了其中的大部分译稿，并汇编了我编写的有关作者的大部分资料。接着我又写了书的最后文本，以把这些文献材料连成一体。这个文本经过我的同事们的逐一修订，又使我得到了一次宝贵的学习机会。"（费正清对华回忆录》，P398—399）。在之后的若干年，《中国对西方的反应》一直作为哈佛、剑桥等国际知名大学的博士生教科书，为西方培养出了大批研究中国汉学的优秀专家。

1953年，"美国亚洲研究会"换届，费正清出任第二任会长，又聘任邓嗣禹为董事，任期为三年。1955年哈佛大学设立东亚研究中心时，邓嗣禹任执行委员会委员。费正清东亚研究中心设立的执行委员会，是费正清中心重要的权力机构。执行委员会成员由哈佛大学和波士顿地区最具权威的中国学家和东亚地区研究专家组成，他们是费正清中心的学术骨干和核心成员，主要成员还有孔飞力、柯文、杜维明等十余人。哈佛有这样的传统，他们的学者，除本校的教授外，还建立有研究合伙人（Research associate）制度，这些人可能不属于本校教授，但可以是中心的核心成员。

费正清中心的架构大体为三层。第一层是核心学者层，这主要由费正清中心的执行委员会的学者和有关权威学者组成，他们决定着中心的地位和研究水准；第二层为交流层，使中心的学者和世界学术界有个互动，彼此有联系；第三层为基础层，既是中心的常设机构，也是费正清中心生根落地的基础。

1961年夏季，邓嗣禹再次作为访问学者回到母校哈佛大学，将他于1949年秋在哈佛大学讲授"现代中国问题研究"课程的讲稿内容，补充、整理为《捻军及其游击战，1851—1868》一书，并由法国Mouton出版社出版，1984年再版。

费正清深知出版研究成果对于培养人才和发展中国学研究的重要性，为此他筹集款项，从1956年起出版哈佛东亚研究丛书。在第一个10年共出版了37种，第二个10年出版了103种，创造了每月出版两本书的记录。1962年，邓嗣禹在哈佛大学任教时出版的《太平天国历史学》一书，即是列入了第一个10年出版的37种丛书之一（列为第14本）。费正清为他撰写了热情洋溢的前言，并提到了在25年前，两人在共同编写《清代名人传略》时，初次合作的愉快经历。

1964年，邓嗣禹与费正清又再次合作，发表了《中国的外交传统》论文，刊载于美国汉学家Joel Larus所著《世界比较政治》一书中。邓嗣禹因此成为在美国留学的中国学者中，与费正清合作时间最长，发表论文最多的留美学者。据不完全统计，从1938—1964年期间，两人先后合作发表的著作、论文就有六部（篇）之多。

王伊同教授，早年毕业于燕大历史系，1949年在哈佛大学获得博士学位,先后在美国芝加哥大学、匹兹堡大学任教。他在介绍学长邓嗣禹的纪念文章《邓嗣禹教授学术》一文中,告诉我们:"邓嗣禹原在燕大研究制度史,留美后则转治清史,犹致意于中外关系及太平天国之兴亡","好些美国汉学家,如费正清、顾立雅等咸乐与之游,切磋道义"。"费正清以近代史权威,操持清议,每有撰述,则邀君襄赞","选题取材,唯君言是听"。其内容真实反映出邓嗣禹在帮助外国汉学家,研究、交流中西方文化方面所起到的重要作用。

华东师范大学海外中国学研究中心主任朱政惠教授,近年曾多次撰文指出:"正是上述几位学者对中国文献学、史料学乃至史学史研究的扎实工作,才奠定了费正清现代汉学泰斗的基础,也促进了美国对中国文献学、中国史料学和中国史学史的研究"。

作为"哈佛学派"的开拓者,费正清在几十年间培养了一千多名年轻的中国学研究学者,其中由他负责指导的博士生就有一百多人,这些学生目前分散在美国及世界一百多所大学和研究机构,其中不少已成为著名的中国问题研究专家。而他本人在中国近代史的研究方面,受拉铁摩尔、蒋廷黻、邓嗣禹的影响最大。在半个多世纪里,费正清以自己独特的视角审视和考察了中国,他的研究、著作和主要观点代表了美国主流社会的看法,不仅影响了几代美国汉学家和西方的中国学界,而且直接或间接地影响了美国政界和公众对中国的态度、看法以及美国对华政策的制定。这其中与蒋廷黻、邓嗣禹在不同时代,所起到的影响与作用是分不开的。

汉学研究结硕果

20世纪初期的美国汉学研究,还处于刚刚起步阶段,虽然四十年代以前美国在中国学方面做了一些工作,但总的说来,直到太平洋战争之前,美国不仅没有东亚研究的传统,也没有支持这一研究的基础设施。从事东亚研究的专业学者不过50人,中国研究更是不成气候,来华传教士的一些著作成为当时最主要的中国研究成果,如恒慕义的《清代名人传略》。俄籍汉学家叶理绥(Serge Elisseeff)在赴美前曾对美国汉学有一个形象比喻:欧洲尤其法国是汉学的"罗马",而美国则是汉学的"荒村"。

然而,到20世纪五六十年代,美国汉学却成为世界汉学研究重镇,发展到今天更是成为世界汉学的引领者,这些成果的取得,都是与美国后来大量引进各国研究汉学的知识移民相关联的,他们为美国汉学研究注入新的活力。尤为值得一提的是,自1879年浙江宁波人戈鲲化受聘到美国哈佛大学教授中国文化以来,不断有从事中国文史研究的华人学者留居美国从事汉学研究。他们谙熟中文资料,又掌握当代的研究方法,到美后协力培育美国汉学的基础,矫正美国汉学发展中的流弊,将中国的历史、文学名著翻译引进西方,并开拓汉学研究的新领域,对美国汉学发展发挥了关键性的扶持之功。

50年代初,邓嗣禹在印第安纳大学执教中国近代史期间,由于缺乏英文教学资料,他将中国著名历史学家李剑农的《中国近百年政治史》一书翻译成英文,用作本科生和研究生的教学参考教材,1956年在首先在Nostrand出版社出版。因为这本书在他看来"既不太详细也不太简短,它没有包含太多的人名。作者的观点中肯,是一本理想的教材"。该书在美国1950—1970年代期间,是一本对研究生教学非常流行的参考书,1964年出版印度新德里版,1967年由美国斯坦福大学再版。萧致治在中文版《中国近百年政治史》再版前言中介绍:"该书前后共计发行了5200册,其数量之多,在美国同类著作中实属少见"。由此可见,这本书对于美国学者及研究生们的受欢迎程度。直到现在,这本书仍为国内外学者经常参阅和广泛引用,受到同行学者的普遍好评。2013年11月,武汉大学出版社将此书作为"百年名典"丛书之一,首次在国内出版英文版。

初稿完成之后,邓嗣禹又请来美国学生英格尔斯(Jeremy Ingalls)

参与润色，使书中内容的叙述更加本土化，同时让西方广大读者充分理解和接受。邓嗣禹在英文版《中国近百年政治史》出版之前，首先将书稿交给恩师费正清审阅，并在此书第一页的显著位置，注明献给费正清（To John King Fairbank）。费正清回信时，对该书作了较高的评价，他认为李剑农所著《中国近百年政治史》是"中国近代政治史的最清晰的唯一全面的评述，……对于西方的研究学者来说，作为一种可靠的纪实史和重要资料的简编具有重要价值"。

李剑农（1880—1963年），曾任武汉大学史学系主任、教授，出生于湖南邵阳，与邓嗣禹是同乡，是我国具有国际影响力的著名史学家，对中国近代史和中国古代经济史研究都做出了一些开创性的贡献。1984年，美国纽约格林·伍德公司出版的《近代国际大史学家辞典》中，收录1800年以后全世界史学家664人（限已故史学家），其中中国部分有十四人，我国著名史学家李剑农、陈寅恪、陈垣、顾颉刚、郭沫若等名列其中。

《中国近百年政治史》一书，是李剑农在1930年出版的成名作《最近三十中国政治史》基础上，将鸦片战争到中日甲午战争期间的政治斗争历史补写而成，1947年由上海商务印书馆出版。这部著作不仅取材精准、叙事准确，对历史事件注意追根求源，并联系当时社会形势全面分析，还历史的原貌，而且评论时局无所忌讳，秉公伸张正义。被翻译成英文在美国出版之后，受到国际史学界的广泛赞誉。这其中邓嗣禹、费正清所产生的不同推动作用也功不可没。

为了能让美国读者全面地了解中国的历史，并能深入理解书中许多人物细节，邓嗣禹曾专门写信给远在长沙读大学的女儿邓同兰，让她帮助在国内查找民国时期著名将领蔡锷的遗著。

蔡锷（1882—1916），字松坡，湖南邵阳人，12岁考中秀才，16岁考入长沙时务学堂，受到该学堂中文总教习梁启超的赏识，并建立起深厚的师生友谊。1902年2月开始，他在梁启超创办的《新民丛报》上，发表

《军国民篇》等一系列文章，阐述了他的救国救民主张。

蔡锷曾经发动反对袁世凯洪宪帝制的护国战争，是中华民国初年的杰出军事领袖，护国运动的领导人之一，彪炳史册。1916年11月，蔡锷因病不治，在日本福冈长逝，年仅34岁。1917年4月，蔡锷魂归故里，北洋政府在长沙岳麓山为他举行国葬，蔡锷也成为民国历史上的"国葬"第一人。后人曾收集、出版由抗日名将张灵甫题赠的《蔡松坡先生遗集》一书。这本书由邓同兰购买寄到美国之后，为《中国近百年政治史》的翻译与再创作提供了鲜活的人物素材。

1956年邓嗣禹（左）与女儿（中）在香港合影

除此而外，邓嗣禹还在1966年，最早将南北朝时期官员颜之推所著《颜氏家训》翻译成英文，在几易其稿之后，于1968年在英国出版。《颜氏家训》是中国最著名、最有影响的一部"家训"，其内容涉及许多领域，强调教育体系应以儒学为核心，尤其注重对孩子的早期教育，并对儒学、文学、佛学等方面提出了自己独到的见解。作者颜之推自19岁步入仕途，为官四朝，凭借自己的学问在仕途上曲折前进。他根据自己的经历与体验，写出了我国封建社会第一部完整的家庭教科书，用以训诫子孙。所以王戊在《读书残丛》中称此书"篇篇药石，言言龟鉴，凡为子弟者，可家置一册，奉为明训，不独颜氏"。这在一定程度上概括了古代士大夫阶层对《颜氏家训》的基本评价。唐代之后的许多英雄人物，如宋代的岳飞、文天祥等都曾受到《颜氏家训》和颜氏"双忠"精神的影响。

从唐朝开始，《颜氏家训》就有其它版本在颜氏家族之外流传。近年来，国内出版品读、介绍《颜氏家训》的书有十个以上的版本之多。但该书从1968年开始就已经在英美国家流传，这是鲜为人知的事。哈佛大学学友王伊同在《邓嗣禹教授学术》一文中，称邓嗣禹翻译的《颜氏家训》"开南北朝经典英译之先河"。

这些书籍在西方国家的翻译与出版，大大减少了美国学者的语言障碍，着力培育了美国的汉学基础，也开拓了汉学研究新领域，同时在向美国公众推荐、介绍了中国优秀的文学著作和传统文化方面做出了巨大贡献。

1955年，为了对日本汉学家研究中国近代史提供更多的参考资料，费正清与日本东京大学教授坂野正高合作，编写、出版了一本《日本对近代中国的研究：有关19和20世纪历史与社会科学研究书目指南》，但该书仅是关于日本学者对中国近代史研究的著作进行概略性的介绍。

1956—1957年期间，在费正清的要求与指导下，邓嗣禹利用休年假的机会，广泛走访了日本的各类大学。在日本几位学者的帮助下，他进一步收集了日本学者对于近代中国、日本、韩国和印度研究方面所发表的论著资料，详细编写了一本《日本学者对于日本与远东问题的研究：传略及其著作述略》，并于1961年分别在香港大学和牛津大学出版社出版。"只有专业人士才能了解他在这个项目上所付出的辛勤劳动"。麦瑞斯·琼森于1962年8月在《亚洲研究期刊》（21卷第4期）上发表书评指出："为了更好地完成这本书的创作，邓嗣禹几乎对所有亚洲问题专家，发出了近千封问卷调查函，咨询了在各个专业领域的日本著作者的意见。然后再将这些反馈意见，结合他本人对这一领域的研究成果，将两者的观点进行比较,最后充实在这本书中。邓嗣禹对创作工作的敬业精神,赢得了同行的广泛敬重!"1960年,邓嗣禹与费正清一起前往前苏联,共同参加了在莫斯科召开的"国际东方学家代表大会"。这是两人第一次共同离开美国,参加国际性的会议。会后,全体与会代表还参观了斯大林格勒。费正清在他的回忆录详细记述了此次会议的细节:

> 1960年,我和维尔玛(费夫人)首次去莫斯科参加东方学家国际代表大会。……东方学家国际代表大会在莫斯科大学的大礼堂开幕,有2000名专家学者参加。大礼堂里悬挂着8架大型六层枝形吊灯,周围还挂着21架略小的三层枝形吊灯。我们每个人都携带了一个带耳机的小型收话机,以便听清报告的同声翻译。我觉得把政治注入每一学科,在本质上是反对理智在学术研究上的作用和自拆台角的。然而,在书店里有关中国的俄文书,价格便宜数量多,我们采购了好几百本运回本国。

1960年邓嗣禹在斯大林格勒留影

费正清不仅关注美国的中国学研究，他的目光关注着世界各地。他认为中国研究是一项世界性的事业，美国要了解中国，别的国家也应该了解中国；另一方面，可以把别国中国学家的看法与美国学者的观点进行比较，看看美国人是否缺乏远见。而费正清对各国中国学的影响也是举世公认的。

推动中美建交与文化交流

20世纪60年代中期，中美关系出现了缓和的趋势。在这种大的背景下，费正清将研究工作转向中美双边关系。他撰写了一系列的论文，如《美国的无知与亚洲政策》、《作为中国问题的台湾》等，阐述了他对中美关系正常化，以及台湾在中美关系中的地位这两大关系的立场。

1964年，邓嗣禹协助并配合费正清的研究工作，两人再一次合作发表了《中国的外交传统》一文。在这篇文章中，他们在总体上研究中美关系发展的历史轨迹的同时，对一些具体问题，如传教士与中美关系、台湾与中美关系等问题进入了更加深入的考察，试图从中美关系史中寻找解决现实问题的方法。为了使美国政府能够制定出切实可行的对华政策，他们力图从学术研究的角度，提供历史和理论的依据。

在70年代中美建交的历史进程中，费正清还曾向美国政府提供了外交上的策略。在同基辛格探讨如何恢复中美关系的问题时，他曾委婉地建议尼克松去中国"朝拜毛泽东"。基辛格认为他们那次谈话改变了历史。当中美两国正式建交之后，费正清发自内心地感叹："1979年结束了中美两国之间三十年的疏远状况，也结束了我作为一个中国问题专家五十年的奔走呼号"。

1972年2月，随着美国总统尼克松访问中国，中美联合公报的发表，中美之间结束了半个世纪的对立格局。5月份，应周恩来总理的邀请，邓嗣禹随同费正清一行六人，作为中美国建交后第一批美国历史学家代表团成员，到中国进行访问和演讲，受到了时任国务院总理周恩来和外交部副部长乔冠华的热情接待。据费正清在《费正清对华回忆录》一书中介绍：

> 1972年2月的上海公报结束了尼克松的北京之行，此后，我们开始收到周恩来发出的访问中国的邀请，一切都是间接的。------5月30日，我们乘坐吉姆轿车驶向北京的城郊。汽车行驶在先前光秃秃的寒风凛冽的平原上，周围群山环绕，往北就是长城。两旁栽着新树的公路把我们引向一个灌溉地区和居民点。一队学员高举着旗帜，上面写着："欢迎美国朋友"。------我们一行6人从北京到华北农村的旅行是乘火车或汽车进行的。
>
> 在北京饭店的一间大客厅里，我给外交部的50—90名男女官员作了三次讲演。第一次讲演是论述美国的中国问题，以我预先油印好的图表为讲授提纲。——我的第二次讲演，即是论述中美两国外交政策，所提出的问题是事先安排好的。第三次讲演也是如此。然而，在讲演的过程中能够跨越我们之间的术语和经验的鸿沟，那还是令人兴奋的。（摘自《费正清对华回忆录》P509—514）。

1978年10月，邓嗣禹又再次回国进行学术考察，他到了北京大学、上海图书馆、复旦大学，拜访了顾颉刚、顾廷龙、谭其骧等师友。回到美国以后，他把在国内参观、考察的日记翻译成英语，将收集到的一些文化大革命之后，中国教育的经验和知识分子生活现状，以及文化大革命之后中国的外交关系方面的资料进行整理。

对这一段历史的回忆，他1979年出版的《重访中国：一位海外历史学家对中国的评论》一书中也有详细记载。书中着重介绍了他在于1972年陪同费正清在中国的十三个城市，如北京、广州、西安、武汉等地参观、考察时的所见所闻。其中还包括读者非常感兴趣的对于毛泽东的早年生活，毛泽东思想和中国共产党历史的论述。

在这本书的前言中，他写道："尽管我在日本、苏联、香港、台湾、伦敦和其它研究中心都开展过研究工作，但我总是抱着去北京图书馆开展我的工作的愿望，这个愿望终于在1972年夏季得以实现。我参观了中国的13个城市，乘飞机和火车的行程超过8000公里。在我旅行过程中，我和各界人士交谈，像平时一样做好笔记，留好照片，争取至少两次参观一些重要城市的历史博物馆。"在美国任教的这些年，他总是有一种"奶妈抱孩子，是人家的"感觉，能为养育自己的祖国效力与服务，才是他最大的心愿与追求。

邓嗣禹自从1937年到达美国，1942年获得哈佛大学博士学位后，长期在美国大学任教，除了1947—1948年应胡适邀请，回到北京大学教授一年的"现代中国历史"课程之外，他已有二十多年没有回到祖国的土地。作为一名海外历史学家，为了表达他对于祖国的深切眷念之情，在此书封面的显著位置，他用中文题字："故乡明月"。费正清在百忙之中，再次为这本书撰写了英文前言。

桑榆之光与晚年的回忆

1976年4月，按校方规定，年满70周岁的邓嗣禹在印第安纳大学退休了。校方特为他举办了盛大的荣休庆宴，费正清为此特地发来了热情洋溢的贺信，并由校长芮安（John Ryan）在会上宣读。

退休后的十多年，他仍然每天早晨九点准时到办公室，从事秘密社会史和中国近代史方面的学术研究。1981年他出版了《对于中国秘密社会的介绍性研究》一书，并相继发表了《蔡元培的革命活动》、《中国法制体系下家庭的角色》、《太平天国史研究之过去、现在与前瞻》等多篇学术论文。

1977年，印第安纳大学校史第三集出版。书中全面记载第二次世界大战后，该校各学科所取得的学术成就与发展的经历。其中有一章是论述印大区域研究的现状，作者重点强调了邓嗣禹加盟印大的重要性。

1985年，作为早年研究鸦片战争与南京条约方面的专家，受全国政协的邀请，邓嗣禹又一次回到中国福州，参加由中国史学会和福建省社联联合举办的"纪念林则徐诞辰200周年学术讨论会"。

1987年，为庆祝燕大邓之诚师诞辰100周年，北京大学举办了隆重的纪念活动。应燕大同学周一良提议，他与周一良、王锺翰等三人合写了《邓之诚先生评传》的长篇文章。

对于费正清而言，退休的最大好处是他可以更集中精力从事研究和写作。整个1980年代，他的工作节奏似乎毫无减慢。只要他与夫人威尔玛住在剑桥，他就总是一早去他在哈佛大学校园里的办公室，工作到下午5点左右，长年不改。即使在新英格兰朔风凛冽、大雪纷飞的日子，他也总是头戴一顶红色的猎人帽，准时到达办公室。若无特殊情况，他和夫人在暑假期间总是到位于新罕布什州富兰克林镇的山间别墅去消夏，这里的农场别墅是威尔玛继承的一份遗产。

费正清每次上山，都会随身携带研究所需的书籍资料，偶尔资料不够，他也会让剑桥的助手给他送去。除了他们女儿、外孙以及朋友来访，两位老人过着简单的生活。有好些年，这里形成了一条不成文的规矩：凡是来到别墅作客的年轻人必须帮助主人劈柴。费正清自己也常常把它当做"必要的夏日消遣"。在这段时间，他继续指导《剑桥中国史》现代部分，尤其是中华人民共和国历史的编撰工作。

1982年，费正清出版了题为《魂系中国》的自传，书中记述了从1932年到1982年之间，他的全部社会经历与学术交流活动。全书内容丰富、思想深邃，文笔传神，堪称传记文学作品中的上乘之作。书籍出版之后，他的学生们都以书中能有提到自己的内容为自豪。

在集中精力从事研究的同时，费正清并没有停止他对整个美国的中国研究工作的关心。他一旦发现有重大意义的课题，就会对相关研究者表示支持，必要的时候，他会利用自己在学术界和出版界的声望，给年青学者实际的帮助。这些年，他与邓嗣禹始终保持着书信或电话联系，交流学术动态。

邓嗣禹不仅是一位知名学者，而且传播了中美友谊。他1976年退休之前，还在印第安纳大学历史系担任"大学讲座教授"。邓嗣禹以研究中国考试制度史、中国近代史、朝贡制度、秘密集社等著称于世。然而不幸的是，1988年4月他因车祸去世，时年八十三周岁。在车祸发生前，他始终精神矍铄，腰杆笔直。

因为印大东亚图书馆是邓嗣禹一手创办的，在辞世之后，印地安纳大学特地在东亚图书馆墙面立了一座永久性的纪念牌匾，上书"纪念邓嗣禹教授（1906—1988），勤奋而又多产的学者，本校东亚图书馆的奠基者和不倦的支援者。"这在留美学者中是不多见的。

永久悬挂在印第安纳大学纪念邓嗣禹的牌匾

1988年4月，在邓嗣禹去逝后的第三天，费正清为他特地撰写了一篇讣告，后来发表在《美国亚洲研究期刊》（1988年第8期）上。在此文的开头，费正清评价邓嗣禹作为美国亚洲历史学会创始人，和他所做的突出贡献；文中记叙了邓嗣禹与其他汉学研究先驱者如费正清、毕乃德、顾立雅合作编写、发表著作的过程，以及对美国汉学界所做出的杰出贡献，并指出邓嗣禹的专著、论文、和编纂的中文目录索引对他们的研究工作提供了更多的参考资料。费正清在讣告的结尾部分，还着重称赞："邓嗣禹是一位乐观、谦虚、勤勉不懈的'儒家'，同时也是一位对我有帮助的老师和有教养的绅士"。

古人云：桃李不言，下自成蹊。费正清这个名字，对于当今大多数的中国人来说，应该是不陌生了。作为学者，他文思敏捷，终生笔耕不辍，他的著述之丰富，为美国汉学界所罕见。他一生编撰的著作有65部，发表的学术论文、书评有450篇之多。他对于中国近代史的研究，功夫不浅，且常有石破天惊的见解。1948年出版的《美国与中国》和五年后出版的《中国口岸的贸易与外交》，牢牢地树立了他在美国中国学领域的领军地位。他的学术成就，使他在1958年被选为美国亚洲学会主席，1968年荣升美国历史学会主席。

1991年9月12日上午，他将定稿的最后一部著作《中国新史》交给哈佛大学出版社，数小时之后即突发心脏病。两天之后，这位84岁的老人就永远地告别了西方中国史学界，留下了一部西方中国史研究集大成的著作。

费正清的学术成果已经成为世界的中国研究宝库中的财富。如今，西方的中国学研究已发展到利用多国档案、多国语言、多国合作的阶段。我们今天回顾费正清一生，如果把他放在特定的时代环境中，注意他的师承关系和与中国学者合作的史实，是否能对我们从事美国学研究的学者，给予更多的启迪呢？

费正清首部中文著作出版始末

费正清是美国哈佛大学教授,著名的中国问题专家,国际汉学泰斗,也是影响美国对华政策的重要智囊成员之一。他的学术主张对于中美关系曾产生过重要影响,并推动过世界格局的变化。以往,国内外费正清研究者们认为,他对于中美关系有重要影响的第一部著作是1948年哈佛大学出版的《美国与中国》(2008年,张理京翻译成中文版在大陆出版)。但是,笔者近年从事费正清研究并写作《家国万里:邓嗣禹的学术与人生》(2014年3月,上海人民出版社出版)一书时发现,早在前两年就有一部署名费正清的书籍在国内出版。

1946年10月,现实出版社曾经出版过一本《美人所见:中国时局真相》,著作者:美·费正清,翻译者:李嘉。这本书在当时的中国曾经对于中美关系产生过巨大的影响。值得一提的是,在编者按中,有这样一段文字说明:

本文曾于9月21日刊上海新民晚报，发表时略有删除，文萃及香港各报转载，均以新民晚报为根据。本单行本则将删除部分补入，根据译者原稿编排，保持费氏该文之完整面目。

上海的《新民晚报》、《文萃》均为当时国内有很大影响的报纸。从这段文字说明中，我们能清晰地了解到这本书中内容的影响力之一斑。抗战胜利后，国共内战全面爆发，毛泽东、周恩来等中共领导人非常希望能通过大量的外事宣传活动使国际社会尽快了解和认识中国共产党的作用与延安的存在，并取得国际上舆论的支持。时任美国驻华大使馆新闻处处长费正清署名出版的著作，无疑具有重大的影响作用。

写作背景与出版内幕

1941年8月，珍珠港事件爆发前的4个月，已经在哈佛大学任教五年的费正清作为美国研究中国问题的专家被征召到华盛顿情报协调处（美国中央情报局的前身，简称COI）。1942年9月，他以华盛顿驻华代表的身份被该机构派往中国重庆，1943年12月返美。1944年9月，他又重返中国担任美国驻华新闻处处长，兼任美国驻华大使克勒伦斯·高斯的特别顾问，历时八个月。在这段时间中，他看到了中国抗战的艰辛、国民党政府对知识分子的打压以及对整个局势的逐渐失控。他曾以不同方式提醒美国政府，不能简单地将国民政府视为盟友。他还预测毛泽东及共产党会获胜，主张美国要与中共尽快建立关系。

在费正清的积极推动以及周恩来和中共南方局的配合下，通过大量外事宣传活动，国际社会逐渐了解和认识了中国共产党的作用与延安的存在。1946年6月4日，作为美国驻华大使馆新闻处处长的费正清和妻子，时为美国大使馆文化专员的费慰梅等一行，于当日下午四时由北平

（费慰梅的英文名）一同在挤满热情洋溢年轻人的剧院作了演讲。"这是费正清在中共地区仅有一次露面。他虽然当时也很想去延安看一看，"但一直没有凭空编造出合适的理由去延安"（《费正清中国回忆录》，第307页，2013年）。

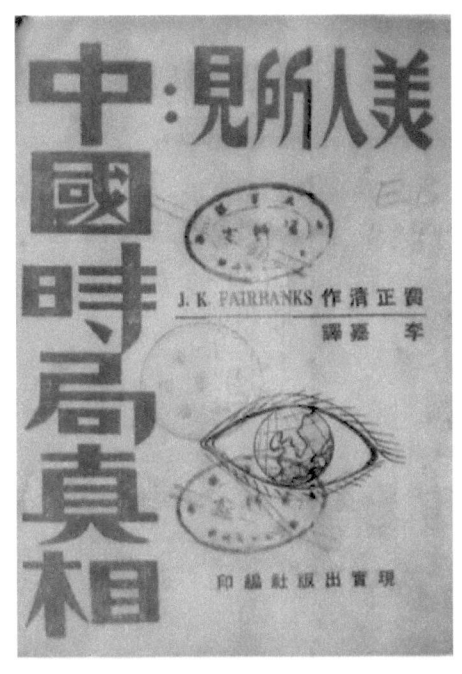

《美人所见：中国时局真相》，[美]费正清著 李嘉译 现实出版社1946年版

1946年9月，从张家口访问回来之后，费正清在美国刊物《大西洋月刊》上发表了一篇反思美国政府对华政策的文章"我们在中国的机遇"，力图纠正美国原有对华政策的错误。他在文章中指出："一个旁观者感觉到最触目的一件事，是他们以中国农民最迫切的需要——经济改善，作为他们立党的基础，而不是以政治言论自由作为党的前提的。要知道经济改善的迫切，我们可以从千万中国人民所受的苦难中明白地看到。……当一个党员加入以后，党的训练，改变了他的生活。为大众而工作，为

的目的。这种大公无私的精神，使共产党的领导居于有利的地位，而获得广大的民心。"他在文章的最后断言，"如果我们盲目地反对中国革命，最终将会发现自己被一个强大的群众运动赶出亚洲。"

促使费正清写这篇文章的"导火索"，是1946年7月15日时任昆明西南联大中国文学系主任，学者闻一多教授在光天化日之下被国民党军统人员暗杀。他在书中第一页就指出"闻一多教授是受过美国教育的，他毕业于芝加哥大学，并且是美国在华文化势力的象征。他的暗杀是目前在中国国民党政府中掌握着实权的人物所指使的，这个政府就是我们美国所承认而予以支持的政府，而这个政府中的这批顽固的人物，也就利用我们所提供的飞机、汽油、给养、军火与船舶来扩大内战，对付中国的共产党"。值得注意的是，这一大段文字，在国民党控制的《新民晚报》上刊载时曾被全部删除。

这篇文章发表后，不仅是在美国，在中国国内也引起了极大的反响。很快，翻译家李嘉将此文翻译成中文发表于1946年9月29日上海《新民晚报》上，并将文章的标题更改为"费正清论中国时局真相"。后来，上海的《文萃》杂志和香港的各报，均按照《新民晚报》上的内容进行过转载。

受国民党政府控制的《新民晚报》，在发表这篇文章时也曾有一篇更长的编者按：

> 前美大使馆新闻处长J.K.范朋克（华名费正清）最近在大西洋杂志上发表一篇检讨美国对华政策的文章，原题为 Our Chances in China。这篇文章，辛辣地批评中美政府，同时对共产党也有若干的不满。发表后轰动全美。就我们中国人看来，他对于现政府所抨击的固多是"事出有因，查无实据"，有些地方还不免过度夸张了国民党的保守性。但是它既然代表了美国人的一种时髦看法，便不能说不值得我们注意。因此在获得作者剪寄之原文后，即为译载本

报，作为关心时局者的参考资料。而作为作者的观点和见解是否正确，他对于我们政府的批评是否公道，则希望读者用中国人自己的头脑来判断。我们虽然译载这篇文章，却并不表示我们对这篇文章的内容有何种同感，这是应当郑重声明的。

从这篇"编者按"中，我们可以清楚看出国民党政府的立场，他们把众所周知的"暗杀闻一多"事件说成是"事出有因，查无实据"；把费正清在文章中对于国民党政府的抨击，说成是"美国人的一种时髦看法"；发表译文时，则大篇幅地删除对于他们不利的文字，并篡改了文章中的小标题，将"错误的美国对华政策支持了反动的中国政权"，改为"中国政治的逆流"。

内容提要与社会反响

《美人所见：中国时局真相》一书则保存了费正清文章的"完整面目"。该书共分为五章：一、错误的美国对华政策支持了反动的中国政权；二、封建的遗毒；三、共产党的政治资本；四、国民党变成了保守党了；五、美国可否与中国共产党握手。从本书各章节的题目中，我们就不难看出费正清明显反对国民党，支持中国共产党的鲜明观点与立场。可以想像得出，当时现实出版社完整地出版费正清的原著，是冒着极大风险的。

费正清在他的回忆录中记载："我曾发表于《大西洋月刊》的文章，带着谨慎的自豪重新于1974年出版成书《认识中国：中美关系中的形象与政策》"（《费正清中国回忆录》，第313页）。从目前所能见到的相关文献来考察，费正清本人未必知道，早在1946年10月，中国的现实出版社就将李嘉翻译的全文，以《美人所见：中国时局真相》为书名出版，成为费正清出版的第一本中文著作，比后来他出版的英文版《美国与中国》还要早两年。费正清在日记、书信,以及晚年的回忆录中,始终没有提及过这本书。

费正清的文章在《新民晚报》发表后,曾引起国内各界人士的强烈反应。后来的新中国第一任教育部长马叙伦、中国农工民主党主席,第一任交通部长章伯钧等人,都分别在1946年出版的《民主周刊》、《中华论坛》上发表文章,高度赞扬费正清在文章中所表现出的预见与胆识。

马叙伦在文章开篇时写道:"近来美国人有两篇大文章,一篇是国务副卿,方才被杜鲁门总统命令辞职的商务部长华莱士对纽约一万八千人的演说;一篇是前美国驻华大使馆新闻处长范朋明(华名费正清)在大西洋杂志发表的检讨美国对华政策的,原题为 On Ch s in Ch a 。前一篇间接关系到中国时局,后一篇是直接的。两篇文章发表以后,都轰动了全美。"

在马叙伦看来,"范朋明的批评中国的时局,不能不说是把真相披露了:第一,他把中国时局的责任,肯定的加在国民党方面。他是国共以外的第三者,他又是帮助国民党打内战的美国政府方才卸任的官员,决不会歪曲事实而作判断的。他所说的话,完全是合乎客观事实的。我们平常也这样说,但是国民党的右派以为我们做共产党的尾巴,替他们说话。范朋明想来不是共产党的尾巴。那么,他这个论断,至少给中国最近九个月的时局,说明了是非所在。"

马叙伦在接下来的评论中,一针见血地指出:"范朋明这样公道地承认,他们政府对华政策中支持国民党打内战的事实,但也证明了他们政府派马歇尔来做一套一套的翻戏。范朋明说的马歇尔初来时候那种做法,是中国旧戏里开场的跳加官,以后就开始唱正戏了。"

"我们已经明白美国现政府的两面政策,范朋明又赤裸裸地向我们说明了。照他这么说,他们的初意是好的。不过据我看,他们的动机是怕国民党政权崩溃,将使苏联在中国的势力增长,而代替了他们的地位。

我们很容易明白美国现政府想拿政治和经济两种力量占据中国，做他们的殖民地，又做他们与苏联战争的基地。他们为了这样，晓得共产党不是服帖而听他们的命令的，只有趋向崩溃的国民党，才可能绝对的利用，所以马歇尔跳加官才完，急忙就接上正戏。至于范朋明说'我们现觉得我们好像一群人，目睹我们集体所支持的政权走向为腐败与流氓手段的道路，而呆然不知如何做'，这怕是范朋明遮面子吧。假使是真的，仍就有王牌在他们手里，有什么不知道如何做？"

关于美国支持腐败的国民党打内战的真正原因，近年许多学者一直认为，这是美国杜鲁门政府的"赌徒"心理，不能自拔。笔者认为，马叙伦在文中所提出的观点，才是美国政府的真正用意。

对于费正清在第二部分"封建的遗毒"中的观点，马叙伦则持有不同看法，"他（费正清）以为中国专制的遗毒太深了，而这种遗毒是受孔教的影响。我以为中国专制的遗毒的确太深了，这种遗毒和科举制度自有关系，和所谓孔教也有部分关系。但是，绝对不能因为这样，就说民主政治不适合于中国的实际。我们应该晓得中国民主政治受到障害，原因不是简单的。最大的原因，还是为着几千年的农业关系。但是，从辛亥革命以来，有机会可能走上民主政治的道路，例如国民党的三民主义和平均地权政策就是一条引线。但是为了鸦片战争以后，帝国主义给中国束缚住了。虽然辛亥革命也得他的赞助而成功，但是，他依旧为保护他自己的利益，总和反动政权结缘。反动政权也卖身投靠于他，这才把中国民主政治的前途定了一块绊脚石。但是，中国人民从鸦片战争以后，已开始觉悟到政治需要改革，清末以来更觉悟到必须走上民主政治的路。五四以来，知识分子十人而九人都领导着一般人民，始终不懈地前进。"

重温眼前这一本近七十年前费正清著作，让人深切感受到，他早年在推动中美关系方面的良苦用心。

（原文发表于《中华读书报》2014年7月12日）

促进中美交往的美国学者费正清

1979年1月，邓小平访美，费正清应邀出席美国政府举行的国宴，并与卡特总统和邓小平同桌而坐。中美两国正式建交后，费正清发自内心地感叹："1979年结束了中美两国之间三十年的疏远状况，也结束了我作为一个中国问题研究专家五十年的奔走呼号。"

作为美国哈佛大学教授、著名的中国问题专家、国际汉学泰斗，费正清是影响美国对华政策的重要智囊成员之一，对中国有着深厚的感情，一生中曾有五次以不同身份来到中国。

20世纪40年代他曾受聘于美国政府，两次被派往中国，与周恩来、乔冠华等人有过多次接触。他的学术主张对中美关系曾产生重要影响；1972年中美《联合公报》发表后，他曾率领美国第一批历史学家代表团访问中国，受到周恩来总理的热忱接待。他的学术观点曾经影响过世界格局的变化，而他与中国领导人周恩来、邓小平的交往也成为后人津津乐道的一段佳话。

初次拜访"周公馆"

1941年8月,"珍珠港事件"爆发前四个月,已经在哈佛大学任教五年的费正清,作为美国研究中国问题的专家,被征召到华盛顿情报协调处(美国中央情报局的前身,简称COI)。1942年9月,他以华盛顿驻华代表的身份,被该机构派往中国重庆,历时一年零三个月,1943年12月返回美国,在这期间,他第一次接触了周恩来。1945年9月,他又重返中国,这一时期,周恩来在重庆领导中共南方局的工作,与费正清又有过多次往来。

1939年1月,中共中央南方局在重庆秘密成立。同年4月,南方局正式组建对外宣传小组,由王炳南任组长,陈家康任副组长,组员有乔冠华、龚澎、李少石、章文晋等人。1940年12月后,对外宣传小组改称外事组,组长仍为王炳南,副组长为陈家康和龚澎,工作人员有蒋金涛、罗清、李少石、章文晋、沈蓉等。当时在《新华日报》工作的章汉夫、乔冠华,在美国战时新闻处工作的孟用潜、刘尊棋、刘思慕等,以及在"保卫中国同盟"工作的廖梦醒等同志也参与南方局的涉外工作。当时,这是中共的一支较稳定地开展涉外工作的队伍。

1941年,太平洋战争爆发后,国际反法西斯统一战线逐步巩固,中共外事工作有了更加广阔的舞台,南方局与美英在华各机构的联系更加密切了。除继续保持与英美驻华大使馆、美军驻华司令总部的联络外,还加强了与美国战时新闻处的联系。

费正清也清楚地认识到,作为毛泽东和延安派驻重庆的代表,周恩来领导的办事机构是抗日民族统一战线延安共产党方面的窗口,从那里可以得到外国新闻机构所需要的延安方面的消息。1943年6月,经他在哈佛大学的一位学生,时任《时代周刊》驻华首席记者白修德介绍,他结识了周恩来的新闻发言人,"一位聪颖而光彩照人的年轻女士"龚澎,并与她成为朋友。

龚澎是1935年燕京大学新闻系的毕业生,"一二·九"学生运动的领导之一,早年在北京时就曾与费正清有过交往。通过龚澎,他开始结识周恩来、叶剑英等中共高层领导。

在1943年11月8日的日记中,费正清清楚地记录了他第一次到中共驻重庆办事处"周公馆"的情景。

"周公馆是一个很有意思的地方。你需要走进一条临近悬崖的死胡同,路过求进学校,这里有十五个文化和赈灾机构,以及美国大使馆的办事处,然后再经过蒋介石公馆的大门、行政院,到达路尽头的一幢白色大房子,那是戴笠的住处。接着突然拐入盘绕于悬崖边的小胡同,胡同两边都是货摊和各种店铺,以及缝纫店、糖果店等,十分拥挤。然后再沿着挤满人群而泥泞打滑的小路走五十码,这时突然又拐入一个门廊,这就是你要找的周公馆。"

初次见面,周恩来非凡的领导能力就使费正清深深叹服。"他英俊帅气,眉毛浓密,智力超群,直觉敏锐。在我们用汉语谈话时,时不时也蹦出一些英语,好在有龚澎为我们双方作补充翻译。""随后,龚澎介绍我认识她的未婚夫乔冠华。"后来,周恩来、乔冠华等人不仅与费正清建立了朋友关系,还介绍中共地下党员通过各种途径相继参加到美国新闻机构中去开展工作,使战时新闻处成了中共与美方联系的一个成功通道。

在战时的重庆和昆明,有许多被迫从北方南下的中国学者,生活窘迫。了解到该情况的费正清让夫人费慰梅从美国把药品和其他日常贵重物品,如名牌派克笔、手表等运往美国驻昆明领事馆,分发给在昆明的中国教授、学者们,作为对他们微薄薪水的补贴。当时,一支美国派克钢笔的价值是相当可观的,生活急需时可以随时变卖为现金,补贴家用。为了帮助生活窘迫的西南联大学者,费正清还通过各种渠道,向美国政府和社会各界大声疾呼,极力建议美国政府对中国的内政进行有限干预。

以周恩来为代表的中国共产党,通过大量的外事宣传活动,使国际社会逐渐了解和认识了中国共产党与延安的存在和作用。费正清功不可没。

主张美国与中共建交

1945年9月,当费正清以情报协调局驻华新闻处处长的身份第二次来华时,结合他的所见所闻,他以不同的方式提醒美国政府,不能简单地将国民政府视为盟友。他还预测毛泽东及共产党会获胜,主张美国要与中共尽快建立关系。

1946年6月4日,作为美国驻华大使馆新闻处处长的费正清和妻子费慰梅(时任美大使馆文化专员)等一行,于当日下午四时由北平乘专机抵达张家口。

张家口作为华北重镇,于1945年8月23日从日本侵略军的占领下光复,是由八路军收复的190多座城市中最大的一座。在短短一年多的时间里,共产党第一次在城市中就政权、经济、文化教育等方面建设进行了全面的尝试,取得了丰硕成果,受到了中外媒体的广泛关注和普遍赞誉。

这是费正清第一次到中共管辖的地区参访,也是他唯一的一次。"我们拜访了最高长官聂荣臻将军,随后我与威尔玛(费慰梅的英文名)一同在挤满热情洋溢年轻人的剧院作了演讲。"这是费正清在中共地区仅有的一次露面,"虽然当时也很想去延安看一看,但一直没有凭空编造出合适的理由去延安"。

在重庆谈判将要取得成果的时候,中共代表团为答谢以费正清为首的美国新闻处,在当时最豪华的胜利酒店举办了盛大的鸡尾酒会。费正清回忆道:"晚宴分为两桌,周恩来坐在其中一桌,叶剑英将军坐在另一桌。大家都显得兴奋而充满活力。周恩来摇头晃脑地唱起了歌，我们也跟着哼唱起来，而叶剑英则用筷子敲着桌子和玻璃杯进行伴奏。他们唱起了延安歌谣，相互敬了几次酒后，我们也唱起了美国内战时期的歌曲。"27年后的1972年，当费正清再次应邀来到中国，与周恩来见面后重提此事时，俩人彼此都记忆犹新。

"被"出版第一部中文著作

从张家口访问回来之后，1946年9月，费正清在美国著名刊物《大西洋月刊》上发表了一篇反思美国政府对华政策的文章《我们在中国的机遇》，力图纠正美国原有错误的对华政策。他在文章中指出："一个旁观者感觉到最触目的一件事，是他们以中国农民最迫切的需要——经济改善，作为他们立党的基础，而不是以政治言论自由作为党的前提的。要知道经济改善的迫切，我们可以从千万中国人民所受的苦难中明白地看到。……当一个党员加入以后，党的训练，改变了他的生活。为大众而工作，为党而效忠，变成了一个宗教式的信徒，这样就逐渐磨灭掉少数的、自私的目的。这种大公无私的精神，使共产党的领导居于有利的地位，而获到广大的民心。"他在文章的最后断言："如果我们盲目地反对中国革命，最终发现自己将会被群众运动赶出亚洲。"

这篇文章发表后，不仅是在美国，在中国国内也引起了极大的反响。很快，著名翻译家李嘉将此文翻译成中文后，最早发表于1946年9月29日上海《新民晚报》上，并将文章的标题更改为《费正清论中国时局真相》，但对于原文有所删减。后来，上海的《文萃》杂志和香港的各报，均按照《新民晚报》上的内容进行过转载（详见《美人所见：中国时局真相》，现实出版社，1946年）。新中国成立后的第一任教育部长马叙伦，中国农工民主党主席、第一任交通部长章伯钧等人，当时都分别在1946 年出版的《民主》《中华论坛》上发表文章，高度赞扬费正清在文章中所表现出的预见与胆识。

费正清在他的回忆录中曾记载"我曾发表于《大西洋月刊》的文章，带着谨慎的自豪重新于1974 年出版成书《认识中国：中美关系中的形象与政策》"。从目前所能见到的相关文献来考察，费正清本人未必知道，早在1946 年10 月，中国的现实出版社就将李嘉翻译的全文，以《美人所见：中国时局真相》为书名出版，成为费正清出版的第一本中文著作，比后来他出版的《美国与中国》还要早两年。费正清在日记、书信，以及晚年的回忆录中，始终没有提及这本书。而目前国内外的费正清研究学者，也一直将《美国与中国》作为他的第一部著作。

潜心研究中美关系问题

1946年7月，费正清回到哈佛大学，重新开始了他曾中断5 年的教学与科研工作，并积极投入到中美关系问题的讨论之中。1948 年7月，费正清根据其两次到中国的经历，形成综合研究成果，出版了他的第二部对中美关系有重要影响的著作《美国与中国》，得到了美国政界、学术界，以及中美两国广大公众的普遍赞誉。后来，该书成为尼克松访华之前重点阅读的书籍之一，1989年已修订到了第五版。

作为哈佛学派的开创者，几十年间费正清培养了一千多名年轻的中国学研究者，其中一百多人在他的指导下完成博士论文答辩。他的学生分散在美国和美国以外的一百多所大学和研究机构，其中不少已成为著名的中国研究专家。在半个多世纪里，费正清对中国问题的预见性和判断力，甚至超过了中国人——他以自己独特的视角审视和考察了中国，他的学术研究、著作和主要观点代表了美国主流社会的看法，不仅影响了几代美国汉学家和西方的中国学界，而且直接或间接地影响了美国政界和公众对中国的态度、看法以及美国对华政策的制定。

费正清对于推动中美关系方面的贡献，最终得到了中美两国政府的承认。有一次，基辛格就中美恢复邦交问题请教费正清。费正清向基辛格讲述了中国历代的朝贡制度，指出依照此种制度和传统心理，任何外国元首的登门拜访都将被毛泽东所接受；而美国总统出访，则无历史与任何现实政治上的负担。费正清还将他在1966年12月发表的《中国的世界秩序：中国的外交传统》论文，以及随后出版的著作《中国的世界秩序》一书赠送给了基辛格。基辛格后来评价说："那次谈话改变了历史。"

与周恩来的最后一次交流

1972年2月，随着美国总统尼克松访问中国和《中美联合公报》的发表，中美之间结束了半个世纪的对立格局。"上海公报结束了尼克松的北京之行，此后，我们开始收到周恩来发出的访问中国的邀请，一切都是间接的。"5月13日，应周恩来总理的邀请，费正清及夫人一行六人，作为中美关系破冰后第一批应邀到中国进行访问和演讲的美国历史学家，受到了时任国务院总理周恩来和外交部副部长乔冠华的热情接待。

6月16日，乔冠华陪同周恩来总理会见费正清和夫人，以及美国《纽约时报》联合主编哈里森·索尔兹伯里和夫人等人。周恩来、乔冠华和费正清等人一起在著名的"迎客松"画像前合影留念。周总理同费正清愉快地畅谈了他们三十年前在重庆初次见面的情境。费正清回忆起在重庆的一次宴请时，周恩来兴致勃勃地唱起了中国当时抗战歌曲时的场景，周恩来当时轻声地笑了起来："我想我不会唱得太多吧！"

合影之后，他们来到能容纳二十人用餐的安徽厅参加晚宴，周恩来亲自挽着费正清夫人的手臂进入宴会厅。索尔兹伯里在他后来出版的《北京及更远处》一书中，也记录了当时的情境："在人民大会堂安徽厅门口，我们站成一排，鱼贯而入，费正清走在第一。周恩来身着灰色中山服，胸前戴着'为人民服务'的毛泽东像章，跟来宾一一握手。"

宴会中，"在座的人在周的要求下，都脱掉了上衣，大家谈笑风生。席间共有中国人八个，美国人九个"。费正清提出了语言学生和教师的交流，询问派遣留学生到哈佛大学学习的可能性，宴会持续了四个小时。费正清在会见中发现周恩来喜悦的面孔下"透出久经磨炼的刚毅与顽强"，他说周恩来是一位具有古典风格的总理大臣，一直在权衡时势，修补残局。他们却不知道，周总理当时已患膀胱癌，病魔正吞噬着他有限的生命，削弱着他那似乎无止境地为国为民服务的精力。而这一次会面，也成为费正清与周恩来的最后一次交流。

与邓小平的会谈轻松幽默

时间转瞬之间到了1979年。1月29日早晨，已有179年历史的白宫显得分外整洁，南草坪进行了装饰。约一千名欢迎者挥舞小小的中美两国国旗，向卡特总统和邓小平副总理欢呼。

上午10时，卡特总统走出白宫，欢迎仪式开始。美国国务院礼宾司司长多贝尔夫人向卡特介绍主宾邓小平和夫人。然后，由卡特向邓小平夫妇介绍美国副总统蒙代尔、国务卿万斯夫妇、总统安全事务助理布热津斯基夫妇、艾伦将军夫妇等。

此时，白宫南面的国会大草坪上，按照接待国宾规格，礼炮鸣放十九响。待最后一声礼炮响起，卡特夫妇陪同邓小平夫妇登上南草坪正中的演讲台。乐队先后奏中华人民共和国国歌和美国国歌。

这天，是邓小平访美过程中极为繁忙的一天。上午与卡特会谈后，邓小平在中午与国务卿万斯一起来到国务院共进工作午餐。邓小平爽朗地在席间简短致辞，他说："中美关系正常化，有人说是美国的胜利，有人说是中国的胜利。我认为，应当说是中美两国人民的胜利。"

晚7时，国宴开始，共140余人赴宴。宴会完全是美国式的，国务院的一位美籍华人书法家用两国文字书写了菜单和座位姓名卡。从卡特的老家——佐治亚州穆尔特里运来的1500株红色和粉红色的茶花使宴会充满温馨的气氛。

与卡特和邓小平夫妇同桌的有众院议长托马斯·奥尼尔、参院民主党领袖罗伯特·伯德、著名女影星雪莉·麦克莱恩。作为中国问题专家的费正清与夫人也应邀出席，主持人特别安排费正清在第一夫人和女影星之间就座。

"这真是莫大的荣幸！我大概是被视为三十年来积极提倡中美关系正常化一派的代表，如今如愿以偿。然而我并没有为此制订计划，所做的贡献还不足。"费正清在回忆录中是这样描述他当时的心情。

女影星雪莉对邓小平波澜壮阔的政治生涯表示了钦佩之意。邓小平笑道："如果对政治上东山再起的人也设立奥林匹克奖牌的话，也许我有资格获得这项奖励的金牌。"

邓小平对于费正清四十年代在美国驻华大使馆工作，以及回到哈佛大学开始深入研究中国问题的细节都非常了解。这时他当面询问："您贵庚？"费正清回答："我已经72岁了。"邓小平说："我今年74岁。"费正清说："您还是满头黑发，而我早已谢顶了。"邓小平幽默地说："这证明您脑筋用得太多了。"

费正清本想通过敬酒的方式，来一同追忆周恩来，随后再提议举行一场中国式的聚会。"然而我什么也没做，真的彻头彻尾的失败"，他后来回忆说。

1979年8月，费正清应邀陪同美国副总统蒙代尔，又一次来到中国，并在北京、西安和广州进行了为期十天的访问，还在北京大学进行了演讲，以庆祝中美关系进入了一个新的阶段。这一次他获得了补偿的机会。

"在人民大会堂的第二次晚宴中，副总统陪同副总理突然出现在我的身后。邓小平对我促进恢复中美关系所做出的贡献给予了高度的评价，我对此并不十分惊讶，借此提议为纪念周恩来而干杯，我们碰了杯。"

1979年，当中美两国正式建交后，费正清发自内心地感叹："1979年结束了中美两国之间三十年的疏远状况，也结束了我作为一个中国问题研究专家五十年的奔走呼号。"

05
师友佳话

顾立雅与邓嗣禹：

美国第一代汉学家鲜为人知的学识与交往

芝加哥大学在全美高校排名中一直名列前五位。在这里，不仅培养了杨振宁、李政道等获得过诺贝尔奖的科学家，连战、恒安石等政治家与外交家，也培养出了众多国际知名的汉学家，顾立雅、邓嗣禹就是第一代汉学家中的杰出代表。由于他们对于美国早期汉学研究的贡献，如在早期汉学教材的出版、对于中国儒家代表人物孔子的研究、科举制度西传研究等方面，均处于西方汉学界领先地位，亦使芝加哥大学成为除哈佛大学之外，美国汉学研究的另一重镇。

近年来，曾任教于芝加哥大学的知名学者，先后出版了个人的中文回忆录，如钱存训的《留美杂忆——六十年来美国生活的回忆》（黄山书社，2008年），何炳棣的《读史阅世六十年》（中华书局，2012年）。在这些书中，均对顾立雅和邓嗣禹有过片断性的介绍与描述。钱存训在

《留美杂忆》一书中有这样简单的介绍：

> 芝大对中国语言和文化的教学，大致分为古代、中古和近代三个阶段。当时除顾先生教授第一年汉语、古代史和思想史外，另有关睿格(Kracke)担任第二年中文、中古史和政治制度等课程。他专攻宋史，著有《宋初文官制度》（1953年）、《宋代职官衔名英译》（1957年）等书，也是国际宋史研究计划的创始人。另一位是邓嗣禹教授，讲授中国近代史和现代中文，编有《报刊中文》、《中文会话》、《高级中文会话》等课本作为教材；另外还开设研究方法的课程。在我到校后不久，他因哈佛大学之聘离校；他原来担任的两门课程"中国目录学"和"中国史学方法"，就由系中请我继续讲授。

但是，目前顾立雅和邓嗣禹均未见有中文回忆录出版，他们之间具体有怎样的合作与交往的历史，这是鲜为人知的事。

教学上的合作与共事

顾立雅(H. G. Creel, 1905—1994年)是美国最早从事中国古代史研究的第一代汉学家。他于1905年出生于芝加哥，中学毕业后任新闻记者，对于写作有特殊的才能和历练。他曾就读于美国中部两所大学，后转入芝加哥大学，攻读哲学和宗教史，先后取得学士（1926年）、硕士（1927年）和博士（1929年）学位。于1954—1962年任东方语言文学系主任，兼东亚研究中心主任。1964年任讲座教授，1973年退休。

他曾于1930年入哈佛大学进修学习，1932—1935年获得哈佛燕京学社奖助金到中国留学，于1936年回到美国，受聘担任芝加哥大学东方语言文学系及历史系讲师，开设中国语文、哲学及历史等课程，后任助理教授（1937年）、副教授（1940年）、教授（1949年）。邓嗣禹在哈佛大学攻读博士学位毕业前，于1941年到芝加哥大学东方语言文学系任教，与顾立雅相识共事。他先后任讲师，助理教授，1943年任中国研究院院长，兼远东图书馆馆长。到1949年秋，他和顾立雅在一起从事教学及合作出版著作等活动，前后共有七年多的时间（1946—1947年期间，曾应胡适邀请在北京大学任教一年）。

当年，芝加哥大学东方语言文学系对中国语言文化的教学，大致分为古代、中古和近代三个阶段。主要是西方传统所认定的中东和近东，远东是一九三六年才开始加入。当时东方系的中文课程由顾立雅、柯睿格（Edward A. Kracke, Jr. 1908—1976）、邓嗣禹三位教授主讲，每人除担任语文课外，另有其它专题讲授课程。汉语课程从文言开始，采用顾立雅自编的《归纳法中文读本》，包括中国传统启蒙的《孝经》、《论语》和《孟子》三册。学生读完这三册，不仅可了解中国传统文化的精义，也可掌握汉字单词约三千，再阅读其它古籍，就没有太大的困难。再有访问学者董作宾，曾开设中国考古学、金文及古文学等课程。

董作宾（1895—1963），河南南阳人，原名守仁、号平庐、字彦堂。1925年在北京大学获史学硕士学位，后任教于福州协和大学；1926年受聘于河南中州大学文学院，1927年赴广州中山大学任教，次年入傅斯年创办的中央研究院历史语言研究所工作。1947—1948年期间应顾立雅邀请，曾在芝加哥大学作为访问学者，任讲座教授，1949年后旅居台湾。

董作宾知识渊博，在古文字学、考古学、历史学、古年代学、民俗学、文学艺术等诸多领域都有杰出建树，尤其对甲骨学与考古学的科学研究有着划时代的贡献，是我国现代甲骨学与考古学的奠基人之一。在考古学方面，董作宾首次主持殷墟发掘，开启了中国现代田野考古的新时代，对我国近现代考古学的诞生有着重大的贡献。1928年10月，前中央研究院历史语言研究所在广州成立，受傅斯年的委托，董作宾到安阳首次策划和实施了对殷墟的科学发掘，并得到蔡元培院长的重视，从此拉开了中国文物考古史上首次对殷墟的科学发掘的序幕，董作宾也被誉为"殷墟发掘第一人"。1928年至1937年殷墟科学发掘15次，董作宾参加了前七次和第九次发掘，先后八次主持或者参加了安阳殷墟的考古发掘。对殷墟的科学发掘，奠定了我国田野考古学的基础，也培养了一大批考古学专家。鉴于董作宾对甲骨学的贡献，学界把他与罗振玉（字雪堂）、王国维（字观堂）、郭沫若（字鼎堂）一起合称为"甲骨四堂"，是甲骨学史上划时代的一代宗师。

1948年，三位中国学者在美国芝加哥大学合影，自左向右：邓嗣禹、董作宾、钱存训

东方学系的三位教授各有分工，顾立雅担任第一年汉语、古代史和思想史外，柯睿格担任第二年中文、中古史和政治制度等课程。邓嗣禹讲授中国近代史、中国目录学、中国史学方法和现代中文。1949年秋，邓嗣禹应费正清邀请，去哈佛大学最早讲授"现代中国问题"课程之后，他在芝大所讲授的中国目录学、中国史学方法等课程由钱存训接任。

钱存训(1909—)，江苏南通人，1932年获金陵大学文学士学位。大学毕业后，曾任上海交通大学图书馆副馆长、南京工程参考部主任（即北平图书馆南京分馆）。1947年受顾立雅邀请赴美，作为北平图书馆交换馆员到芝加哥大学图书馆工作和进修，后定居美国。他与夫人许文锦女士经过多年不懈的努力，将芝大图书馆自1936年以来所积存的十多万册中文藏书加以整理和编目，为芝大远东图书馆日后的迅速发展奠定了基础。1952年获得芝加哥大学图书馆硕士学位，1957年再得获图书馆博士学位。从1949年起，接任邓嗣禹的职位和他所讲授的课程，并担任芝加哥大学远东图书馆馆长，至1978年退休为止。

许倬云五十年代末期曾到芝加哥大学，师从顾立雅攻读博士学位，在他2012年出版的回忆录《家事、国事、天下事——许倬云先生一生回顾》一书中介绍："当时的东方学系可以说是名师云集，群星闪耀，全世界重量级的近东考古学者都集中在那里。""芝大很自由，让学生决定学程与学习的科目，这一点哈佛和史丹福都做不到。""顾立雅对史语所有一份感情，我到芝大时，他晓得我是史语所出去的，连带对我也很优待，说'你喜欢做什么就做什么'。他对我影响很深，我的奖学金都是他帮忙找来的。""顾立雅对我最大的影响，就是中国的材料不能轻易地照字面上看，要仔细推敲它的真正意思。"

在太平洋战争爆发期间，美国陆军为了对外战争的需要，在十多所知名大学都开办有"特别训练班"，在芝加哥大学当时称为"中国语言文史特别训练班"，由邓嗣禹负责并兼任班主任工作，顾立雅也参与授课。培训的目的，是要求受过训练的学员，能了解中国的文化与习俗，能阅读中文报纸，并能用中文演讲，以便今后更好地开展工作。培训时间从1942年8月开始，到1944年3月结束。特训班的课程分为两部分，一是语言学习课程，二是地域研究课程。语言学习课程每周上17小时的课，采用的教材由邓嗣禹与顾立雅共同编写，如《中文报刊归纳法》、《中文报刊归纳法翻译与选择练习》。这些教材分别由芝加哥大学出版社在1943

年成书出版。邓嗣禹在此基础上,又先后编写、出版了《社交汉语与语法注解》(1947年)、《高级社交汉语》(1965年)等书,在美国都成为畅销书,并多次再版。其中,《高级社交汉语》一书到1986年已经十余次再版。

地域研究方面,第一学期学习地理课程,由芝大地理学系各教授所担任,先讲远东地理,然后详细讲授中国地理。第二学期讲中国历史,从北京猿人讲起,到最近的时事为止,涉及中国文化、美术、政治、哲学等各方面内容。胡适先生曾于1944年被邓嗣禹礼聘到芝大讲授"中国思想史"课程十多次。关于这方面的内容,详见笔者发表的《胡适与邓嗣禹在四十年代的交往》(台湾《传记文学》2013年第5期)内容。

1948年,邓嗣禹与顾立雅夫妇共同参加了在芝加哥大学美术馆举办的王济远个人画展,并在展览会上合影留念。这是目前保留下来的邓嗣禹与顾立雅唯一的一张合影,具有珍贵的史料价值。

芝大早期中文教授参加王济远(中)画展(一九四八年)。右起:邓嗣禹、柯睿格夫妇、顾立雅夫妇、作者、美术系德瑞斯科(Lucy Driscoll)、来宾

该照片由钱存训(照片说明中之"作者")提供

王济远（1893—1975），原籍安徽，生于江苏武进。1912年毕业于江苏第二高等师范学校。1920年于上海参加西洋画社团"天马会"，后任上海美术专科学校教授。1926年赴欧洲旅行，考察西洋美术，1927年创办"艺苑绘画研究所"，数次赴日考察。1941年赴美国，创办华美画学院，传授中国画和书法，1975年1月病逝于纽约。王济远中国画、西洋画兼长，尤以水彩画闻名，他曾多次举办个人画展，1930年代出版过《王济远画集》和《水彩画临本》，对当时的水彩画普及起到了相当大的推动作用。

顾立雅将他多年来收藏的商周铜器、骨器、玉器、陶片和甲骨，全部捐赠给芝大司马特美术馆。这些古物大多来自中国的殷墟，是他当年去中国考察时，带回供教学之用，也将中国史前及商周文明鲜活地带给了美国人民。

顾立雅在教学时态度严肃，做事果断，对一般学生的要求都十分严格，但对于中国学者大多却礼贤下士，优待有佳。他与邓嗣禹的同事与朋友关系维持了近半个世纪。同时他还乐于助人，中国学者钱存训来芝加哥大学读硕士、博士时期的部分生活费用即是顾立雅出的。

顾立雅于教学、研究与行政工作之外，也参加校外的一些学术活动。他于1954年被选为美国东方学会会长，任期二年，并在1956年年会中以《何为道教？》为题目，作会长致词。1975年，为庆祝他的七十寿辰，当时的东亚系主任芮效卫（David T. Roy）与钱存训共同邀请世界各国学者撰写有关先秦及汉代哲学、文学、历史、考古等专题论文十六篇，编成《古代中国论文集》一书，为他祝寿，以表彰他一生对中国文化教学、研究和培养人才所作出的贡献。费正清与邓嗣禹均应邀参加。

1980年，邓嗣禹与顾立雅共同参加了由台湾中央研究院主办的国际汉学会议。邓嗣禹在会议上将他对中国秘密社会的看法、研究计划提出报告，并宣读了"中国秘密社会的介绍性研究"的论文。顾立雅则宣读了《道家的变型》的论文，讨论了老子、庄子、列子各书的内容及其影响。

1986年，美国亚洲研究会在芝加哥召开年会，期间特别举行小组讨论会，为顾立雅所著《中国之诞生》一书出版五十周年表示庆祝，研讨此书对于国际学术界的影响。顾立雅在会上发表了题为《＜中国之诞生＞之诞生》的演讲，介绍了当年在中国以六个月完成此书的情况。邓嗣禹在此次会议上，发表了《试析唐太宗与武则天的领袖才能》的论文，并对于顾立雅所著《中国之诞生》一书给予了高度评价。

科举制西传研究的鼎力相助

顾立雅在中国学界主要以孔子研究为人所知，这主要归功于《孔子与中国之道》一书在中国的翻译出版。这本书最早在1992年，由山西人民出版社出版。在美国汉学界，顾立雅的孔子研究也是最为突出的，在他1994年逝世时，《纽约时报》曾发表讣告，称他为"有影响的孔子研究学者"。在美国各大学东亚系，《孔子与中国之道》这本书被广泛推荐为阅读书籍。2005年第15版《新不列颠百科全书》和《美利坚百科全书》都把这本书作为研究孔子与儒学的主要参考书目。同样在《不列颠百科全书》中，记载太平天国部分的内容中，引用的内容则是邓嗣禹的著作。

1960年，当世界著名的《不列颠百科全书》在开展第14版修订工作时，编委会就曾邀请邓嗣禹参与编写"太平天国起义"与"捻军起义"两部分的编写工作。2005年，在他逝世十七年之后，当《新不列颠百科全书》开始第15版内容修订时，其中关于"洪秀全介绍"部分的内容，编委会在长篇文章之后，还特别注明：此部分内容是引自邓嗣禹1966年再版的《太平天国史新论》一书中的内容。由此可证明，邓嗣禹在美国对太平天国历史研究领域一直处于领军学者的地位。同时也说明，海外对太平天国史研究领域一直是由中国学者领衔担当的事实。

在1961—1962年期间，邓嗣禹还参与了被列为世界三大百科全书之一的《科利尔百科全书》（Grb ier En yclp id a）九大部分内容的编写工作，除了"太平天国"之外，还包括："中华人民共和国"、"乾隆皇帝（1735—1795）"、"皇太后：武则天"、"李鸿章"、"孙中山"等中国历史上重要人物的介绍。

顾立雅的汉学研究远远不止在孔子研究领域。他的研究涵盖了中国早期文明、中国古代思想和中国古代政治制度，尤其是科举制度等多个方面，孔子研究仅是其中比较重要的部分。由于顾立雅的其它著述至今尚无中文译本，国内学人对他的汉学研究成果并无更多了解，下面仅就顾立雅与邓嗣禹在科举制度西传方面发表的著作，以及在芝加哥共事、相互合作与支持这一段鲜为人知的过程予以论述。

科举制度起源于中国，但对西方国家产生过深远的影响。对东南亚国家的影响表现在，历史上日本曾一度仿效过中国的科举考试，韩国、越南也曾长期实行过科举制度；对西方的影响则表现在英、法、德、美等国曾借鉴科举建立了文官考试制度。东南亚等诸国仿效科举于史有征，不成问题。而科举制对西方考试制度的影响却是一个以往中国人了解较少，且相当复杂的问题。

20世纪初，清朝统治者在欧风美雨和坚船利炮的冲击之下已风雨飘摇，实行了一千三百年的科举制也走到了穷途末路。为了推广新学、兴办学堂，清政府不得不于1905年废止了科举制。随后，八股科举被看做和鸦片、缠足等同类落后丑恶的东西，为人们所唾弃。因此，一些谈及科举考试史的人往往避免使用"科举"这一名词，而代之以"中国历史上的考试"的说法。在中国人多对科举加以批判的20年代，早年便出国留洋、长期接受西方教育的孙中山，说出的话石破天惊："现在欧美各国的考试制度，差不多都是学英国的。穷流溯源，英国的考试制度原来还是从中国学过去的。所以，中国的考试制度，就是世界中最古最好的制度"。正是在孙中山这一说法的启导下，一些中国学者对科举西传问题进行了艰难的探索。

早在1932年，邓嗣禹就系统研究了中国的考试制度。1934年9月，他在《史学年报》上发表了"中国科举制度起源考"的论文。到1936年，经过对中国科举制度发展历时两年的深入研究，他又将研究成果撰写成了一本专著《中国考试制度史》。这本书通过对大量史料列举分析，形象生动地展示了"科举制"在中国产生、发展、繁荣、衰弱、消亡的历史。书中既有横向各朝代考试制度详尽史料分析，也有纵向的历史沿革描述，并且还对历代考试制度进行了得失略评。这本书曾于1967年、1977年、1982年、1996年、2010年、2011年，在台湾与国内先后再版过七次，成为国内外研究中国科举制度的学者广泛引用的经典著作，与之后发表的《中国考试制度对西方的影响》（1943年）、《中国科举制度与西方》（1946年）构成了对于中国科举制度研究完整的"四部曲"。

1943年前后，在第二次世界大战打得最为激烈、中华民族的生死存亡关头，有位年青的中国学者在美国重要学术刊物上，用英文发表了关于中国科举考试对英国和西方影响的论文，使当时正与中国一道抗击法西斯和日本侵略者的世界人民，知道了中国曾对世界文明做出的这一重要贡献，这位中国学者就是当时在美国芝加哥大学任教的邓嗣禹博士。他于1943年9月，发表在国际著名期刊《哈佛亚洲研究学报》上的"中国对西方考试制度的影响"一文，长达三万余字，搜集、引用了1870年以前西方人论述科举的文献七十多种，围绕"西方考试制度的发展、西方记述或涉及中国科举制的资料、英国对于中国文明的推崇、英国驻华使臣论中国科举制、确认中国影响的证据"等问题旁征博引，论述详赅。邓嗣禹称："根据上述所有同时代的证据，我们可以确凿无疑地证明：中国的科举是西方制定类似制度的蓝本"。文章发表后，长期以来在海外引起广泛的反响，被先后两次翻译成中文本，同时还被收入到多种文集。目前该论文在西方汉学界几乎无人不知，无人不晓，至今还经常被研究中国科举制度的国内外许多颇有影响的专家所引用。

在邓嗣禹之后，还有几位外国学者在邓嗣禹文的基础上对此问题作了一些探讨，如日本学者矢泽利彦也于1959年，在《琦玉大学纪要》6卷中发表过《西洋文献中所见明代科举制度》一文。莱克(Lach)在1965年出版的《16世纪欧洲人眼中的中国》一书，新发现了几条西方人对明末科举制度的记载，并认为欧洲人曾从中国科举中学到了笔试形式。1953年7月，王汉中将邓嗣禹文以《中国考试制度的西传考》为名在台湾出版了中译单行本。

但随后，中外关系史专家方豪在香港《民主评论》半月刊第4卷第14期发表了《西方考试制度果真受到中国影响吗?》一文，对邓嗣禹文的论点提出质疑。他举出明末来华的西人艾儒略刊于天启三年(1623年)的《职方外纪》和《西学凡》中提到笔试的史料为据，认为西方笔试并非始于18世纪以后。但他也认为："西方所受中国影响的，真正为中国考试制度上所独有的，不是笔试，不是官吏考试，而是西方从前只有一校一院的考试，中国却是合各县各府各省的学子而举行规模不同、程度不等的会考。只有这点，中国影响了西方。"

西方考试制度是否真正受到过科举制的影响? 这一说法能否确立? 孙中山关于英国考试制度是从中国学过去的说法根据从何而来? 弄清楚这些问题，不仅在"科举学"研究中具有重要的学术价值，而且对全面正确评价中国传统文化及为当代考试制度改革提供历史借鉴等方面都具有重大意义。

芝加哥大学东方语言文学系的同仁们，在这一关键时刻鼎立相助，给予邓嗣禹很多支持与帮助。1947年，柯睿格首先在《哈佛亚洲研究学报》发表论文指出："以科举考试为核心的中国文官行政制度的创立，是中国对世界的最重要贡献之一"。1953年，他又在《北宋前期文官》一书中，在对比科举与欧洲早期文官制度之后，对科举影响欧洲文官制度的史实也表示肯定，并认为邓嗣禹和张沅长两位学者的论文清楚地显示出，19世纪通过印度的文官制度，英国的文官制度曾受到中国范例的直接影响。

1964年，顾立雅在《亚洲研究期刊》上也发表论文，再次指出："中国对世界文化的贡献远不止造纸和火药的发明，现代的由中央统一管理的文官制度在更大范围内构成了我们时代的特征，而中国科举制在建立现代文官制度方面扮演过重要角色。可以明确地说，这是中国对世界的最大贡献。"

1970年，顾立雅在他出版的《中国政术之起源》一书中，又补充说明自己在详细研究考试制度史之后，发现中国确实是最早采用考试的国家，并认为中国的考试制度曾在12世纪影响过中东的医学考试，进而影响欧洲的学位考试，17世纪以后又影响了德国、英国考试制度的建立。但他对科举西传并未做系统全面的研究。

早在19世纪，当一些人主张英美仿行文官考试制度时，就曾多次将其与火药、印刷术对西方社会发展的作用进行类比，顾立雅的看法可以说与19世纪的一些西方人一脉相承。此说法也得到一些当代外国学者的赞同，如日本学者福井重雅便一再引用附和顾立雅的观点。美国汉学家卜德（Bodde）在《中国思想西入考》一书中则说："科举制无疑是中国赠西方的最珍贵的知识礼物。"《剑桥中国隋唐史》一书的编者崔瑞德（Twichett）也认为：唐代的科举制度经过以后的长期发展几乎被全世界所接受，"许多世纪以后，这一制度为我们所有西方国家以考试录用人员的文官考试制度提供了一个遥远的榜样。确实，从对世界文明进程的影响来说，在一定意义上，科举可称为中国的第五大发明。"

1905年之后，在科举制度废止后相当长时间里，在国人印象中，科举是一种落后腐朽的封建制度，更多的是作为批判对象而被加以介绍的。而中国人对外部世界有关科举的评价则知之甚少。八十年代以后，欧风美雨再度东来，当人们知道西方汉学界和行政学界对科举制的赞美和评价时，感到相当惊异和新鲜。而当我们准备借鉴西方文官制度以建立公务员制的时候，才发现原来西方文官制度竟然还是从中国的科举制学过去的。

科举制度是中国历史上独有的具有开创性和平等性的官吏人才选拔制度，它源于汉朝，创始于隋朝，确立于唐朝，完备于宋朝，兴盛于明、清，衰废于清末。根据史书记载，从隋朝大业元年（605年）的进士科算起到光绪三十一年（1905年）正式废除，科举制度绵延存在了1300年。其中共产生了七百多名状元，十一万名进士，数百万名举人。

科举制度自隋唐以来，一直是历代政府最基本的选官制度，富有极顽强的生命力。不管怎样改朝换代，不管有多少人用多少理由去抨击它，反对它，但它仍然是在不断地逐步完善和日益强化。其根本原因，就是科举制度本身的公平取士原则一直在起着主导作用。从考试学的角度看，科举制度是中国封建社会中后期选拔官员的一种社会性考选活动。它与世卿世禄制、察举制、九品中正制等选官制度的不同，在于选拔官员主要不是靠血缘、不是靠关系，也不是靠门第，而是靠"学问"，即考试成绩。它为中小地主乃至平民提供了一个进身的机会，只要参加考试，任何人都可能凭借自己的学识取得成功。

在中国封建社会中，大批知名的政治家、教育家、科学家、军事家等，大都出自状元和举人之中。这样一个独具中国特色的官吏选拔制度，对中国的社会和文化进程都产生过深远的影响，对中华文明、特别是儒家思想的传播、发展也产生过巨大的作用。回顾邓嗣禹与顾立雅早年合作共事的经历，以及对于科举制度西传研究的来龙去脉，对于当代史学者有诸多可参考与借鉴之处。

《清代名人传略》谱写
中美两代史学家交谊佳话

　　1945年，两卷本《清代名人传略》由美国官方机构政府印刷局出版并首先在华盛顿发行，由此填补了美国汉学研究的一项空白。这本书最早是在1937年由美国汉学家恒慕义发起和主编、中美两国汉学家共同完成，是一部在世界上影响很大的汉学著作。胡适曾为这本著作撰写序言，"至少在目前来说，没有任何语言包括中文在内的著作可与之相匹，无论在对概念的理解方面，还是在陈述的客观性和其应用上，""它是今天可以看到的一部最翔实、最好的近三百年中国史，是研究现代中国早期历史的一个重要里程碑。"费正清在《费正清对华回忆录》中，也称这本著作是"按照恒慕义博士的编辑宗旨，编纂出版了独一无二的最重要的外国论述近代中国的著作"，"这既是中外合作的产物，又是美国汉学研究的胜利"。

一

《清代名人传略》收录了中国这一时期八百个人物的传记，反映了美国早期汉学特色。1930年代开始分两卷出版。主编恒慕义组织了费正清等五十位东西方学者参加编写工作。为编写好这部著作，工作人员查阅一千一百多卷正史，做了数百卷"笔记"。该传略行文严谨，每位传主都有姓名、字号、出生年月、籍贯、主要经历和事迹，篇末有注释。

恒慕义（Arthur William Hummel，1884—1975）生于美国密苏里州沃伦顿，1915年被公理会派到中国山西汾州（今汾阳）明义中学教英文，任汾阳中学首任校长。1928年，恒慕义回到华盛顿任美国国会图书馆东方部主任，1957年与郭秉文创办中美文化协会并任首任主席。

《清代名人传略》能获得巨大成功，首先得益于美国国会图书馆丰富的藏书资源。该馆是美国最早收集中国图书的图书馆，也是中国之外最大中文书籍收藏馆之一。该馆最初在1869年收到清朝政府所送书籍10种（共计933册），于1928年成立东方部，恒慕义为第一任主任。在他任职27年期间，该馆中文藏书由10万册增至29万多册，成为在海外从事中国历史研究的重要基地。

目前该馆藏书总量为90万册，除汉文外，还有满文、蒙文、纳西族和其他民族文字著作，藏书涉及领域主要是人文学科和社会科学方面的著作，其中相当部分是清代档案资料，而明清间的方志、家谱、各类抄本和稿本也颇丰。国会图书馆还珍藏有一批藏文的木刻版画和手稿，其中的一部分是柔克义（William Woodwillm Rockhill）1888年至1892年间在蒙古和西藏旅游时所获得。此后，1901年至1928年间，柔克义、劳费尔等学者又获得920件木刻版画和手稿。现在，国会图书馆也是西方世界最大的藏文献馆之一，所藏藏文文献涉及佛学、历史、地理、医学、乐谱、占星术、解说词、肖像学等诸多领域，这些都与恒慕义早年所作出的贡献分不开。

早在1918—1928年间,美国农业部的一名植物学家施永格（1871—1952）就曾多次到中国,为国会图书馆收集中国各地的方志。恒慕义担任东方部主任之后的第二年即派人再次来到中国,着力收集补充该馆所缺中国方志。

抗日战争初期,中国国内形势动荡不安,各地藏书散出,恒慕义抓住这一机会,派人来华设立专门机构大量收集中文图书、出于对日本侵略者的愤恨,有的藏书家甚至分文不要,将珍藏赠与美国国会图书馆。一时间,我国的图书文献资料大量流向大洋彼岸,就连当时国立北平图书馆的善本藏书也不能自保。为安全考虑,恒慕义用船将这些藏书运载至美国,存放在华盛顿,国会图书馆遂将其全部拍摄成缩微胶卷珍藏。他曾这样描述道:"中国珍贵图书,现正源源流入美国,举凡稀世孤本,珍藏秘稿,文史遗著,品类皆备,国会图书馆暨全国各大学图书馆中均有发现。凡此善本,转入美国者,月以千计,大多要价不昂,且有赠予美国图书馆者,不甘为日本所攫,流放东土也。即以国会图书馆而论,所藏中国图书,已有二十万册,为数与日俱增"。截止到1942年,国会图书馆收藏的中文善本已达1622种,其中仅《永乐大典》残卷也有41册之多。十五年后,中国学者王重民编纂的《美国国会图书馆收藏的中文善本书录》中收录各种善本图书多达1777种。

早在中国时,恒慕义就决心编纂一部近三百年间的中国人物传记辞典。1937年初,在具备如此多的藏书量之后,他开始着手组织人马来完成多年心愿。1937年7月,邓嗣禹接受燕京大学同学房兆楹邀请,辞去燕大教职前往华盛顿,参加《清代名人传略》的编纂工作。

湖南人邓嗣禹（1905—1988年）1928年考入燕京大学史学系,1932年当选燕京大学历史学会主席,同年获得学士学位,师从邓之诚、洪业等著名史学家。大学毕业后,他考入燕大史学研究所,1935年获得硕士学位并留校任讲师。在此期间，他结识了正在燕大做博士后研究的美国第一代汉学家毕乃德（Knight Biggerstaff, 1906—2001），1936年两人合作编写了《中国参考著作叙录》。1939年在完成了《清代名人传略》之后，他到哈佛大学师从费正清攻读博士学位。

五十年后，邓嗣禹于1986年发表的《太平天国研究之过去、现在与前瞻》一文中回忆道：他在参与编写《清代名人传略》时，"负责撰写太平天国时两方面的人物，在十个月内，共草成三十三篇传记，包括洪秀全、洪仁玕、李秀成、杨秀清、石达开、林凤祥。虽然冯云山、韦昌辉、洪大全、李开芳传已草就，因可据的材料少，太单薄，将前三者并入洪秀全传，李开芳与林凤祥合传。官方的材料多，写了曾国藩、曾国荃、胡林翼等篇。……为看远景，写要冲破网罗的谭嗣同传，其中附点孙中山事迹"。组织编写《清代名人传略》，也为恒慕义在世界汉学界奠定了坚实的基础，使他日后成为一名卓越的汉学家。

二

长期以来，西方学者对中国许多历史事件和人物的叙述和评价与我国学术界观点存在较大分歧。我国历史学者大多是从无产阶级立场出发对清代人物进行评价与定性，《清代名人传略》在论述鸦片战争有关历史人物时，引用了大量十九世纪中叶西方出版的历史著作，诸如：阿瑟·坎宁安的《鸦片战争》（1845年）、郭士立的《道光皇帝传》（1852年）和德庇时的《交战时期及媾和以来的中国》（1853年），依据这些史料，书中对清代历史人物做出客观、公正的评价，这些史料都是我国学者不易见到的珍贵资料。

太平天国起义是中国近代史上一场重要运动，《清代名人传略》下卷中有较多篇幅论述这场历时十五年之久，波及十七省的农民起义战争。由邓嗣禹撰写的《洪秀全》一篇中，概述了太平天国运动的全部过程，并论及太平天国革命失败的教训，对其定都南京后所做出的若干改革也有详细的叙述，诸如修改历法，制定土地制度等。除洪秀全之外，太平天国时期正反两方面的主要人物均分别为之立传。

《李鸿章》是《清代名人传略》中最长的一篇，约有一万余字，从这篇《传略》中可以较为全面地了解到晚清时期的政治脉络。《传略》称赞李鸿章一贯倡导改革，倡议修建铁路，架设电报线路，在1870—1894年间引进西方科学技术。同时对他的亲俄政策，他接受俄国人的贿赂，在招商局等大企业中拥有大量个人股份等问题都作出了客观的评判。

1840年之后，以魏源为代表的中国有识之士提倡向西方学习，"师夷长技以制夷"。镇压太平天国之后，曾国藩、左宗棠等人大力引进西方科学技术，两人曾向清政府建议选派学童赴美国留学。但是，洋务运动以及在此影响下的各种改革不断遭到朝野保守派势力的阻挠，甚至于1881年一度停止选派留学生赴美。到了1893年，光绪皇帝也有了改革意图。上述内容在邓嗣禹撰写的《曾国藩》、《左宗棠》传记中均有论述。

辛亥革命所建立起来的共和制度是中国人民在1840年之后历经艰险向西方寻求救国富民之道路的历史成果，康有为、孙中山等人是清末政治风云中的关键人物。《传略》对于这方面人物的事迹介绍尤为详尽。从此书中看到，自鸦片战争以后至辛亥革命时期，外国人在中国的政治生活中所起到的作用，以及统治阶级内部的腐败，中国人民反抗侵略压迫，向西方学习、探求救国富民之道的详细脉络。

参与编写《清代名人传略》让邓嗣禹开始涉足太平天国研究领域，这为他日后从事太平天国历史的系列研究工作打下良好开端。之后若干年，在恒慕义、费正清等人大力支持下，他先后出版了《太平天国新论》（哈佛大学出版社1950年出版，1966年再版）、《捻军及其游击战》（法国巴黎Mouton出版社1961年出版，1984年再版）、《太平天国史学》（哈佛大学出版社1962年出版，1972年再版，费正清作序）、《太平天国与西方列强》（牛津大学出版社1971年出版，1978年再版）。

《清代名人传略》英文版2002年在台湾再版。邓嗣禹回忆说："最初两册售价仅数元，故销路甚广，学习中国文史的研究生，几可人手一编。"可见这本书对于中国清史研究起到了重要的影响作用。1990年，中国人民大学清史研究所将《清代名人传略》翻译成中文，由青海人民出版社出版，1995年再版。全书共分上、中、下三册，约130万字。出版者在前言中写到："本书以丰富的史料为基础，通过对清代八百余名人物活动情况的详尽具体介绍，把上起明末下至清亡三百年间历史的各个方面——政治、经济、军事、外交、社会、民族、宗教、文化思想、文学艺术、科学技术等领域的历史概貌展现出来，勾画出了整个清代历史的基本轮廓，构成了一部完美的中国清史专著。本书具有较高的学术和史料价值，对研究我国清代的历史具有重要的参考价值"。

恒慕义在此之后曾先后出版过《超国家的国家主义》、《近百年来中国史学与古史辨》等著作。1948年美国亚洲研究会成立，恒慕义被推选为第一任会长，费正清任副会长。邓嗣禹当时作为年青历史学者和唯一的亚裔董事会成员，被提名为理事，兼任研究会秘书，直接参与和协助恒慕义的工作。

邓嗣禹在哈佛大学就读与任教期间先后与费正清合著《中国对西方的反应》（1954年）、《清代管理制度：三种研究》（1960年）都曾被哈佛大学用作教材，并多次再版。1967年，《中国考试制度史》出版增补版时，为了向西方学者尽快推荐这部有国际影响力的著作，恒慕义撰写了长篇英文摘要，附在书后。

邓嗣禹致力于历史学教育与研究前后超过半个世纪。他于上世纪三十至四十年代分别在国内外所发表的《中国考试制度史》、《中国科举制度起源考》、《中国考试制度对西方的影响》等论著曾先后在国际上引起关注，在学术界产生强烈反响。在太平天国史研究方面，他曾出版过四部著作和多篇有影响的论文，并应邀参加过《大英百科全书》、《科利尔百科全书》在此部分的编写工作，是美国太平天国研究领域的领军人物。

(原文发表于《中华读书报》，2013年11月27日)

《明代名人传》续写中美史学家合作佳话

1976年,美国哥伦比亚大学出版了由富路特、房兆楹担任正副主编,两卷本的《明代名人传》。该传记以丰富的史料为基础,通过对明朝650名人物活动情况的具体介绍,把上起元末下至明亡的300年间历史各个方面的概貌,全景式地展现出来,勾画出了整个明代历史的基本轮廓。出版后的第二年即1977年,它获得西方汉学领域的最高奖项——法国"儒莲奖"。颁奖时,主办方对于该书的评价是,本书是"关于中国的最佳作品",对于研究中国古代明朝历史有重要参考价值。这一评价是对其学术价值和史料价值的高度肯定。

2015年4月,中文版的《明代名人传》由北京时代华文书局出版,南开大学明史专家李小林教授领衔,组织众多明史学者与专家参与翻译工作,并经过数年的修订与校对,为国人详细了解明代的历史与人物提供诸多方便条件。值得一提的是,《明代名人传》的编者中,有近半数为留美华裔汉学家，125位编者中，有65位是华人，而且许多都是当时十分知名的汉学家，其创作过程再现了中美史学家联手合作的又一段佳话。

一

《明代名人传》英文版的创作计划始于20世纪50年代末期，源于美国亚州研究会在哥伦比亚大学组织的"明代传记历史计划"，1958年由美国著名汉学家费正清在美国亚州研究会年会上，第一次提出编撰这套书的建议，1962年秋在哥伦比亚大学正式启动，由该校教授、著名汉学家富路特（L. C. Goodrich）担任主编。该项目从开始筹划到1976年辞典出版，前后经历了十四年的时间，耗费了巨大人力、物力，而此时的《明代名人传》已经是被学界期待许久的一部书。

在本书出版之前，国际汉学界已经有了关于清朝和民国时期的中国历史人物英文辞典，即恒慕义（Arthur. W. Hummel）主编，1943—1944出版的《清代名人传略》；包华德（Howard L. Boorman）主编，1966—1971年出版的《民国名人传记辞典》。这些名人传记辞典，以其为学术研究提供巨大便利，得到西方学界的广泛赞誉。从20世纪中叶开始，西方学界对中国古代历史的研究都有这样的需求，"希望有一部明朝人名辞典，将可循的历史名人的时间范围从清朝拓展到明朝。"《明代名人传》的出版填补了这一领域的空白。

富路特（也有译名傅路德，1894—1986）系美国传教士富善之子，1994年出生于北京通州，义和团事变后回到美国就学，大学毕业后以海外传教人员身份再次返回到中国；1926年之后又回到美国，进入哥伦比亚大学东方语言学系攻读硕士学位，1927年获硕士学位后任教于哥伦比亚大学长达35年之久。其间他在1934年获得哥伦比亚大学博士学位。他曾先后担任哥伦比亚大学中文系主任及东方语言文化系主任，还曾出任美国东方学会会长、亚洲学会会长等职。富路特是美国著名的汉学家，他一生致力于中国历史与文化研究，著有《乾隆朝的文字狱》、《中华民族简史》等多部汉学专著，还曾译注陈垣的《元西域人华化考》一文。

在组织编写《明代名人传》之前，富路特曾多次与中国学者开展学术交流与合作：1943年，他同韩寿萱合作撰写了《明实录》一文；1946年，他与冯家升合作撰写《中国火枪的早期发展》；1949年，他又与瞿同祖合作撰写了《隋文帝时期宫廷中的外来音乐》，在明史研究方面早有非凡的业绩。费正清在他晚年回忆录中，对于富路特评价道："当我在北京华文学校向富路特请教时，他总是以非常诚恳的态度仔细听我说。从他童年时代在华北的传教士家庭背景来看，他的确可以说已使自己成为汉学家中的佼佼者了。仅凭他的博士论文《乾隆时期的文字狱》，就已使他成为美国中国问题研究中崛起的一颗新星，何况在以后的四十年中他还有更多的研究成果涌现。"

副主编房兆楹（1908—1985）是国际知名的中国史专家，研究领域侧重于明清史和中国近代史。他早年毕业于燕京大学数学系，与该校历史系杜联喆女士结为伉俪。二人自19世纪30年代即参加哈佛燕京学社引得编纂处的工作。房兆楹与杜联喆夫妇曾于1934年参加恒慕义主编的《清代名人传略》项目，并在其中担任重要角色。在829位人物传记中，二人分别撰写了276位和146位人物传记，是其中贡献最多的二位。富路特当年也曾参加了编写工作，并撰写了十余篇人物传记。1963年房兆楹和杜联喆应富路特邀请，分别加入"明代传记历史计划"，房兆楹协助富路特的工作，并担任副主编。

《明代名人传》出版之后，学者们大多将其与《清代名人传略》、《民国名人传记辞典》相比较。从编写者的构成而言，他们来自美国、加拿大、澳大利亚、英国、斯里兰卡、中国台湾、中国香港等17个国家和地区，共有125位学者参加了工作，其中包括像恒慕义、萧公权、邓嗣禹、李田意、房兆楹、杜维明、钱存训、孙任以都、黄仁宇等分别参加过《清代名人传略》、《中华民国人物传记辞典》编撰，他们当时已经是国际知名的专家学者。不少学者还提供了他们自己的最新研究成果。他们在编写《明代名人传》人物时，对于《清代名人传略》的体例取长补短，发挥了至关重要的作用。这些努力使得后者比前者的体例更加完整，便于读者阅读。

在内容方面，全书共计732个词条，650个传记，所涉及的人物多达5396个，所载人物涉及政治、经济、军事、外交、社会、民族、宗教、文化思想、文学艺术、科学技术等多领域。传记中除了包括明代十三位皇帝（从太祖朱元璋至神宗朱翊钧）、皇家贵族、各级官员、文化精英（文学家、思想家）等上层人物外，也出现了对制漆工匠、运河工人等下层人物的记载；不仅包括中国人，也包括当时来到中国的外国人，对西方传教士（利玛窦、汤若望等）、宗教人物（日本僧人绝海中津、印度僧人班的达等）相关人物也有研究。

在时间跨度方面，本书收录人物的时间范围以1368年明朝建立为起点，清朝建立为终点。但出生于元末，活动于明朝的人物也被包括其间，此外还包括一些生活于明清之际，但未被收入《清代名人传略》书中的人物。从这个角度而言，本书也是对于《清代名人传略》内容的补充与完善。

美国汉学家艾特威尔（W. S. Atwell）于1977年首先发表书评文章指出：富路特主编的《明代名人传》，"是自恒慕义出版《清代名人传略》以来，关于传统中国最为重要的西方参考工具书，它对于明代中国研究领域所作的贡献值得永远感激，其编者也值得被高度称赞。"美国汉学家普林斯顿大学彼得生（Willard J. Peterson）也在《亚洲研究杂志》1979年第3期上发表书评指出："这部书不仅解决了明代历史的研究工具问题，还解决了近代社会与古代社会研究联结的空缺。"在书籍的条目选择上，他认为，"总体来说，本书在条目筛选上开始更多地关注下层民众，以及过去往往被忽视的群体。"当时美国学术界对此项目高度重视，包括美国亚洲协会、美国学术团体理事会等重要学术团体都给予了资助,其出版也引起国际学术界高度关注。

二

长期以来,西方学者对中国许多历史人物的叙述和评价与我国学术界观点存在较大分歧。我国历史学者大多是从无产阶级,以及时代化的立场出发,对历史人物进行评价与定性。明太祖朱元璋是明代最为重要的人物,国内对于这位出身微贱、非豪门世家的皇帝研究学者众多,最有名的学者莫过于明史专家吴晗,以及他多次修改的《朱元璋传》。在吴晗的笔下,朱元璋雄才大略、性格复杂,尤其是对他的猜忌心重、残忍狠毒的一面,作者揭露得十分充分。这与吴晗生活的时代有关,因为该传记在1949年初版发行时,正值国民党专制统治,特务横行、暗杀行为最为严重时期,故而作者对朱元璋类似的行为着墨尤多,一些学者认为吴晗当时出版《朱元璋传》是讽喻时政、影射蒋介石的。

1954年,吴晗又撰写了《朱元璋传》的第二稿,油印一百多册散发给朋友征求意见;在第二稿的基础上,最终写成了《朱元璋传》的第三稿,于1965年由三联书店出版。一部传记,前后近二十年,几易其稿,这不仅表现了吴晗先生不断自我完善的学术追求和扎实求真的治学方法,而且体现了他的学术思想与当时社会现实、学术现状之间相吻合的发展历程。

《明代名人传》中的朱元璋,是该传记中所占篇幅最长的一位,其内容长达13页之多,约有1.2万余字,由留美学者、国际著名汉学家邓嗣禹撰写。

在《朱元璋传》中,邓嗣禹从国际视野角度出发,站在客观、公正的角度,参考了大量中国学者不易看到的历史文献,并结合了个人对于朱元璋的研究成果，既用肯定的语气阐述了朱元璋极不平凡的奋斗历程，即推翻元朝的腐朽统治、统一全国、安定百姓及发展生产等积极的一面；又用谴责、批判的语气揭露了他巩固朱家王朝的种种手段，特别是对他大肆诛杀功臣和大兴文字狱的专制统治等进行了有力的挞伐，对朱元璋的一生进行了全面的评论，该肯定的就予以肯定，该否定的就予以否定，既不以其善而隐其恶，也不以其恶而隐其善，使读者看到了一个比较真实的朱元璋。

在传记之后的参考文献栏目中，我们可以清楚地看到，当时他在写作时不仅参考了《明实录》、《太祖实录》等基本史料，也参考了西方著名汉学家，如富路特、贺凯（C. O. Hucker）、高友工（Kao Yu-Kung）等人用英文发表在《哈佛亚洲研究》期刊上，对明史研究的最新成果，吴晗1949年出版的《朱元璋传》，还有像《明史纪事本末》、《平汉录》、《平吴录》等大量方志与至今仍未出版的私人抄本，以及他个人对于朱元璋的研究成果，如在《燕京学报》上发表的论文《明大诰与明初之政治》；在《中国文化》上发表的英文论文《明太祖的创造与毁灭性工作》，所参考的文献多达50—60余种。

正如中文译本主编李小林、冯金朋在出版前言中指出的：除了中国学者很难具有的国际视野外，《明代名人传》还有另外一大优点，即将学术性和通俗性融为一体。他们在撰写过程中吸收了当时国际汉学界的最新研究成果，包括各种以西文写成的论文和专著，以及大量方志与至今仍未出版的私人抄本。这些努力能从每个词条结尾所列出的参考文献感受到。

三

关于这些人物传记资料搜集的细密程度，还可以从富路特的演讲活动中看出一些细节。1965年，他在美国东方学会于芝加哥召开的一次学术会议的演讲中说：他非常关心自己正"颇费心力"的《明代人物传记》项目。在主持编撰的过程中，他注意了中国古代典籍中名人传记的情况，也注意到《古今图书集成》的影印本，这本1728年问世的百科全书式著作有30000个明代人物传记的索引，还有明代人物传索引的草稿，囊括明代问世的大约300种地方志中近36000个人物。他还提及到哥伦比亚大学图书馆所收藏的《皇明文海》缩微胶卷，称这部1700年前后汇集的175卷著作中，也包括近3600位人物的传记。哥伦比亚大学图书馆经常会收集来自北京珍稀图书的缩微胶卷。

富路特出版的第一本书《乾隆时期的文字狱》是由他的博士论文改成的，1935年出版。在前言里，他坦承得到袁同礼、马鉴、马准、陈垣、郑振铎、洪业等中国学者的指点。书出版后，雷海宗和郭斌佳分别在《清华学报》和《武大文哲学季刊》介绍，称许之余也指出他译文当中的不少错误。

1943年出版的《中华民族简史》一书，可以说是富路特的代表作，主要依赖西方人研究中国的资料以及华人的英文论文，这是他多年教学和学术研究成果的浓缩，同时也可以说是对近代以来西方学者研究发现和贡献的一种出色的综合。富路特生长于一个开明而有浓厚学术气氛的家庭中，他懂得如何最佳地将各种文化交集和融汇，才写得出《中华民族简史》这部宏观历史著作。此书一经出版便在学界获得高度赞誉。胡适评价此书是"欧洲语言中已出版的中国史著作中最优秀的一本"。

1944年，邓嗣禹也曾为此书撰写书评：《中华民族简史》"不仅是一部卓越的综合性专著，恰如他的注释和目录所显示的那样，它是以广泛的专题论著为基础的，其中有相当一部分出自美国学者或在美国工作的欧洲和中国学者之手"。此书1951年、1959年、1969年版均有修订，从最初的260页增至295页，当代史一章有较多改动，最后一次重印是2007年。现在虽然已经不再当教科书用了，但仍有电子版销售，可谓经得起时间的考验。

1976年出版的《明代名人传》能够获得极高的赞誉，显然与众多中国留美学者的参与有着密不可分的关系。1963年，房兆楹夫妇在狄百瑞（William T. de Bary）的劝说下，离开澳大利亚，全职加入编撰组，并担任了重要的角色。两人废寝忘食、全力以赴，撰写的稿件多达总数的一半左右，为该传记的成功策划与创作起到了不可替代的作用。1977年富路特因出版《明代名人传》而荣获法国"儒莲奖"时，房兆楹与杜联喆则因此获得哥伦比亚大学荣誉文学博士。据《洪业传》作者陈毓贤回忆说"我还记得洪业穿戴整齐高高兴兴地飞到纽约观礼，颇以这两位学生的成就为荣。"

作为同是洪业在燕大早年的弟子之一，传记中最重要人物——朱元璋的撰写人邓嗣禹，在此之前与毕乃德、恒慕义、费正清、顾立雅、包华德都先后进行过合作，在费正清看来"这些人从他的能力与博学学识中受益极大。"（J.K.Fairbank, Obituary, S. Y. Teng 1906—88). The Journal of Asian Studies, Vol47, No3. p23—724）在《明代名人传》的编写过程中，再次体现出这一点。

1981年，富路特终于再有机会与他的妻子来到久违的中国进行访问。1986年，富路特在91岁去世时，美国亚洲研究协会东亚图书馆曾登载了一篇悼文，称赞他虽然不是图书馆员，但对美国东亚图书馆的发展有很大贡献。还称赞他不但自己有许多著作，还乐意成人之美，譬如李约瑟（Joseph Needham）《中国科学技术史》第五册讨论化学技术，《纸和印刷》分册则请钱存训撰写，富路特帮了他很多忙，所以钱存训把书送给三个人，头一个就是富路特；富路特1949年开始和钱星海英译陈垣的《元西域人华化考》，两年后钱星海无法继续，富路德孤军独斗把它完成。《明代名人传》的创作与出版，再次谱写了中美史学家合作佳话。

(原文摘要发表于《中华读书报》，2015年11月4日)

《我与中国》作者特里尔眼中的毛泽东与江青

罗斯·特里尔，哈佛大学教授，东亚研究中心研究员，美籍澳大利亚人，《毛泽东传》、《江青全传》等多部畅销书的作者，在世界各地享有很高的盛誉。其中1980年出版的《毛泽东传》一书，曾被译成德文、意大利文、西班牙文等八种文字。2010年，随着他的自传体回忆录《我与中国》一书再次出版，并被翻译成中文，书中揭密了他是如何从一名澳大利亚乡村少年成长为哈佛大学知名教授、多部畅销书作者的传奇经历，以及有关江青最后十年真实生活内幕。

一生讲述中国故事的美国学者

1938年，特里尔出生于澳大利亚维多利亚州的一个偏远小镇。完全依靠个人的努力，1962年他以优异的成绩毕业于澳大利亚墨尔本大学，并获得历史政治科学一级荣誉学位。1964年夏天，特里尔在华沙获得了去中国的签证，他对于天安门广场群众抗议美国侵略越南的游行示威印象深刻。中国之行结束几个月后，他在当地的《澳大利亚人报》发表过六篇反映中国的报道，从此踏上了终生研究中国问题之路。

为了更多地从事中国问题研究，他凭借已发表的六篇报道，向费正清所在的哈佛大学提出了申请，经过多方努力，他获得奖学金赴哈佛大学深造，并于1970年获得政治学博士学位，之后他在哈佛大学教授英国政治、中国政治和国际关系等课程。他的老师有美国前国务卿亨利·基辛格和著名历史学家、中国问题专家费正清等。

特里尔在上世纪70年代撰写的有关中国报道方面的书籍和文章，为西方读者打开了了解中国的一扇窗户，尤其是他在美国著名杂志《大西洋月刊》上发表的两篇长文，成为1972年尼克松首次访问中国前夕，基辛格所推荐的第一批了解中国的必读材料。与此同时，他于1971年、1973年、1975年连续访问中国，为中美、中澳关系的建立和发展做出过重要贡献。特里尔后来又根据来到中国的亲身经历，以在《大西洋月刊》发表的文章为基础，出版了名为《八亿人》的著作。该书生动展现了1970年代中国重新融入世界的鲜活事例，后来陆续被翻译成日文、德文和挪威文出版。中国外文局则将其翻译成《八亿人——来自中国的报道》，作为内部出版物在北京发行。这些都给予特里尔以莫大的鼓励，增强了他进一步从事中国研究的信心与动力。

接下来的几年，特里尔又撰写了《后毛泽东时代的中国未来》，分别在法国、日本、新加坡、瑞典和印度出版。另一本则是《铁树开花》，书中描写了"文化大革命"结束后中国人民在城市的生活情景。前美国国务卿基辛格专门致信给特里尔，对于此书的出版表示祝贺与赞扬。

目前特里尔已出版数十部著作，其中绝大部分书籍都与中国有关。1980年《毛泽东传》出版，随即被翻译成德文、意大利文、保加利亚文、西班牙文、葡萄牙文和希伯来文等，在中国乃至世界产生了广泛的影响。自译介到中国以来，累积畅销数量达到一百八十万册。特里尔还获得了美国两项重要的新闻奖，即美国国家杂志优秀报道奖和乔治·伯克纪念奖的最佳杂志报道奖。

最新出版的《我与中国》一书，则是他一生讲述中国故事的回顾与见证。书中既有对中国政坛风云人物的生动刻画，也有对中国普通民众生活的娓娓讲述，涉及的人物上至国家领导人、文化名流，下至工人、农民、普通知识分子。全书时间跨越达四十余载，作者从一个西方人的视角，展现了新中国一甲子的发展历程，为广大读者打开了另一扇了解中国之窗。作者还借助自己中外交流使者的身份，对作为时代背景的国际关系格局从紧张的冷战关系发展到世界一体的全球化时代做出了客观的、批判性的分析，并作为亲历者讲述了几十年间世界政治舞台的风云变幻，中美、中澳关系的峰回路转。

近年来，特里尔担任澳大利亚莫纳什大学和美国得克萨斯大学奥斯汀分校客座教授，2008年被任命为华盛顿伍德罗·威尔逊中心公共政策学者。2012年11月，特里尔又一次来到中国，并出席了由中国人民大学举办的第三届世界汉学大会。从澳大利亚一名乡村少年到哈佛大学知名教授，从中国问题研究到领袖人物传记写作，特里尔的传奇经历和最新动态一直被世人所关注。

领袖人物的性格对于中国共产党很重要

从1976年开始，特里尔的创作开始转入对于领袖人物传记的写作。1980年，他出版了《毛泽东传》一书，很快受到了西方及中国读者的普遍欢迎。特里尔全方位地描写出了一位真实、生动的毛泽东形象。正如《印第安纳波利斯星报》记者所评价，"他能赞扬毛泽东的成就，同时批评其错误"，这是一般中国作者所做不到的事。特里尔认为："我觉得领导人物的品格、特性、特质，会对中国的历史发展有很大的影响。

比如，我在《毛泽东传》中提到毛泽东这样一个特性，一半是老虎，一半是猴子——两种完全不同的特性，这就是一个很有趣的地方。"对于毛泽东身上所具有虎性和猴性的含意，特里尔进一步解释说：

"毛泽东这个人物虎性的一面，主要体现在他与蒋介石关系的互动上。因为他特别明确知道，他最终的目标就是建立一个共产党能够执政、掌握国家权力的政府。毛泽东通过抗日战争这样的契机，能够调动起全国人民反帝国主义的情绪，把普通老百姓发动起来了，最后达到夺取政权的目的。这是毛泽东虎性这方面的展现。"

"毛泽东不仅读雷锋、马克思的著作，他也会读像《圣经》这样的书。他在猴性方面的展现，就是他对一切都持怀疑态度。因为他可能正是怀疑老虎这一面会引导中国走向什么样的方向，而他猴性这一面就会想这真是我们要走的道路吗？就是猴性这一方面最后引起了"大跃进"这个运动，包括想割裂和苏联模式的这种关系——如果要是虎性是肯定不会去割裂跟苏联的关系。正是另外他一方面的猴性，引领了中国的道路。"

对于特里尔撰写《毛泽东传》一书的独到之处，美国历史学家魏斐德称："罗斯·特里尔最重大的贡献是指出了1956年后毛泽东的变化……他可能低估了毛泽东在1956年后的成就，但我很怀疑许多中国人私下也对1956年之后的毛泽东持不赞成的态度。"费正清从历史的角度视《毛泽东传》为"自斯诺1938年写成《红星照耀中国》之后，关于毛泽东最具启发性的著作"。

此前所出版毛泽东传记的特点

斯诺是第一个向共产党领导人——毛泽东、周恩来、彭德怀等正式提出问题的西方人。作为第一位采访毛泽东的西方记者，他同毛泽东进行了深入的接触，两人相谈了许多夜晚，谈论话题涉及广泛。为此，斯诺曾非常满意地说："关于毛泽东，我可以单独写一本书。"虽然单独为毛泽东撰写传记的目的没有达到，但在《红星照耀中国》一书中，有关毛泽东的记述确实占据了重要地位，这部分内容构成了斯诺对于毛泽东研究的基本框架，成为后来人们了解毛泽东的入门教材。1930年代末，这部分内容曾被翰青、黄峰翻译为《毛泽东自传》，由上海光明书局出版。

1937年4月，继斯诺之后，他当时的妻子韦尔斯也从西安出发，在摆脱了国民党的严密监视之后到达陕北。她在长达五个月的采访基础上，写出了《在红色中国内部》一书，1939年由纽约双日出版社出版，当年就被译为中文，以《续西行漫记》为名在中国发行。与此同时，史沫特来、斯坦、白修德等美国记者与学者也相继来到中国，后来分别出版了报道中国革命的书籍：《中国战歌》、《红色中国的挑战》、《中国的惊雷》等，由此构成了西方人士采访"红色中国"的第二次高潮。

通过他们的努力，美国对中国革命的了解和研究才有了进一步的深化。一些学者开始依靠他们的报道做出某些符合实际的科学判断。美国当局也开始关注起有关红色中国的报道。美国时任总统罗斯福曾几次与斯诺就"红色中国"的内幕问题进行交谈。许多远东问题专家如费正清、拉铁摩尔等也逐渐改变了过去对中国共产党的看法。所有这些对于促进中国共产党和美国各界人士的相互了解都是十分重要的。

但是，我们也应该看到，由于这些进入"红色中国"采访的美国人士大多是记者兼学者，对中国社会、中国革命缺乏充分的认识和理解，在他们的著述中大量转述中国共产党领导人的谈话，或谈论他们对毛泽东等人的直观印象，缺少自己深入、透彻的分析。同时由于他们当时难以掌握全面、真实的历史材料，难以查阅中国共产党的文件，所写的文章往往仅凭口述，缺乏相应的考证，以至于存在不少错误。

从研究方式来看，这些记者一般都是以自己当时的经验和心理结构去研究中国共产主义问题。他们更多是关心中国共产党人当时正在做什么，而不是正在努力，最终要实现什么，才导致他们不可能对中国共产党的性质做出更为准确的阐述。

中国革命的胜利，使毛泽东及其思想的研究再度成为美国中国学研究的一个热点。一些学者在过去新闻记者所形成的认识基础上，从不同角度对毛泽东及其思想进行了更为深入的探讨。新中国成立后，尽管美国一度曾受到麦卡锡主义的影响，仍有许多从事中国研究的美国学者，特别是以费正清、史华慈为代表的自由派学者，他们深刻认识到研究中国历史和现状对于美国对华政策的影响。

史华慈是费正清早年的研究生，他于1951年出版的《中国的共产主义与毛的崛起》一书，被西方学者称为关于毛泽东研究的开山之作。在这本书中，作者引用了当时能够接触到的《湖南农民运动考察报告》等毛泽东曾发表的文章，以及20世纪三十至四十年代西方记者对中国革命的一系列报道，对中国共产党的历史与毛泽东在中国革命中的作用，做了深入的阐述。此书最大的影响还在于它第一次提出了"毛主义"的概念。史华慈认为，中国共产党的战略实质上是在一个纯粹农民群众的基础上，强制推行一个按照列宁主义原则组织起来，并因信奉马列主义某些基本原则而获得生命力的政党。

史华慈这种把毛泽东思想同马克思主义对立起来的观点，后来在施拉姆那里又得到了发展。1963年，称史华慈为老师的施拉姆出版了《毛泽东的政治思想》，接着又在1966年出版了《毛泽东传》。施拉姆的这些著作，其基本观点与史华慈的观点相似，强调了毛泽东的思想是中国革命的产物，具有明显的民粹主义倾向和唯意志论成份，是马克思主义的"异端"。

"异端论"的首创者是费正清，其主要根据是认为马克思主义的一个本质特征在于肯定工业无产阶级的历史使命，并引导其实现自己的使命，强调共产党是无产阶级的先锋队，而毛泽东则创造以农村为基础的农民游击战争，以农民作为革命的主力军，从而使中国共产党成为一个以农民为主体的政党。

显然，自由派学者的上述观点是缺乏说服力的，也是不能被大多数中国读者所接受的，这可能也是他们所出版的，涉及毛泽东研究方面的书籍在中国销量不大的原因之一。他们把毛泽东思想与马克思主义对立起来，不恰当地称毛泽东思想为马克思主义的"异端"，这实际上是把表象与本质混淆在一起。对此，美籍华裔学者黄宗智就指出："这次革命确实是一种阶级的革命，因而中国共产党人依然相信他们不仅是毛泽东的追随者，而且也是马克思主义的信徒"。

当然，自由学派的研究也有许多可取之处。首先，从研究方法而言，他们比较重视文献资料的搜集与整理，并能采用相对客观的方法来研究中国共产党和毛泽东，因而所出版的研究性著作，其学术性较强，且都有自己的个性。其次，他们提出的毛泽东的思想理论与正统的马克思主义有很大不同，实质上是肯定了毛泽东思想具有很大的独创性，这对于纠正冷战时期国民党方面对中共的片面宣传，所造成人们的错误观念，具有重要的影响作用。

1980年，特里尔总结了以往美国学者撰写毛泽东传记成功与不足之处，在他出版的《毛泽东传》一书中，更多内容是对毛泽东一生革命活动的记实和描述，评论和分析的部分较少。正是基于上述原因，特里尔在美国也颇具争议。有些学者认为，特里尔著作的学术性不强，称他为笔下生花的记者，而一些记者则认为他是一本正经的学者。笔者认为，特里尔出版的《毛泽东传》一书写作风格平实，对于毛泽东一生的成就虽然有批评的内容，但更多的是赞扬与歌颂，正是这一点迎合了中国一般百姓的心理需求。因此，我们就不难理解，特里尔《毛泽东传》译介到中国之后，能畅销一百八十万册，并多次再版，截止到2005年6月，已第28次重印的原因。

江青最后十年真实生活揭密

《江青全传》是特里尔继《毛泽东传》出版之后，又一部颇有影响的人物传记。为写好该书，特里尔采访了很多人。在雅加达，特里尔从苏加诺总统遗孀那里获得了一些资料；在瑞士，斯诺遗孀也为他提供了一些尚未公开的史料。同时他也走访了生活在美国，与江青早年有密切联系的唐纳、崔万秋等人。他还曾深入秦城监狱，向管教人员了解到江青在监狱生活的许多细节，以及她自杀前后的详情，并将这段至今极少向外界披露的真相写入书中。

1981年1月25日，在最高人民法院的特别法庭上，十名罪犯并排站，聆听对他们的公开审判。张春桥和江青被判处死刑，缓期两年执行，其他人也受到了应有的法律制裁。据当时在特别法庭的当事人介绍，江青那是虽然已是六十四五岁了，并且已被隔离审查过去三年多，但她还是很注意自己的仪表，看上去只有五十多岁。

江青当时头发又黑又亮，很多很浓，完全不是外界流传说她是一个秃子，戴的是假发。她体态丰满，也不是民间流传说是在身上用了橡皮垫子。社会上流传的谬误，虽然反映了广大干部、群众对江青的仇恨，但终究是不合乎实际情况的。

一周以后，彭真来到秦城监狱看望江青。她提出来两个要求：一是要写回忆录；二是要见邓小平与华国锋。彭真回答说，国务院会考虑的。他告诉江青，你必须要干一些体力劳动。而江青则希望逃避通常意义上的体力劳动，说自己很喜欢做布娃娃。据监狱方面的人介绍说："江青三天就能做一个布娃娃，样子很好看。她一边缝制布娃娃，一边哼着曲子。她喜欢听收音机里的新闻广播，吃饭时还很有兴致地与女看守聊天。"但过了一段时间，她开始在自己制作的布娃娃上绣上自己的名字，这样，她制作的布娃娃也就不能再出售，而是被一个个地堆放在仓库里。

江青在拘留期间，态度一直是很不好的。华国锋曾找江青有过两次谈话。华国锋劝她："承认错误，重新做人。"江青报之以冷笑："你敢不敢放了我？只要释放我，半年之内我就会除掉象你这样的人。"华国锋开口："如果放了你，人民是不会饶了你。不出半个小时，你就会被撕成碎片。"可是，出于人道主义的考虑，江青和张春桥等人在被隔离期间，对他们定的伙食费标准是每月30元，还高于当时机关干部食堂伙食费的两倍。

江青爱吃包子，不管是甜的、菜的，还是肉馅的，她都喜欢。一天晚上，江青偷偷地把两个肉馅包子塞进袖子，准备留做夜宵吃，但被看守发现。看守她的警卫喊道："把包子放回去！你只能拿你现在要吃的。"江青羞愧万分，把偷偷拿的包子放回到原处。在此之前，社会上流传江青绝食，完全是无稽之谈。

特里尔在书的最后一章描写道：1991年3月期间，江青在酒仙桥的住处高烧不退，因而被送进公安医院。被捕已经过去了12个年头，她的健康每况愈下，从前的支持者依然没有任何鼓舞的消息，自己也依然没有任何可能重登权力宝库的迹象。

5月10日，江青当着众人的面撕碎了她的回忆录手稿，并要求回到酒仙桥住处去。这一举动使周围的人大吃一惊。5月14日凌晨1：30分，护士离开了江青的卧室。将近3：00的时候，虚弱、绝望的江青从卧室爬到卫生间，她用几个手帕结成一个绳套，套在浴盆上方的铁架上。她用被子和一个枕头垫在下边，以便自己能够到打结的手帕。她将头伸进绳套，接着又踢开身下的被子等物品……三点三十分，一名护士进来，发现她已吊在了浴盆上方。其她护士和医生匆忙起来，但是已经太晚。这位曾经是演员、文艺女皇和毛泽东妻子的"白骨精"，在她77岁的时候结束了自己的生命……作为一个自我至上的女人，江青在生前和死后都引起世人的关注。

(原文摘要发表于《名人传记》2013年第8期)

美国学者视野中的毛泽东与中国革命

美国记者对早期红色苏区的报道

美国著名记者、作家埃德加·斯诺是第一个向共产党领导人——毛泽东、周恩来、彭德怀等正式提出问题的西方人。斯诺1905年出生于美国密苏里州堪萨斯市。1924—1928年先后在密苏里大学新闻学院、哥伦比亚大学新闻学院学习。毕业的当年,他怀着要深入了解中国的理想,从日本乘船转道来到中国。1932年他在上海与鲁迅相识,并将《阿Q正传》翻译成英文。1934—1938期间在北京燕京大学新闻系任教,讲授新闻撰述学、旅行通讯等课程。由于他是一个有实际经验的新闻记者,又是一个谦虚好学的、有学问的教师,他所讲授的课程深受学生的欢迎,培养出了后来成为中国著名翻译家的萧乾、杨刚等学者。在与鲁迅、宋庆龄及一些中共地下党员的广泛接触中,他了解到有关中国共产党的许多情况与国民党报刊宣传的内容根本不同,并深感报道红色中国真实情况,不但是中国人民普遍关心的问题,而且也是许多西方国家人民的迫切需要。

1936年6月，斯诺从北平出发，冒着生命危险，经过西安来到陕北苏区临时首都保安，采访了毛泽东，搜集了大量有关中国革命和毛泽东等中共领导人的第一手资料。返回北平之后，他为美、英报刊撰写了一系列有关中国革命及其领导人的通讯报道，轰动了西方舆论界。后来，他在这些报道的基础上，写成了《红星照耀中国》一书，向全世界介绍毛泽东、中国共产党、红军和举世闻名的二万五千里长征。1938年，在上海中共地下党和抗日救亡人士的帮助下，该书以《西行漫记》为名在中国出版。《西行漫记》在出版后不到几个月，就轰动了国内以及国外华侨聚居地，后来相继出版了无数重印本和翻印本。

《红星照耀中国》作为斯诺的成名作和代表作，是他根据采访记录、有关文件、个人实地考察，以及某些第二手材料写成的著作。在该书中，斯诺通过自己的亲历考察，向世界真实地报道了当时中国的社会政治、经济、军事等到各方面情况，以此唤起人们对于中国革命的注意。长期以来，由于国民党统治集团对根据地军事封锁，外界无法了解到红军和苏维埃政权的真实情况，人们只能从国民党围剿和剿灭"赤匪"等扭曲的宣传报道中得到一点有关的消息。而斯诺的《西行漫记》作为西方记者描绘中国红色苏区的第一本著作，对中国共产党及其纲领、路线、策略、实践等都作了高度正面的报道。值得一提的是，斯诺的书稿是在日军进攻北平的枪炮声中完成的，它在很大程度上唤起了西方友好人士对于中国的关注与同情。

作为第一位采访毛泽东的西方记者，他同毛泽东进行了深入的接触，两人相谈了许多夜晚，涉及到各种广泛的问题。毛泽东将其幼年和青年时代的许多鲜为人知的事，包括如何成为一个共产主义者，以及红军为什么能够成长壮大等许多问题，比较详细地向他作了介绍。为此，斯诺曾非常满意地说："关于毛泽东，我可以单独写一本书。"虽然单独为毛泽东撰写传记的目的没有达到，但在《红星照耀中国》一书中，有关毛泽东的记述确实占据了重要地位，这部分内容构成了斯诺对于毛泽东研究的基本框架，成为后来人们了解毛泽东的入门教材。30年代末，这部分内容曾被翰青、黄峰翻译为《毛泽东自传》，由上海光明书局出版。

1937年4月，继斯诺之后，他的第一任妻子海伦·斯诺也从西安出发，在摆脱了国民党的严密监视之后到达陕北，在延安采访了毛泽东和中共的许多领导人。她在长达五个月的采访基础上，写出了《在红色中国内部》一书，1939年由纽约双日出版社出版，当年就被译为中文，以《续西行漫记》为名在中国发行，被国内学者认为是对《西行漫记》一书的有力补充。与此同时，史沫特来、斯坦因、白修德等美国记者与学者也相继来到中国，后来分别出版了报道中国革命的书籍：《中国战歌》、《红色中国的挑战》、《中国的惊雷》等，由此构成了西方人士采访"红色中国"的第二次高潮。

海伦·斯诺一生著述颇丰，有四十三部书登记了版权，在已经出版的十四部著作中，有十部是关于中国的。已经翻译成中文在国内出版的著作有：《续西行漫记》、《七十年代西行漫记》、《我在中国的岁月》、《为中国民主奠基》、《阿里郎之歌——中国革命中的一个朝鲜共产党人》、《重返中国》、《毛泽东的故乡》等。这些作品中，只有三本出版在她1940年离开中国之前，其它作品全部是出版在1979年中美建交之后。1981年和1982年海伦·斯诺曾两度获得诺贝尔和平奖提名，1996年她又获得中国"人民友好使者"称号。然而，与对埃德加·斯诺及《西行漫记》的研究与评价相较而言，有关海伦·斯诺和她的中国作品的研究，则要逊色得多，也未能得到应有的评价与赞誉。她被认为是"一位未被颂扬的伟大女性"。英国《经济学家》认为，"斯诺夫人的这部著作（《红色中国内幕》）以及她的另外四十部著述，主要是写中国的，如今已被认为优于她丈夫的作品。"

海伦·斯诺后人赠送给中国国际友人研究会的五本中国采访笔记，真实地记录了在抗日战争发生前后中国的社会变迁，对中国现代文学艺术、学生民主运动、政局变化、苏区社会景况、中国经济变迁等进行了深度解读，是弥足珍贵的第一手史料。翻译出版这些资料，具有重要的学术价值和现实意义。

白修德曾是费正清在哈佛大学的第一位学生，1939—1945年担任美国《时代》杂志驻中国的首席记者。他在《中国的惊雷》一书中描述道："毛泽东比起蒋介石的那副道貌岸然的样子，他的脸是活泼得多，而且堆着更多的笑容，而且他的知识也很渊博，是一位兴之所至、博览群书的自学者。"白修德在描述毛泽东领导魄力的同时，还就中国共产党为什么能很快发展成为一支不可忽视的政治和军事力量进行了探讨。他在书中还强调说，"除了中国共产党外，中国从来没有一个集团敢于武装人民。在这一点上，中共实际上是中国历史上历次伟大农民革命的一个延续。而武装人民向来都是推翻旧朝代的一个先决条件。"

通过他们的努力，美国对中国革命的了解和研究才有了进一步的深化。一些学者开始依靠他们的报道做出某些符合实际的科学判断，美国当局也开始关注起有关红色中国的报道。美国时任总统罗斯福曾几次与斯诺就"红色中国"的内幕问题进行交谈。许多远东问题专家如费正清、拉铁摩尔等也逐渐改变了过去对中国共产党的看法。

但是，我们也应该看到，由于这些进入"红色中国"进行采访的美国人士大多是记者兼学者，对中国社会、中国革命缺乏充分的认识和理解，他们的著述中多的是大量转述中国共产党领导人的谈话，或谈论他们对毛泽东等人的直观印象，而缺少自己深入、透彻的分析。同时由于他们当时难以掌握全面、真实的历史材料，难以查阅中国共产党的文件，所写的文章往往仅凭口述，缺乏相应的考证，以至于存在不少错误。

从研究方式来看，这些记者一般都是以自己现时的经验和心理结构去研究中国共产主义问题。他们更多是关心中国共产党人当时正在做什么，而不是正在努力，最终要实现什么，才导致他们不可能对中国共产党的性质做出更为准确的阐述。

美国对华政策的有力推动者

中国革命的胜利，使毛泽东及其思想的研究再度成为美国中国学研究的一个热点。一些学者在过去新闻记者所形成的认识的基础上，从不同角度对毛泽东及其思想进行了更为深入的探讨。新中国成立后，尽管美国一度曾受到麦卡锡主义的影响，仍有许多从事中国研究的美国学者，特别是以费正清、史华慈为代表的自由派学者，深刻认识到研究中国历史和现状对于美国对华政策的意义。

费正清作为哈佛大学东亚研究中心的创始人，西方现代中国学之父，他所开创的美国中国学研究在海外汉学界占有重要的地位，其学术观点影响了几代美国学者。费正清毕生所关注的问题就是中美关系的历史、现状和未来。他不仅研究中美关系史，还不断通过自己的研究成果和其它活动来影响与改变中美关系。他告诫美国政府不要同国民党完全搅在一起，他认为中国革命的胜利是必然的，因为中国革命是土生土长的产物，不是外界强加的。1948年7月，在综合了多年的研究成果之后，他出版了第一部对中美关系有重要影响的著作：《美国与中国》。该书一经出版，很快得到了美国政界、学术界及广大公众的重视和肯定，后来在尼克松总统1972年访华之前，被推荐为必读书籍之一。《美国与中国》一书也得到中国读者的广泛认知，1983年被翻译成中文出版后，曾多次修订和再版，第五次修订版于1989年出版。1954—1960年期间，他与留美学者邓嗣禹合作出版了《清代政府：三种研究》、《中国对西方的反应》，这两部著作主要对朝贡体制进行阐述，提出著名的"冲击—反应"模式。此后，他还相继出版了《东亚文明史》、《魂系中国：费正清对华回忆录》、《伟大的中国革命》、《中国新史》等几十部论述中国革命，并涉及毛泽东的书籍，先后都被翻译成中文并多次再版。

史华慈是费正清早年的研究生，他于1951年出版的《中国的共产主义与毛的崛起》一书，被称为西方学者专门从事毛泽东研究的开山之作。在这本书中,作者引用了当时能够接触到的《湖南农民运动考察报告》等毛泽东曾发表的文章,以及20世纪三十至四十年代西方记者对中国革命的一系列报道,对中国共产党的历史与毛泽东在中国革命中的作用,做了深入的阐述。此书最大的影响还在于它第一次提出了"毛主义"的概念。史华慈认为,中国共产党的战略实质上是在一个纯粹农民群众的基础上,强制推行一个按照列宁主义原则组织起来,并因信奉马列主义某些基本原则而获得生命力的政党。

史华慈这种把毛泽东思想同马克思主义对立起来的观点,后来在施拉姆那里又得到了发展。1963年,称史华慈为老师的施拉姆出版了《毛泽东的政治思想》,接着又在1966年出版了书名为《毛泽东》的传记。施拉姆的这些著作,其基本观点与史华慈的观点相似,强调了毛泽东的思想是中国革命的产物,具有明显的民粹主义倾向和唯意志论成份,是马克思主义的"异端"。

"异端论"的首创者是费正清,其主要根据是认为马克思主义的一个本质特征在于肯定工业无产阶级的历史使命,并引导其实现自己的使命,强调共产党是无产阶级的先锋队,而毛泽东则创造以农村为基础的农民游击战争,以农民作为革命的主力军,从而使中国共产党成为一个以农民为主体的政党。

显然,自由派学者的上述观点书籍在中国销量不大。他们把毛泽东思想与马克思主义对立起来,称毛泽东思想为马克思主义的"异端",这实际上是把表象与本质混淆在一起。对此,美籍华裔学者黄宗智就指出:"这次革命确实是一种阶级的革命,因而中国共产党人依然相信他们不仅是毛泽东的追随者,而且也是马克思主义的信徒"。

当然,自由学派的研究也有许多可取之处。首先,从研究方法而言,他们比较重视文献资料的搜集与整理,并能采用相对客观的方法来研究中国共产党和毛泽东,因而所出版的研究性著作,其学术性较强,且都有自己的个性。其次，他们提出的毛泽东的思想理论与正统的马克思主义有很大不同，实质上是肯定了毛泽东思想具有很大的独创性，这对于纠正冷战时期国民党方面对中共的片面宣传给人们造成的错误观念，具有重要的影响作用。

对毛泽东军事著作的研究与应用

在欧美，最早从军事思想角度研究毛泽东的，是美国海军陆战对的军官格尔菲茨（S.B. Griffith）。抗日战争时期，格尔菲茨曾作为美国军事代表团成员到过延安。回到美国后，他于1940年在美国《海军陆战》杂志上立即发表了《毛泽东会见记》的文章。他指出：毛泽东在中国提出了一套新的游击战理论——说起来便是："敌进我退，敌驻我扰，敌疲我打。日本军事家认为毛泽东是最光辉的中国式的战略家"。1961年，经过多年的资料收集、整理，他又写作出版了《毛泽东论游击战》一书，全面分析论述毛泽东发表的《论持久战》的理论与实用性。格氏认为，毛泽东阅读过《三国演义》和《水浒传》，熟记了《孙子兵法》，研究了19世纪中叶几乎推翻了清朝的农民起义——太平天国运动。从军事、政治、经济观点上看，历史上还不曾有过像中国那样组织完善的游击战争的例子。格氏指出：游击战术可归纳为"声东击西"这四个字。我们发现它表达了一个最重要的原则，即一方面分散兵力，一方面集中兵力。达到吸引敌人的注意力，并在其最难预料的地点与时间打击敌人。毛泽东的"战争的基本原则，保存自己，消灭敌人，总是起到主导作用。" 该书后来在美国多次再版，影响很大。

这一时期，许多学者学者力求从新的角度，运用新的方法，来研究毛泽东军事思想。其中最具代表性的人物是英国学者布尔曼（S.A. Boorman）。1971年，布尔曼撰写的《持久的比赛：以围棋解释毛主义的革命战略》一书，由牛津大学出版社出版，这是西方在研究毛泽东军事战略方面比较有代表性的一部著作。布尔曼从围棋的结构和围棋的战略入手，进而把围棋与革命的战略进行类比，并进一步转向毛泽东所领导的土地革命战争、抗日战争、解放战略的军事谋略，在研究方法上值得借鉴。

布尔曼在考虑这些问题时，用围棋类比方法分析中国革命应该是在一个想象的围棋盘上，勾画出革命时期中国不断发展变化的战略形势，把它看作是一盘对局达22年之久、流动遍及全中国的围棋。毛泽东在自己的著作中也曾经与围棋战略进行过大量类比。例如，毛泽东在《抗日游击战争的战略问题》、《论持久战》，以及解放战争中给林彪、罗荣桓的电报中，都以围棋对战争中的有关问题作过形象化的比喻。布尔曼采用的方法，为我们提供了一种研究毛泽东军事思想的新途径，给人以新的启迪。

深受中国人民喜爱的美国学者

罗斯·特里尔，曾任哈佛大学教授，东亚研究中心研究员，美籍澳大利亚人，《毛泽东传》、《江青全传》等多部畅销书的作者，在世界各地享有很高的盛誉。其中1980年出版的《毛泽东传》一书，曾被译成德文、意大利文、西班牙文等八种文字。2010年，随着他的自传体回忆录《我与中国》一书再次出版，并被翻译成中文，作者的传奇经历，以及有关毛泽东与江青的真实生活经历再次展现在世人面前。许多美国报刊的编辑认为，只有费正清和特里尔才是讲述中国问题的权威。

特里尔在上世纪70年代撰写的有关中国报道方面的书籍和文章，为西方读者打开了了解中国的一扇窗户，尤其是他在美国著名杂志《大西洋月刊》上发表的两篇长文，当时成为1972年尼克松首次访问中国前夕，基辛格所推荐的第一批了解中国的必读材料。与此同时，他于1971

年、1973年、1975年连续访问中国，为中美、中澳关系的建立和发展做出过重要贡献。特里尔后来又根据来到中国的亲身经历，以在《大西洋月刊》发表的文章为基础，出版了名为《八亿人》的著作。该生动展现了70年代中国重新融入世界的鲜活事例，后来陆续被翻译成日文、德文和挪威文出版。中国外文局将其书翻译成《八亿人——来自中国的报道》，作为内部出版物在北京发行。这些都给予特里尔以莫大的鼓励，增强了他进一步从事中国研究的信心与动力。

接下来的几年，特里尔又撰写了《后毛泽东时代的中国未来》，分别在法国、日本、新加坡、瑞典和印度出版。另一本则是《铁树开花》，书中描写了"文化大革命"结束后中国人民在城市的生活情景。曾任美国国务卿的基辛格专门致信特里尔，对于此书的出版表示祝贺与赞扬。目前特里尔已出版数十部著作，其中绝大部分书籍都与中国有关。1980年《毛泽东传》出版，随即被翻译成德文、意大利文、保加利亚文、西班牙文、葡萄牙文和希伯来文等，在中国乃至世界产生了广泛的影响。自译介到中国以来，累积畅销数量达到一百八十万册。特里尔还曾获得了美国重要的两项新闻奖，即美国国家杂志优秀报道奖和乔治·伯克纪念奖的最佳杂志报道奖。

最新出版的《我与中国》一书，则是他一生讲述中国故事的回顾与见证。书中既有对中国政坛风云人物的生动刻画，也有对中国普通民众生活的娓娓讲述，涉及的人物上至国家领导人、文化名流，下至工人、农民、普通知识分子。全书时间跨越达四十余载，作者从一个西方人的视角，展现了新中国一甲子的发展历程，为广大读者打开了另一扇了解中国之窗。作者还借助自己中外交流使者的身份，对作为时代背景的国际关系格局从紧张的冷战关系发展到世界一体的全球化时代做出了客观的、批判性的分析，并作为亲历者讲述了几十年间世界政治舞台的风云变幻，中美、中澳关系的峰回路转。

近年来，特里尔担任澳大利亚莫纳什大学和美国得克萨斯大学奥斯汀分校客座教授，2008年被任命为华盛顿伍德罗·威尔逊中心公共政策学者。2012年11月，特里尔又一次来到中国，并出席了由中国人民大学举办的第三届世界汉学大学。从澳大利亚一名乡村少年到哈佛大学知名教授，从中国问题研究到领袖人物传记写作，特里尔的传奇经历和最新动态一直被世人所关注。

毛泽东思想的当代价值

  历史发展的经验通常表明，伟大历史人物对于世界的贡献，不仅表现在其在世时的影响，更主要是通过其对后世的直接或间接的影响而彰显出来。在当今世界，发掘毛泽东思想的当下价值和普遍意义将会成为研究毛泽东不可回避的重要问题，也将成为国内研究者研究毛泽东不可推卸的重要任务。相比较国外学者将毛泽东与整个人类历史发展的命运相联系，论述毛泽东的世界"普遍性"意义等方面所做出的成果，国内相关研究还是有待进一步努力和深化。

  值得注意的是，近年来国外毛泽东研究领域开始突破从"单一视角"出发的传统研究模式，其理论视角开始触及经济、文化、艺术等方面，开始关注对青年毛泽东的解读，呈现对毛泽东多重维度阐释的整体性解读模式的新趋势，也开始对毛泽东经济思想进行再思考。

  建国后，毛泽东在领导经济建设问题上虽然做出了突破"苏联模式"的尝试与探索，但是其领导和发动的"大跃进"运动却给国民经济带来灾难性影响，因此国外学者很少论及毛泽东经济思想。但是，近年来，这种情况有所改观，部分学者已经开始注意对毛泽东经济思想进行发掘性研究，开始将毛泽东经济思想从历史的尘埃之中提取出来，解除其被遮蔽的"光辉"。英国学者杰克·格雷一直坚持毛泽东通过利用农村剩余劳动力发展农村工业的经济发展模式，并非是罗曼蒂克的梦想，而是相当具有普遍意义的发展模式。他认为："这一模式是成功的，不仅七十年代的农村工业得到了迅速发展，同时还为八十年代及以后农业的爆炸性增长奠定了基础"。

2007年，毛泽东的《实践论和矛盾论》新版英译本由沃索出版社出版。美国学者齐泽克（Zizek）为新版译本作了长达28页的导言（占据整个篇幅的近六分之一），他重新评价了毛泽东在马克思主义发展史上的贡献，认为毛泽东完成了对马克思主义的"第二次重大传承"，即由列宁到毛泽东，革命主体由工人阶级转移到农民。他认为："在当下，阶级斗争的形式不再是每个国家的资产阶级和无产阶级之间的斗争，而是转移到第三世界与第一世界、资产阶级国家与无产阶级国家的斗争。毛泽东的伟大成就在于其成为第三世界国家数以亿计人民的'政治符号'，正是他们创造了看不见的推动历史发展的'物质'和基础。"毛泽东著作的海外传播，可以说是中国近代以来规模最大的一次对外思想传播。

近年，在美国国会图书馆举办的各种活动中，经常会有许多关于毛泽东军事思想方面的专题报告，许多专家都在努力探讨现代条件下，如何运用毛泽东思想为本国经济建设服务。有的学者，一生致力于研究毛泽东军事思想。这些事实都告诉我们，毛泽东军事思想与谋略在当今并没有过时。作为一种科学，不论是最早出现在哪一个国家，是谁创立与发明的，只要它对本国本民族有用，就应该实事求是地学习它、研究它，并用于本国的建设实际。

综上所述，美国学者对于毛泽东及其思想的研究起源于上世纪三十年代中期，以斯诺为代表的记者对于红色苏区的报道，经历过五十年代关于"毛主义"问题的讨论，至七十到八十年代发展到一个鼎盛时期。历史虽然已进入到后毛泽东时代，但毛泽东思想的巨大影响力仍然影响着西方学界。

邓嗣禹与芝加哥大学早期中文教学

——纪念邓嗣禹先生诞辰110周年

缘 起

2014年初，笔者整理、写作《家国万里：邓嗣禹的学术与人生》一书时，曾在上海市档案馆查阅到邓嗣禹先生于1947年在《东方杂志》上发表的《美国陆军特训班给予吾人学习西语的教训》一文。这是一篇十分珍贵的文史资料。作为当年芝加哥大学"美国陆军特训班"课程的负责人，邓嗣禹在文中详细介绍了芝大美国陆军特训班培训的全部过程，包括培训班的起止时间、课程设置的具体细节与要求，还有邀请胡适参与讲课的细节，这在《胡适全集》、《胡适年谱》中均属于遗漏的内容。文章的后半部分内容，他还总结出此次培训班的经验与教训，以及对于当今对外汉语教学中值得借鉴的方法，内容可谓丰富之极。笔者原来就想，待腾出时间后，一定要写一篇专文予以介绍。2015年是笔者外公邓嗣禹先生（1905—1988）诞辰110周年，特发表此文以资纪念，同时借此机会澄清一些历史真相。

一段被误读的历史与真相

近期,笔者拜读了普林斯顿大学周质平教授在《传记文学》2012年第101卷第6期发表的文章《赵元任与中文教学》,以及收录在其新著《现代人物与文化反思》的同名文章,觉得他所论述芝加哥大学早期中文教学的情况与事实不符。他在文中说道:"早期欧美学院中的汉语教学一向是为汉语研究服务的。说得更具体些,学习汉语的目的是为了研读中国古籍,所以有些学校的初级中文教学竟是古代汉语,芝加哥大学一直到上世纪60年代,还维持着这个现在看来有些荒唐的传统。"这并不符合芝加哥大学当时的情况。

他所依据的史料,仅是芝加哥大学历史系教授艾恺(Guy Allito)在《传记文学》2008年第92卷第6期发表的一篇文章《纪念许文锦女士》。艾恺的本科毕业于美国天主教办的国王学院,1964年他考入芝加哥大学东亚研究专业,攻读硕士研究生,其指导老师是政治学系的邹谠。邹谠是芝大著名的华裔政治学家,其父亲邹鲁是国民党元老、中山大学首任校长。1960年代初,《美国在中国的失败,1941—1950》一书令邹谠声名大噪,该书曾被誉为芝加哥大学出版社当年的最佳著作,奠定了他在学术界的地位。艾恺因此跟着邹谠研究中国历史。

于1947年开始任教于芝加哥大学东方语言系的知名学者钱存训(即艾恺在文中所述许文锦的先生),在他出版的中文回忆录《留美杂忆:六十年来美国生活的回忆》中,有这样的记载:

> 芝大对中国语言和文化的教学,大致分为古代、中古和近代三个阶段。当时除顾先生(笔者注:顾立雅)教授第一年汉语、古代史和思想史外,另有柯睿格(Kracke)担任第二年中文、中古史和政治制度等课程。他专攻宋史,著有《宋初文官制度》(1953年)、《宋代职官衔名英译》(1957年)等书,也是国际宋史研究计划的创始人。

另一位是邓嗣禹教授，讲授中国近代史和现代中文，编有《报刊中文》、《中文会话》、《高级中文会话》等课本作为教材；另外还开设研究方法的课程。在我到校后不久，他因哈佛大学之聘离校；他原来担任的两门课程"中国目录学"、和"中国史学方法"，就由系中请我继续讲授。

钱存训在此文中分别介绍了在1947年前后，芝加哥大学东方语言系三位教授顾立雅、柯睿格、邓嗣禹的课程分工，同时强调了邓嗣禹当时还"编有《中文会话》、《高级中文会话》等课本作为教材"。由此可见，在40年代后期，芝加哥大学就曾开设过多种中文会话的口语课程，并采用邓嗣禹合编与自编的教材，用于本科生教学。

1935年，邓嗣禹在燕京大学师从顾颉刚，获得硕士学位之后，曾留校任教2年。1937年8月应邀赴美国，协助恒慕义（A. W. Hummel）博士编写《清代名人传略》，负责太平天国时期正反两方面三十三位人物的传记编写工作（其中有三位人物的传记是与费正清合作编写）。1938年他获得哈佛燕京学社第二批奖学金，前往哈佛大学师从费正清，于1942年获得博士学位。早在1941年时，因哈佛大学的博士学位告一段落，邓嗣禹应芝加哥大学之聘任讲师，开设中国近代史、中国史学方法、中国目录学等课程。1942年担任东方研究院院长、兼远东图书馆馆长，并主持美国陆军在该校所设立的中国文史特训班的工作。

顾立雅（H. G. Creel, 1905—1994）教授是美国最早从事中国古代史研究的第一代汉学家，先后在芝加哥大学取得学士（1926年）、硕士（1927年）、博士（1929年）学位。他研究过中国的孔子、安阳考古发掘、科举制度、西周政治、道教等等，并单独或合作编写了一系列的中文教科书，其中包括三本古汉语教材。1932—1935年，他曾获得哈佛燕京学社奖学金资助到中国留学，师从北平图书馆金石部主任刘节研究中国古代文字学、甲骨文及金文，并曾数次赴安阳参观考古发掘工作，1936

年回到美国,受聘于芝加哥大学东方语言文学系任讲师,开设中国语文、哲学及历史课程。顾立雅在1994年去世,享年89岁。他和妻子把全部财产捐赠给了大学用于中文研究。柯睿格(E. A. Kracke, Jr., 1908—1976)的学士(1931年)、硕士(1935年)、博士(1941年)学位都是在哈佛大学获得的,他与邓嗣禹曾是哈佛大学的博士学友,受哈佛燕京学社资助,曾来华进行过考察,后来又一起供职于芝加哥大学东方语言系。

当年,东方学系的三位教授各有分工,顾立雅担任第一年汉语、古代史和思想史;柯睿格担任第二年中文、中古史和政治制度等课程;邓嗣禹在第三年讲授中国近代史、中国目录学、中国史学方法和现代中文;第四年由麦克尼尔开设西方文明史课程。之所以把这门课设置在大学的最后一年,是希望它在为学生们提供历史知识的同时,能够帮助他们更清晰地理解在文学、科学和人文课程中学过的许多思想与大多数信息之间的联系。这门课程以阅读、选读材料为主,要求学生围绕材料进行课堂讨论。1949年,麦克尼尔编写了《西方文明史纲》一书作为辅助教材。1947—1948年期间,作为访问学者的董作宾,曾开设中国考古学、金文及古文学等课程。1949年秋,邓嗣禹接受费正清邀请,重返母校哈佛大学,最早讲授"现代中国问题"课程之后,他所讲授的中国目录学、中国史学方法等课程由钱存训接任。

威廉·麦克尼尔(W. H. McNeill, 1917—),他的本科与硕士教育都是在芝大完成的,1947年获得康奈尔大学博士学位之后,曾长期执教于芝加哥大学历史系,从事世界史教学与研究工作。1947年秋,麦克尼尔回到母校芝加哥大学任教。最初他在社科学部任讲师,受校长哈钦斯之命,开设了一门西方文明史课程。燕大校友王伊同当时也曾在芝大任教两年(1949—1950)。更为有趣的是,当年芝大还有一位讲授远东史的学者麦克尼亚(H. F. MacNair, 1891—1947),汉字译音仅与麦克尼尔有一字之差。他是芝大日本史、远东史方面的权威,与邓嗣禹交往颇深,俩人曾合作编写过《中国志》一书。但不幸的是,他因心脏病突发,在麦克尼尔到校任教之前不久，于1947年6月逝世，享年仅56岁。

芝加哥大学中文教学负责人王友琴先生，在他所发表的《芝加哥大学中文课程73年回顾》一文中，也从另外一个侧面，反映了芝加哥大学中文教学1950年代前后的情况：

> 北京图书馆的钱承训（笔者注：钱存训）先生，在日本军队占领北京前，把一批善本运到美国，以免被日本人破坏或者掠夺。战后，他留在芝加哥大学工作，负责大学的东亚图书馆。他的妻子许文锦，1952年成为芝加哥大学第一位专职中文教师。1950年芝加哥大学建立了东亚语言文明系，延续至今。在专职中文教师的指导下，教学由教授古代汉语转向教授现代汉语，教学法也更多地使用这里所说的"经验法"。

从王友琴的回忆文章记载中，我们可以进一步了解到：钱存训的妻子许文锦，从1952年成为芝加哥大学第一位专职中文教师后，她的主要任务，就是专职负责芝加哥大学的汉语口语教学工作。

艾恺的本科毕业于美国天主教办的国王学院，1964年才考入芝加哥大学东亚研究专业，攻读研究生课程。作为打基础的口语课程，芝加哥大学可能仅在本科生阶段开设，研究生阶段并没有此课程，艾恺在攻读研究生课程阶段就没有经历到。当然，如果在本科生阶段没有学习中文会话，或者说并没有过关，在读研究生时期就可能还要专门补课。

此外，在王友琴的回忆文章中，还记述了他的前任赵智超教授的一些工作情况，可对芝大中文教学工作情况作进一步补充验证。1960—1970年代，赵智超曾在芝大东亚语言与文明系任教，担任中国语文部主任。

在赵智超教授担任中文课程负责人期间，注重准确的发音和流畅的口语表达成为芝加哥大学中文课程的重要特点之一。其中，一年级中文课的第一学期主要进行严格的发音训练。1960年初建造的配有大量录音机的语音实验室在这方面起了重要作用（这个实验室现在已经被新的取代）。学生必须在那里练习够规定的小时数，助教会检查学生的签到记录。当然，原来强调字义和语法的传统也仍旧保持。这种严格的反复练习是有成效的。

从这一段文字的信息中我们可以了解到，芝加哥大学中文课程的重要特点之一，就是注重准确的发音和流畅的口语表达，60年代初就配置有大量录音机的语音实验室，用于口语教学，但是"原来强调字义和语法的传统也仍旧保持"。综上所述，从多方面当事人的回忆录与纪实文章的佐证材料可以证明：芝加哥大学早期对于中文的教学，是注重文言文与口语教学并存的体系，并不是像周质平所述"有些学校的初级中文教学竟是古代汉语，芝加哥大学一直到上世纪60年代，还维持着这个现在看来有些荒唐的传统"。

二战前中文教学历史回顾

芝加哥大学的中文课程开始于1936年。早在1905年，清政府就派了五名大臣为实行新政到欧美考察宪政。其中满族大臣端方和汉族大臣戴鸿慈访问美国一个月，曾到芝加哥三天，相当仔细地参观了芝加哥的疯人院、基督教青年会和大型屠宰场等。此后一些中国留学生也开始来到芝加哥大学学习。其中饶毓泰先生于1913年，叶企孙先生于1918年先后来到芝加哥大学物理系读本科，1940年他们又分别任北京大学和清华大学的物理系主任以及理学院院长。著名妇产科医生林巧稚也曾于1939年到芝加哥大学做学术研究。当年，恒慕义之子恒安石（曾任美国第二任驻华大使）、雷约翰（John A. Lacy，曾任驻香港及新加坡总领事）都曾于1948—1950年期间，在芝加哥大学东方语言系攻读硕士学位课程。现任国民党名誉主席连战，则是于1957—1965年，在芝大攻读外交学硕士、政治学博士学位。他的博士学位导师也是邹谠教授。

1936年，芝大首次开设的中文课程从文言开始，这是因为当时的学术研究聚焦于古代中国。教师是顾立雅（H. G. Creel）先生，第二年他出版了一套教科书 Litera y Ch e se By th Id tio ，共三册，包括中国传统启蒙的《孝经》、《论语》和《孟子》。学生读完这三册，不仅可了解中国传统文化的精义，也可掌握汉字单词约三千，再阅读其它古籍书籍，就没有太大的困难。他把他的汉语教学方法称为 Inductive Method，即归纳法。现在似乎没有人用这个方法来教语言。其实细想起来，这个方法是有道理的。顾先生说，《孝经》有1799个字，其中只有388个字是不同的。从这388个字开始，要求学生充分理解每个字的起源和意义。他还用有限的字编写了大量练习用的句子，帮助学生理解语法。要点在于学会字义和语法，从而掌握整个语言的表达规律。实际上，成年人学外语和儿童学习母语的一个很大区别，就是在于成年人学习外语时更多地使用"归纳法"。

芝加哥大学出版的第四、五本中文语言教科书，则是在1943年由邓嗣禹、顾立雅合作编写的《中文报刊归纳法》Newsp r Ch e se þ Id tive Methd ，以及与此书配套的《中文报刊归纳法翻译与选择练习册》Tr lu i n f Text S lecti n d Exercises in Newsp r Ch e se þ Id tive Meth 。这两本书不再是古代汉语，但还是采用同一种归纳法编写的。

第二次世界大战中，芝加哥大学发生的最重要的事件，是在1942年建造了第一个人工控制的链式原子能反应堆，三年后在此基础上制成了原子弹。1945年这两枚制成的原子弹投放到日本后，日本投降，二战结束。主持这项研究的是在芝大从事研究工作的美籍意大利人，1938年诺贝尔物理学奖获得者费米。1938年哈钦斯校长将他引进到芝加哥大学，让他在这里完成了首次受控的链式反应，从而奠定了该校在原子能研究方面的崇高地位。

战争对芝大中文教学课程也有直接影响。就在1941年12月7日，日本偷袭珍珠港的几个小时后，正在上高级汉语课的学生在一起讨论"我们能做什么？"，他们决定抽出时间帮助大学编写阅读中文报纸的教科书。他们把精选出来的报纸上的文章照原文排印出来，一个字对一个字、一个词对一个词、一个句子对一个句子，做出非常详细的解释，最后由邓嗣禹、顾立雅负责编辑出版。就这样，在第二次世界大战中，芝加哥大学不但发明了原子弹，也编出了新的现代汉语课本。这两个事件的性质和规模相差很远，但是在为战争服务方面有共同之处。大规模的国与国之间的侵犯和杀戮，迫使各国人为了保护自己而学习外国语言。中文报纸教科书的编撰就让人看到了战争的残酷以及学者的爱国主义热情对语言教学的作用。

美国"陆军特训班"的中文教学与影响

太平洋战争前，美国许多大学的汉语教学内容，主要是为了培养汉学家而开设的古代汉语，注重古代汉语的阅读和语法分析，忽视其在生活中的应用。

太平洋战争爆发期间，美国陆军为了对外战争的需要，在哈佛、斯坦福、芝加哥等25所知名大学都开办有"陆军特别训练班"课程，英文Army Special Training Program（简称ASTP）。其目的是要训练将要被派到诸如中国、日本等地区任职的指挥军官，教他们学习各国的语言，同时学习各国的历史地理与社会情况，培训的时间由6个星期至9个月不等。接受过训练的美国学生，就能被派到所学语言的区域去工作。此外，美国政府还在哥伦比亚大学和普林斯顿大学设立海军语言学校，在弗吉尼亚的夏洛特尔设立陆军语言学校等。很显然，如果采用战争前各大学的汉语教学方法，将无法实现这一目的。为此，那些承担教学任务的中国学家们不得不改进汉语教学方法。他们尝试对学员强化语言训练，在教学中注重现代汉语的听力与口语表达。

哈佛大学受美国陆军委托，1943年开始举办中文、日文培训班，赵元任先生当时负责主持中文训练班的工作，正在读博士学位的杨联陞由于表现突出而受赵的特别赏识，在中文部二十余位助教中，特别为他申请了一个讲师的职位。后来，杨联陞还曾协助赵元任编写过一本《国语入门》的通俗读物。

耶鲁大学受美国陆军委托，在1943年成立远东语文研究院，创始人和第一任院长是金守拙（George Kennedy），采用的是拼音法教学，所用的第一本教材 *Spoken Chinese*（中文口语）由金守拙、赫德曼（L. M. Hartman）编著，1944年由亨利霍尔特（Henry Holt & Co.）出版社出版，留美学者房兆楹为该书撰写了序言。之后又出版了练习会话的教材 *Chinese Dialogues*（华语对话），整个耶鲁大学汉语教材的系统便是以这两本书为基础发展下去的。

芝加哥大学受美国陆军委托，在1942年成立的是东方研究院，创始人和第一任院长是邓嗣禹（兼任远东图书馆馆长）。在芝加哥大学开办的课程，当时称为"中国语言文史特别训练班"，培训时间从1942年8月开始，到1944年3月结束，比哈佛大学开办的时间要早，由邓嗣禹负责并兼任班主任工作，芝大的美国著名汉学家顾立雅（H. G. Creel）先生也曾参与授课。培训的目的，是要求受过训练的学员，了解中国的文化与习俗，能阅读中文报纸，并能用中文演讲，以便今后更好地开展工作。特训班的课程分为两部分，一是语言学习课程，二是地域研究课程。语言学习课程每周上17小时的课，采用的教材由邓嗣禹与顾立雅共同编写，如：《中文报刊归纳法》、《中文报刊归纳法翻译与选择练习》。有关口语方面的教材，也是采用邓嗣禹自编的教材。在此基础上，1947年他根据培训班的教案，整理出版了第六本教材：《社交汉语与语法注解》（*Conversational Chinese with Grammatical Notes*），由哈佛大学杨联陞撰写序言。之后在此基础上，1965年他又出版了第七本教材：《高级社交汉语》(Advanced Conversational Chinese)，这些书在美国都成为畅销书，并多次再版。据1980年来华参加"中美汉语作为外语教学学术讨论会"的耶鲁大学黄伯飞教授撰文介绍，美国印第安纳大学在80年代中期以前，所用口语教材都是邓嗣禹的这套教材。

特训班讲授的地域研究课程，每学期有10个小时的课程。第一期学习地理，教师为芝大地理学系各教授所担任，程序是先讲远东地理，然后相当详细地讲中国地理；第二期讲中国历史，从北京猿人讲起，到最近的时事为止。凡是中国文化、美术、政治哲学等内容皆需要讲述。当时，由邓嗣禹代表芝大，邀请胡适先生讲授中国思想史课程；第三期讲的是有关中国社会组织活动内容，注重近百年来的情景，并增加讨论课的内容。第四期是地域学习的课程，整合前三期所学内容为一体，请人类学专家将中国文化做综合介绍。他们中有用中文演讲的，专门讲中国风俗的内容；有谈论时事的学者；还有介绍中国的旧剧或书画的学者。除去听演讲之外，学生必须看课外参考书，数量要求为每周约100页。同时每月对学生有一次小考，每期有一次大考。"一年中文训练的成绩，使金岳霖先生大为诧异。"受训的学生俨然成为"中国通"。除此之外，在这一年当中，他们每周还有二小时的时间，学习欧洲历史、地理与政治的内容，使学生不仅了解中国的知识，而且对于世界也有一个大致的了解。

这种战时培训所采用的语言教学方法，使美国人在短时间内至少能够掌握最低限度的汉语阅读与会话能力，这对于战后美国的汉语教学产生了重要影响。太平洋战争年代结束后，哈佛大学、耶鲁大学、芝加哥大学、哥伦比亚大学纷纷打破已有的汉语教学模式，力图吸取战时语言教学方法的优点，并将其融入到正规大学课堂教学之中。更为重要的是，战时汉语培训冲破了美国人对于汉语所抱有的固有观念。长期以来，美国人视汉语为世界上最令人生畏的语言。然而，战时的短期汉语培训课程，就能使一大批美国人能说汉语，这无疑极大地增强了美国人学习汉语的信心。对于大多数美国青年而言，汉语不再是无法逾越的障碍。因此，当太平洋战争结束后，涌向课堂学习汉语的学生人数比以前有明显增加。

哥伦比亚大学东方语言文学系在狄百瑞（W. T. Debary）的主持下，使用强化训练的学习方法，将4年汉语学习的时间压缩为15个月；在哈佛大学，费正清、赖肖尔等人对战时的培训方法进行合理改造，通过采用区域研究的方式提高学生的语言能力。费正清认为"语言不仅仅只是了解人类社会的一种必需的工具，而且它也是一个复杂社会的主要组成部分，它与社会的其他方面有着紧密的联系……正确的利用语言学习，不仅有助于提高语言能力，而且对这种文化的许多方面也会有一个基本理解，这对于学生而言意味着更有效地利用他们的时间和精力。"

同样，在芝加哥大学，邓嗣禹、顾立雅等人也对于战时的培训方法进行了合理改造。根据在芝大的战时培训经验，邓嗣禹还未中国学生的英语学习提出建议："大学一年级每周有十点钟英文，可广泛采用ASTP的方法训练。希望大学二年级的学生，可随便看英文课本，用英文作工具去求有用的知识，不必再有英文课程了。"同时他还建议"中国对日对俄甚至对任何国家，都缺乏青年外交家与专门人才，似宜大量采用ASTP的方法，训练年青的干部，担任各种事业。"

美国研究学者嵩岁，在1946年曾撰文记述道："这种在战时培训计划中所尝试的汉语教学方法，战后被参与教学的中国学家带到各个高校。哈佛大学、斯坦福大学、耶鲁大学、芝加哥大学等多所大学所采用的都是这种注重听说的方法。"因此，太平洋战争爆发至1949年这一时期，可称为美国汉语教学的转折时期。

1950年抗美援朝战争爆发，美国军事当局为了适应当时战争的需要，除了原设的陆军语言学校之外，还在若干大学附设汉语训练班。1958年美国通过了《国防教育法案》后，政府采取了一系列加强外语教学的措施。如每一位参加培训的人员，在培训期间可获得每人每星期75美元的补助金，其家属也可获得每人每星期15美元的补助金。在美国政府的强力推动下，无论是开设汉语教学机构的数量，还是学习汉语学生的人数都有显著的提高，这一时期被称为美国汉语教学的"跨进期"。在这样的大背景下，邓嗣禹于1965年又编写出版了《高级社交汉语》，由芝加哥大学出版社出版，作为该校汉语教学的第七本教材。

胡适被邀请在芝大讲学

1944年初春，芝大陆军特训班在讲授地域研究课程内容时，曾邀请胡适先生讲授"中国思想史"课程十余日。时间安排是每日讲演一次，每周五次（这在《胡适全集》、《胡适年谱》中均被遗漏）。后来，胡适在收到芝大讲课费的支票后，曾回信表示感谢，并多次称邓嗣禹为"邓老板"。此时介绍芝大陆军特训班的经验与方法，缅怀邓嗣禹先生对于美国早年汉语教学方面的贡献，对于当今对外汉语教学也有许多可供借鉴之处。

(原文发表于北京语言大学主办《汉学研究》第十八集，2015年春夏卷)

六十年前邓嗣禹与贝德士之间的
一场激烈争辩

六十年前，在芝加哥举办的1951年亚洲历史年会期间，汉学家贝德士与邓嗣禹为讨论学术问题，曾发生过一场激烈的争辩。读者从两人来往的信件中，不仅可以获知当年中国基督教史的许多重要信息，而且还可以感受到老一辈中西方学者，对学术问题那种执著与坦诚的可贵精神。

（一）

贝德士（M. S. Bates, 1897—1978）是一位学者型的美国传教士和社会活动家，他1920年以优异的成绩获得牛津大学历史学硕士学位，回到美国后接受教会派遣，前往中国南京在金陵大学任教，直到1950年离开中国返美，前后整整三十年。其间曾一度赴美深造，1935年在耶鲁大学完成《公元前221—前88年的中国历史》的学术论文，并获得博士学位。

1936—1941年期间，他七次访问日本，作为教会代表利用当地资料研究亚洲现状、日本社会状况及其政府政策。抗日战争爆发后，他奉金陵大学之命返回南京，并以副校长的名义全面负责留守校产，在南京大屠杀期间做了大量保护与救济中国难民的工作。1946年7月，他出席了在东京远东军事法庭对日本战犯的审判。作为南京大屠杀的见证者，他以无可辩驳的亲身见闻与实地考察资料，证实并指控日军大肆烧杀淫掳的罪行，写作并出版了专著《南京大屠杀的历史见证》。1945年，他的著作《宗教自由：一份调查》一书用七种文字出版。贝德士不仅是一位传教士教育家，而且是一个受过良好训练的历史学家。他具有足够的洞察力去分析那些影响教会大学历史命运的中国社会和文化因素。

1951年12月28日，邓嗣禹在亚洲历史学会年会（AHA）上宣读论文，题为《欧美中国史中的基督教僭妄》（*Christian Assumption in Occidental Histories of China*）。贝德士此时已在纽约协和神学院任教，也应邀参加了此次年会，并按照会议主办者预先安排，担任会议的评论员。

评论员与论文作者之间出现分歧与争论本来是正常现象，而且听众往往对于激烈的争论可能更感兴趣。但是由于两人事先互不相识而产生误解，邓嗣禹会后颇为不悦，并在12月31日给贝德士写了一封措辞相当尖锐的信。两人之间的争论，反映出西方学者与中国学者在观察基督教在华传播历史方面的许多分歧，其根源多半在于历史文化背景的不同，各有自己的学术视角与理论诠释。尽管贝德士曾在中国任教三十年之久，邓嗣禹在美国生活也有十多年，但在评论西方学者撰写的中国史著作时仍有东西方之间的差别。

贝德士与邓嗣禹来往信札

1、邓嗣禹致贝德士　　　　　　　　1951年12月31日

亲爱的贝德士教授：

我于1951年11月15日给您写信说："我希望通过您好的评论获益良多"。您确实给我上了一课。

我虽然经常欢迎批评，但迄今未看到一个评论者对于主要发言人像您这样粗暴。您简直视我为宿敌。您认为我是反传教士工作，事实上我是教会学校的产物，极为尊重传教士的工作。不幸，我的文章没有空间可容列名颂扬教会办的学校、医院、平民教育，如此等等。

我不愿意在会上与您辩论，因为多少还记得圣经的训诫，当别人打你的左脸，你应该也迎上右脸。会后，有些朋友对我没有回击感到不解。我本想当晚拜望您，以便就若干要点交换意见，但被告知"贝德士已经离去"。

现在我略书数行作为回应。至于发言主题，我可以摘录William H. Dahan的信：

"亲爱的邓：

我不责怪你，由于未能理解你演讲的冗长的题目，我想也许这个题目更合适：《欧美中国史中的基督教僭妄》（*Christian Assumption in Occidental Histories of China*）。这意味着19世纪末与20世纪西方人（美国人与欧洲人）写的中国史著作中出现的偏见与歧视，而我认为你最好能涵盖早期耶稣会士与新教传教士。的确，这将使你的论文有点像过去共产党对待基督教的态度。不过

我希望你毫无顾虑地把这个题目作为西方史学对待中国的一个出发点，并做出具有活力的学术批评。"

我的论文就是循着这条路线准备的。

在12月29日，没有对有关台湾的论文有所反应，甚至没有涉及台湾的名称。评论者没有像你这样小题大做。我所能记得，是您评论中的许多论点都是错误的。您说我讨论的某些书不是历史，而您却强调赛珍珠的《大地》，难道《大地》是历史吗？

您说我未提到作为翻译家伟烈亚力（Wylie）的名字，他曾经把什么中文书翻译成英文，并且写过任何中国历史吗？难道我必须列举所有翻译家？

您说我评论格兰莱特的《中国文明》与其它仅涉及汉朝初始到终结的著作"缺乏平衡与比例"，是错误的，因为你认为一个作者完全有权力强调他所感兴趣的任何时期或阶段。难道如果有人写《美国文明史》而只限于殖民地时期也是公正的吗？如何你认为，一个作者完全有权力强调某个主题的任何侧面，为什么我就不能强调西方传教士与非传教士，基于基督教传统所写中国历史的态度如此歧视等等？

您说我只提及赖德烈教授书中的一个论点，而不顾及其余，难道需要我为它写个书评吗？有句话可以回答您的质询："关于赖德烈著作的其它论点，请看1946年 *Philobiblon* 的书评"。

您还情绪化地说，如果没有传教士受中国人欢迎，怎样看待李提摩太、林乐知等等？

以上是我想起来的几点。如果您的评论已经写出来了，我可以回应得更好一些。由于我不是基督教徒，所以匆匆给您写这封私人信件，以表达我的感情。希望您能抽出时间，就同一题目写出比我更好的文章，以便显示某些建设性的批评。

邓嗣禹

附言：您提到 A. H. Smith 的书和赛珍珠的《大地》的几种译本，可否请您提供若干有关这类译者的有关资料？

贝德士回信也很及时，尽管正逢新年节日，他1951年1日4日就写给邓嗣禹回信。贝德士此时刚在纽约安家不久，会议组织者事先为他提供的信息过于简单，加之原先他是第三评论人，而开会时由于第一评论人缺席，他便临时成为主要评论者，只能根据一张卡片上的"几行简要笔记"发言。但他未强调这些客观原因，回信时首先感到内疚。

2、贝德士致邓嗣禹（信函摘要）   1952年1月4日

亲爱的邓教授：

很抱歉，12月28日（上星期五）在会上引起您的不快，并且意识到我在态度与表情方面应更加谨慎。谢谢您坦率而友好的来信使我获得教益。原本打算周六与您再次会晤，但受阻于其他（它）会议而我又无法推脱。

我曾希望事先能够得到Dunham的信，它确实是通向有关西方中国史著作讨论的门户。但我收到的仅仅是已经宣布的题目，加上您的发言稿及评论人的名单——没有其它背景。

不过实质性的问题依然存在。就这个题目而言，恕我直言，就我或他人的意见，均想知道您是用什么作为评判诸种著作的基础观念（concepts）。不知意下如何？您是有意或无意、明确或模糊地使用"僭妄"一词。评判相关著作，必须首先限定该词的内涵，并

以此为标准贯彻始终。也许是处于人生迟暮之年，我试图朝这个方向充实自己，并且对这类问题特别感兴趣。

今年6月份我可能访问印第安纳波利斯（Indianapolis），如果成行则将到布鲁明顿（Bloominton，印大所在地）与您会晤，希望求教并消除任何遗留的误会。

……

然而，我不想为我的态度辩解，我只想让您确知我并无敌意，前此我曾在您有关太平天国的大作中获益匪浅，此后曾两次向他人推荐。还有您在《远东季刊》上发表的文章。我在纽约的同事相互评论对方的发言，完全无所拘束且不带任何私人感情——关心的是内容与形式，而不是此人来自何处；同时期待着评论的多样性，如果仅仅重复前面的发言，且必然乏味且无价值。我的错误在于，对于一个身在异国的华人的文章，发言如此没有人情味。我诚挚地为因此引起的不快请求宽恕。

您也许有意一阅教授索取的摘要，现随信附陈。

贝德士

贝德士将会议索要来的评论整理成文，随信寄给邓嗣禹以供全面了解，并答应在于1952年6月在印第安纳波利斯与邓嗣禹晤面，他"希望求教并消除任何遗留的误会"，"诚挚地为因此引起的不快请求宽恕"。

贝德士的这封回信语言真挚、用词恳切、和而不同，表现出一位受过良好教育的年长学者应有的大家风范。邓嗣禹对此也表示理解，并同意握手言和并消除误会，同时也对这位年长学者的学术品德心悦诚服，真可谓是"不打不相识"。

从1950年到1965年，贝德士一直在纽约协和神学院任宣教学教授。他是亚洲基督教高等教育理事会的理事，也是美国全国基督教协会中国专案部的成员。贝德士回国之后，与美国的中国学研究者始终保持着良好的关系，不仅与费正清、韦慕庭等著名学者始终密切合作，建立长期的通信来往关系，同时热心于帮助与扶掖年青学者。

贝德士退休后，一直到去世，都孜孜不倦地从事对于基督教20世纪在中国历史的研究。1965年他开始《基督徒在华奋进六十年，1890—1950》这一巨著的写作，迄至1978年秋病逝，他穷尽了十三个寒暑，为我们留下了一千种书刊、报纸的摘要和复印资料。这批宝贵资料，连同他生前细心保存的信件、日记，以及他已发表和未发表的文章手稿等各种文献，目前全部收藏于耶鲁大学神学院图书馆特藏室，统称为贝德士文献（*Bates papers*）。

（二）

在此后的若干年中，邓嗣禹一直希望再次拜见这位他敬重的学长。但不幸的是，这位著名的基督教学者在1978年就已去世。1982年4月，即贝德士寄出这封信三十年以后，以辛亥革命为主题的亚洲历史学会又一次在芝加哥召开。这时邓嗣禹已年近古稀，也正如贝德士自称"处于人生迟暮之年"，当他得知贝德士当年在金陵大学任教时的学生，国内研究基督教大学和辛亥革命方面的领军学者章开沅教授也将参加这次会议时，他特地前去拜会，并在深夜进行过一次促膝长谈。

此次年会最大的亮点，就是美国学者特意邀请两岸中国学者一起讨论辛亥革命。到会者非常踊跃，把当地棕榈宾馆最大的会场挤得满满的，连所有的阶梯都坐上了人，总数约有五至六百人之多。会议开得很成功，所以刚刚闭幕，还来不及回到寝室，章开沅就被以唐德刚为首的三十多位旅美华裔学者"绑架",一哄而上把他簇拥到附近的一间大房间,把酒言欢,畅所欲言,共同庆祝两岸中国学者首次共同讨论辛亥革命,并且引起举世瞩目的效应。

章开沅,著名历史学家、教育家,1946—1948年就读于金陵大学,师从贝德士教授。后长期执教华中师范大学,曾于1984—1990年任华中师范大学校长,是享誉国际的中国辛亥革命史研究会、华中师范大学历史研究所(现改名为中国近代史研究所)和中国教会大学史研究中心的创办人和领导人。作为改革开放后最早开展国际学术交流的中国学者之一,他先后应邀访问了东西方十几个国家和地区,并先后受聘担任耶鲁大学、普林斯顿大学、加州大学、香港中文大学和台湾政治大学及中央研究院近代史研究所等许多著名学术机构的研究教授或客座教授。

章开沅在辛亥革命史研究、中国教会大学史、南京大屠杀历史文献等研究领域都有开创性的学术贡献。有关贝德士文献研究在国际上享有盛誉,先后有一百多个国家或地区给予报道和评论。其论著主要有《辛亥革命史》、《辛亥革命与近代社会》、《开拓者的足迹——张謇传稿》、《从耶鲁到东京——为南京大屠杀取证》、《传播与植根——基督教与中西文化交流论集》等。

章开沅后来在他所出版的书和发表的文章中,介绍了他与邓嗣禹那天晚上长谈的场景与内容:

> 良宵苦短,不知不觉已近子夜,我正式准备告别回到自己的卧室,突然闯进一位个头较高的长者。他自报就是邓嗣禹,刚从新加坡乘飞机赶来,并且急急忙忙把我拉进他的房间,满面笑容地说:"我终于找到你了,你是金陵大学贝德士博士的学生,所以一定要请你喝酒"。其实两人的酒量不大,无非是一瓶啤酒。但是却摆满了东南亚风味的各种小吃。我现在已记不请谈话的内容,也没有提及30年前他与贝德士之间那场误会。我们之间除了畅谈祖国情

思外，他对未能见到一年前已故的业师贝德士，亦表示极大的同情与遗憾。当谈到贝德士业师时确实流露出真情实意令人敬佩。我与他告别时已逾凌晨两点，同行的五位中国大陆学者早已进入梦乡，只有我独自辗转反侧，一夜无眠。

这件事对于章开沅的促动很大，回国之后他便开始从事对于贝德士的研究工作。他在另一篇文章中记述道："我永远铭记那次难得的子夜长谈，两人一见如故，推心置腹，说不尽的乡情与治学之道。我非常感谢邓嗣禹的盛情接待与热心提携，同时也联想到自己至今仍沐浴在贝德士的遗爱之中，是他的学风与人品深深地影响了我的一生。"

其实，贝德士对章开沅的重要影响，并非是在他的生前而是在死后。1988年夏季，章开沅利用学术休假机会，前往耶鲁大学神学院图书馆查阅教会大学历史文献，无意之中突然发现贝德士博士的档案卷宗，其中竟然包含他保存完好的1937年12月至1941年有关日军在南京大屠杀罪行的大宗实录。正是透过这些充满血泪与悲愤的文献，章开沅才真正认识了自己的老师贝德士。同时，他还发现了贝德士与费正清、邓嗣禹等从事汉学研究的中美学者的大量往来信函，这为他日后从事贝德士文献研究奠定了良好的基础。依据这些资料，他先后完成了《传播与植根——基督教与中西文化交流论集》、《贝德士文献研究》等一系列著作和学术论文，也进一步了解到贝德士与邓嗣禹在六十年前的学术交往历史。

威廉·麦克尼尔：
奥巴马总统颁发过大奖的历史学家

  2010年3月2日，2009年度美国"国家人文科学奖"颁奖大会在白宫隆重举办。美国总统奥巴马亲自为威廉·麦克尼尔、菲利普·罗斯等十人颁发了国家人文勋章，以表彰他们"作为教师和学者，以及作者的非凡才能"，和在文史研究方面做出的卓越贡献。每年一度的美国人文科学奖章，授给那些在文学、历史、教育和公共政策方面有着杰出贡献的个人或团体。这是美国政府对于人文科学家所颁发的最高级别的综合性大奖。颁奖结束之后，奥巴马作为芝加哥大学曾经的法学院讲师，与麦克尼尔回忆起芝大岁月……

  威廉·麦克尼尔，美国当代著名历史学家，擅长宏观的世界史研究，是世界史研究的开创者。1947年获得康奈尔大学博士学位之后，曾长期执教于芝加哥大学历史系，从事世界史教学与研究工作，1961—1967年任历史系主任，1984年曾担任美国历史学会主席。至今，海内外翻译出版麦氏的著作已有十部之多，读者熟知的如《西方文明史纲》、《西方的兴起》、《人类之网》等。在此之前,他曾获美国国家图书大奖、伊拉斯谟奖等各类奖项。在他逝世时,芝加哥大学称他是与斯宾格勒、汤因比齐名的、美国最著名的历史学家。

早年史学思想的形成与发展

麦克尼尔曾经说过:了解历史学家的个人经历,对理解历史学家的作品来说非常重要。那么,就让我们首先走进他的童年与青年世界,探讨其家庭背景对于他早期思想形成与发展的影响。

1917年10月31日,威廉·麦克尼尔出生于加拿大的温哥华,他的父亲约翰·麦克尼尔也是一位著名历史学家,专门研究教会史。其母亲内特·哈迪是苏格兰后裔,是当时为数不多的受过高等教育的知识女性。麦克尼尔是长子,家中还有两个妹妹。他的父母笃信宗教、恪守传统,十分重视孩子们的教育,很早就开始教他们读书认字。每天晚上,父母都会花费一个小时左右的时间,为他们朗读各种书籍,包括苏格兰历史文学、各种小说、诗歌和《圣经》节选。母亲视这个长子为掌上明珠,对他的期望值很高。麦克尼尔曾经说,他从母亲那里继承了"粗枝大叶"、"流动性强"的思维特点,母亲的想象力和勇气也深深地影响了他。

麦克尼尔毕生追求和倡导反映大规模历史进程的世界历史,并且从小便具有审视历史的宏观视角。他在读小学时,就曾在一次与父亲的对话中,从比较分析的角度提出,英格兰和苏格兰的中世纪王国落后于法兰西王国,试图从不同的国别史中寻找共同现象。因此他在晚年的回忆录中说,他从一开始便寻求大规模范式,这在十岁之前就已显露出来。

在他的家庭环境中,对麦克尼尔更大的影响,则来自他的父亲约翰·麦克尼尔。老麦克尼尔1885年出生在加拿大爱德华王子岛的一个农场,自幼聪明好学,成绩优异。1920年,三十五岁的老麦克尼尔获得了芝加哥大学历史系博士学位。在加拿大的金斯敦任教两年之后,他赴多伦多的诺克斯学院讲授教会史,那是加拿大长老教会中最重要的神学院。1927年,老麦克尼尔进入到芝加哥大学,开始他在神学院长达十七年的教学生涯,讲授欧洲基督教历史。小麦克尼尔十岁时,随父母移民到了美国芝加哥,从此与芝加哥大学结下了不解之缘。移民的经历开阔了他的视野,也丰富了他的见识。

老麦克尼尔一生笔耕不缀,去世前一年还出版了他的新著《加尔文教派的历史和特征》。除了出版数本专著之外,他曾发表过90多篇论文,大约250多篇书评文章。并曾于1923年获得过亚当斯历史学奖;1935年担任美国教会历史协会主席;晚年还曾荣获古根海姆奖,并被杜克大学授予名誉博士学位。言传身教的作用,对于年青的麦克尼尔影响是巨大的。到了1970年代,由于麦克尼尔父子都是著名历史学家,威廉·麦克尼尔有时还会被误认为是他的父亲约翰·麦克尼尔。

纵观威廉·麦克尼尔的学术发展轨迹,其父亲至少在三个方面影响了他的一生。其一,他在潜移默化中培养了小麦克尼尔对于宏大历史模式的钟爱。小麦克尼尔很早就注意到,他父亲的著作研究的时段跨越了几个世纪,同时还跨越了国家和语言的疆界,他为此想当然地认为,所有历史学家都应该是这样;其二,父亲的"天下大同主义"的理念,也在一定程度上,促使小麦克尼尔日后也采用这种理念,来构建共生圈的思想;其三,父亲在处理基督教各教派之间差异的努力,也同时影响到小麦克尼尔在统一世界历史中,处理各文化之间差异所具有的信念,由此引发他对于差异性与同一性这对矛盾的思考。晚年时,他更加意识到自己对于世界历史的研究和父亲有多么的相近。

除了严父慈母的言传身教之外,在小麦克尼尔的童年记忆中,印象最深的还是他在多伦多的爱德华王子岛上,在其祖父农场里度过的暑假美好时光。他在那里体验了传统的农耕方式,认识到这是"人类历史在部分时间里,大多数人的现实状况",从而获得了对人类过去"更为务实"的看法。麦克尼尔日后在世界历史著作的写作中，十分重视对农业技术改良的偏爱，许多书评作者认为，可以从这段农场生活中找到他创作的源头。

芝加哥大学改革时期的影响

中学时代的麦克尼尔，是在芝加哥大学附属杜威实验中学度过的。这期间对他影响最大的事，就是1930年代初，芝大实验中学与芝大合作开展的教学改革。1933年升入中学毕业班的麦克尼尔，成为该项改革的首批受益者。当时，新上任的哈钦斯校长非常重视中学到大学期间的过渡，他主张将人文基础教育和影响提前到中学时期。该举措实际上是哈钦斯"芝大新计划"改革的一部分。

哈钦斯是美国著名的高等教育理论家与实践家。1929年，他出任芝加哥大学第五任校长时，年仅三十岁。在历任校长中，他是最年轻，也是任期最长的一位。因为年轻、英俊、善辩，哈钦斯很快成为美国教育界的风云人物，对于美国高等教育界产生过广泛和深远的影响。从1929年出任芝加哥大学校长，到1951年辞去校长职务，哈钦斯在这22年里，在通识教育、本科生学院的编制，学术自由的捍卫等方面，给芝加哥大学打上了深深的烙印。从1933年10月到1934年6月，麦克尼尔和其他几百名学生，每周三次在芝大校园，聆听历史系教授讲授人文基础课程，并与教授面对面地参加讨论课。这门概论课给他带来了巨大的启示，也促使他最终报考芝加哥大学历史系。

1934—1940年期间，在大学及硕士期间的麦克尼尔珍惜对于每一门课的学习机会，如饥似渴地吸收各种新知识。各种课程大大开阔了麦克尼尔的视野，但是更大的收获是来自课堂之外。芝加哥大学学术自由，思想开放，鼓励思考，提倡辩论，形形色色的学说在这里交织碰撞。在这里，麦克尼尔接触到马克思主义、亚里士多德学说、新托马斯主义等思想，养成了勤于思考的习惯和开放的心态。同时，他积极参加课外活动，并先后担任过学报的编辑和主编，在校园活动中非常活跃。大学四年级那年，他就被指定为"尖子生先锋"，这是芝加哥大学对于课堂内外成绩均出类拔萃者的一种荣誉称号。

1938年6月，他因为成绩优异而且外貌英俊，还曾作为《回声》杂志的年度人物，第一次登上了该杂志的封面。

1940年底，在康奈尔大学读博士的麦克尼尔，开始准备博士论文。但是，美国参加第二次世界大战中断了他的学业。1941年他被征召入伍，成了一名炮兵战士，先后在夏威夷、波多黎各和库拉索岛服役。1944年，麦克尼尔在莫斯利教授的推荐下，成了美国驻希腊大使馆的一名副武官，亲历了希腊内战，到1946年11月才以上尉军衔退伍。这段从军的经历开拓了麦克尼尔的视野，对他日后的职业生涯大有益处。他由此对于希腊的历史和现状产生了浓厚的兴趣，并成为希腊问题乃至整个巴尔干半岛局势的专家，出版了一系列有关希腊题材的作品，包括《希腊困境》（1947年），《希腊报告》（1948年）等四部著作，以及数十篇论文。在希腊期间，他还邂逅了未来的妻子伊莉莎白·达比希尔。他们的婚姻还为麦克尼尔日后结识汤因比，并继而受邀赴伦敦与汤因比合作著书埋下伏笔。

军队的生活历练，还使得麦克尼尔对于写作军事题材的书籍产生了浓厚的兴趣，他后来出版过《权力的竞逐》（1982年），《持续的团结：人类历史上的舞蹈与操练》（1995年）。

曾经与奥巴马、邓嗣禹同事

1947年秋，麦克尼尔回到母校芝加哥大学任教。最初他是在社科学部任讲师，受校长哈钦斯之命，开设了一门西方文明史课程，作为通识教育的新课程，来解决当时学生历史知识贫乏的问题。在哈钦斯任职期间，芝大最大的特征就是学术机构在不断进行调整和改革。1930年，芝大的三十九个系被调整为四个学部：生物科学部、人文科学部、自然科学部、社会科学部，与专业学院一起，构成了大学的基本框架。除此之外，还设立了一系列跨学科的部门，如东方研究院、阿尔贡国家实验室、耶基斯天文台等机构。

麦克尼尔所讲授的西方文明史课程，是为四年级学生开设的一门历史类通识教育课程。之所以把这门课设置在大学的最后一年，是希望它能够在为学生们提供历史知识的同时，帮助他们更清晰地理解在文学、科学和人文课程中学过的许多思想与大多数信息之间的联系。这门课程主要是阅读、选读材料，要求学生围绕材料进行课堂讨论。1949年，麦克尼尔编写了《西方文明史纲》一书，作为辅助教材。这本书成为了麦氏著作中最畅销的书。他在回忆录中记述道："这本《西方文明史纲》自此不断修订，最近一次是1986年。尽管该书的很多东西会不断被淘汰，但在我编著时每年仍然可销售几百本。"

2017年5—6月期间，笔者前往芝加哥大学做学术考察，专门拜访位于芝加哥大学内的56街上的司马特美术馆。

时间来到了1991年。

这一年，奥巴马在哈佛大学获得法学博士学位后，曾在芝加哥一家律师事务所短期工作，1993年应聘到芝加哥大学法学院任讲师。在从政前，他一直在芝加哥大学教授法律课程。1996年、1998年、2002年他曾先后三次当选伊利诺伊州州参议员。在2004年的国会选举中，奥巴马当选联邦参议员。在担任联邦参议员期间，他参与起草了有关控制常规武器的议案，推动加强公众监督联邦基金使用，并支持有关院外游说、选举欺诈、气候变化和核恐怖主义等问题的一系列议案。他还出访了东欧、中东和非洲的一些国家。

2010年，作为当时的美国总统，奥巴马在为麦克尼尔颁发"国家人文科学奖"之后会谈时，两人回忆起芝加哥大学的这一段经历，都感到十分激动。

相互握手之后，奥巴马说："九十年代，我在芝大任教时，就曾听说过您的大名。可惜我是教授法律课程的，如果我学历史专业，就可以拜您为老师，多出几本学术著作啦。"

麦克尼尔："哪里，哪里。法学院是培养政治家、总统的摇篮。克林顿、希拉里不都是学法律出身嘛。"

"但是，学法律专业也不一定都能当政治家呀。"

"所以，您才是我们芝加哥大学的骄傲。"

"老前辈，您过奖啦。我们来合一张留影吧。"

于是，一张珍贵的合影，记录着两人愉快的表情，也将这一镜头载入了历史。

前辈史学大师的机缘与影响

对麦克尼尔影响最大、最早，且最为直接的人类学家，无疑是罗伯特·雷德菲尔德(Robert Redfield, 1897—1958)。1936年，正在芝加哥大学读本科的麦克尼尔，偶然选修了时任社会科学部主任的人类学家雷德菲尔德在暑期开设的一门"俗民社会"课程，他为此深受启发，获益匪浅。他在晚年在回忆录中坦承，这门课对他来说是"最重要的一次思想激励"。罗伯特·雷德菲尔德是关注社会和变化的新社会人类学运动的主要理论缔造者之一，他的著作对20世纪30年代乃至60年代的社会学和人类学影响巨大。他的主要理论贡献是提出了俗民社会和都市社会的城乡连续统一体概念，以及后来提出的大传统、小传统的概念。雷德菲尔德还曾引导麦克尼尔接触了美国许多人类学家，并阅读他们的著作。

从麦克尼尔后来构建的独特世界史解释体系中，我们可以清楚地看到人类学理论对他的影响。他的世界史研究的显著特点在在于，他把文明之间的相互接触看作是世界历史前进的动力，认为只有通过不断接触，吸收其先进的技术、生产方式、思想观念等，文明才能保持进步。他吸收了雷德菲尔德等人的观点，强调边缘地区或者"野蛮地区"需要通过与文明程度更高的核心地区接触而取得进步。

雷德菲尔德不仅对于麦克尼尔产生过很大影响，而且还深受中国人类学家费孝通的崇拜。1944年8月，作为战时中国第一批六人访美学者之一的费孝通，在芝加哥大学访问、讲学期间，也曾聆听过雷氏的课程，并也深受启发，因此邀请他于1944年秋前往中国讲学。但由于当时正处于战争时期，中美交通不便，加上雷氏在旅途中身体不适，中途折返美国。但雷德菲尔德并没有放弃这项计划，1948年他再度出发，终于在清华园与费孝通二次握手。

在康奈尔大学读博士学位的第二年，麦克尼尔最大的收获就是阅读到汤因比的《历史研究》前三卷。汤因比(A. J. Toynbee, 1889—1975)是英国著名历史学家，他曾被誉为"近世以来最伟大的历史学家"。汤因比对历史有其独到的眼光，他的12册巨著《历史研究》讲述了世界各个主要民族的兴起与衰落，被誉为"现代学者最伟大的成就"。汤因比关注宏观大历史领域，与麦克尼尔有着相同的旨趣。但汤因比对历史循环的描述，远比麦克尼尔所能想象的更为细致入微，他的博学也让麦克尼尔深为折服。麦克尼尔为此感悟道："我的教育，在我快要完成博士学位的时候才刚刚开始。"

1947年3月，在其岳父的引荐下，麦克尼尔在岳父位于肯塔基州的家中，第一次见到了他盼望已久的汤因比。当时的汤因比在美国的声誉如日中天，但谈论时事和历史时表现得谦恭有礼，这让麦克尼尔如沐春风，深感荣幸。麦克尼尔的岳父罗伯特·达比希尔和汤因比是牛津大学本科时代的同窗好友。

在聚会时，汤因比曾问麦克尼尔："你为什么会对宏观大历史课题感兴趣呢？"

"我早年在读博士时,就曾拜读您写的《历史研究》前三卷。我是受到您的影响,才对这个方面极其有兴趣的,"麦克尼尔恭敬地回答道。

"要知道,研究宏观大历史,必须要有非常广博的知识层面。"

"我有足够的信心,希望在您的指导下开展这项工作。"

1950—1952年,在汤因比的邀请和关照下,年青的麦克尼尔赴伦敦工作了两年,撰写汤因比主编的《历史研究》中,关于二战期间国际关系回顾的一卷。

1954年,他曾一度因为担心不能在芝加哥大学历史系长期任教,有意到印第安纳大学谋求教职,将简历投递印大历史系。但是,接下来的好事是,他因为有与汤因比合作出版的书,赢得了芝加哥大学的终身教职,并于1955年晋升为历史学副教授。麦克尼尔后来在其回忆录中,回顾这段历史时感慨道:"这一邀请再次证明了,人际关系多么深刻地影响了我的事业生涯。"

麦克尼尔始终认为,汤因比的伟大之处,在于他"把历史意识拓展到了他之前历史学家从未想到的范围",这一点深深地影响到麦克尼尔。另外,汤因比打破了传统纵向历史编撰的局限,积极思考历史中的哲学和神学问题,这正是麦克尼尔当时也正在思考,但是没有突破的问题。也有一些学者认为,汤因比对于麦克尼尔,"这种影响是多重而深远的,既有史学观的启示、视野的拓展,也有方法论层面的影响"。麦克尼尔将人类学成果运用到历史研究中,从而开创了世界史写作的新时代。

1963年,麦克尼尔的《西方的兴起》一书出版时,汤因比欣然为此书撰写了书评,高度赞扬他的学术成就。自那以后,《西方的兴起》一书多次再版,在西方众多的史学著作、史学评论和史学史中常常被论及和引用。有人将麦克尼尔与斯宾格勒、汤因比并称为"20世纪对历史进行世界性解释的巨人"。有的人则认为《西方的兴起》开创了宏观历史社会学研究和当代历史比较分析论著的先河。麦克尼尔曾说过,如果有机会改写世界史，就应"将欧洲中世纪贵族之间的争吵放在历史舞台的边缘，而以公元1000年前后的中国作为论述的重心"。

1964年初，《西方的兴起》一书荣获美国"国家图书奖"。这年3月，由于该书出版后的影响，著名的《芝加哥大学杂志》第二次将麦克尼尔作为该杂志的封面人物。

1986年，为答谢汤因比的提携之恩，应汤因比家人的要求，麦克尼尔开始撰写汤因比的传记。三年后《阿德诺·汤因比一生》由牛津大学出版社出版。2016年7月8日，威廉·麦克尼尔在芝加哥逝世，享年98岁。芝加哥大学官网发布消息，称他为美国当代最著名的历史学家。

麦克尼尔成功背后的启示

自从20世纪六十年代开始，直到21世纪初，麦克尼尔在世界历史著述领域内的成就，持续散发出越来越耀眼的光芒。他本人以世界历史学家为毕生追求的目标，在多部作品中都表现出对于全球大统一世界的期盼。在这个过程中，他写作历史的视角也从西方、美国历史，开始拓展到更为广泛的人类历史。他早期著作中展现出的强烈意识形态倾向也逐渐弱化，从最初不经意地充当美国利益的代言人，变得越来越淡化政治色彩，摆脱西方中心论的模式，转向建立以人类为中心的体系的尝试。

麦克尼尔是一个善于反思自己的人，我们看到在他过去数十年的学术生涯中，一直都在不断地改变、修改自己的观点。他的自我批评总能够比其他学者的评论更为严厉，这些在其回忆录《追求真理》一书中，多处都有明显的体现。这种自我否定的态度，不得不令人相信：一位真正优秀的学者，其过人之处不只是在于他是否能比同行提出多少新观点,更在于他总是能够不断地超越自己。因而可以说,促使他进步与成功的关键因素,不是他与同行之间的优胜与否,更是因为在他心中,始终有一座真理的灯塔,一直在引领他研究的航向。

麦克尼尔在写作时,非常看重自己在撰述世界历史中采用的模式,并从一开始就贯穿着"科学"这一名词,这主要表现在以下两个层面:其一,将科学思想融入历史作品中的内容。如在《西方的兴起》一书中,他所讨论的是,科学如何能在欧洲特定的环境中得到发展,并最终帮助西方统治世界;其二,科学除了作为内容之外,科学思想也融入到麦克尼尔的历史学研究与著述之中。如《瘟疫与人》一书中,他着重强调猜想、假设与实证的科学方法,这与20世纪科学研究的逻辑相吻合;除此之外,他甚至将寄生物与保持生态平衡理论直接引入到世界历史的叙事模式之中,在《权力的竞逐》一书中确立起寄生模式,这正是将科学思想与历史学研究相结合的一种表现。

麦克尼尔一生锲而不舍,最终令众多历史学家接受了他的理念。宏观性历史题材的写作,在1980年以后逐渐成为历史学界一门新兴的分支学科,并越来越受到广泛的重视。他在研究中对于瘟疫、自然、环境等要素的关注,甚至给历史学家带来更多的启示,令他们开拓出了环境史、疾病史这些新兴的研究领域。当麦克尼尔功成名就,即将步入退休生活之时,作为美国历史协会的主席,他在任职演讲《神话—历史》中阐述的观点,表现出他对于历史认识的一次系统性的突破。他指出:不管永恒、普遍的真理作为一种理想是如何让人向往,它始终只是一个遥不可及的目标。

在我们认为麦克尼尔渐入老境,准备颐养天年之时,他又在其儿子的协助下,出版了新著《人类之网》,"编织了一部改进的、修改的、浓缩版的人类历史",将世界历史的写作推向又一个高峰。

麦克尼尔用他一生的心血告诉我们,积极吸纳其他学科的学术成从功的关键。麦氏正是在这种借鉴与整合之中,才不断保持了他的世界史研究的活力和魅力。

原文摘要发表于《中华读书报》,2017年1月18日,
题为"美国历史学家麦克尼尔的学术人生"

附

胡适出生地考证
——我为《辞海》提建议

《辞海》是中国目前最大的综合性辞典,从1936年初版到2009年第六版的发行,目前已成为我国当代一部以字带词,并兼有字典、语文词典和百科词典等多种功能为一体的大型综合性辞书,"对不对,查《辞海》!",这样的共识体现了它的权威性、美誉度与实用性。

但是《辞海》不是圣书,它的身上不可避免也会出现一些问题,这是编辑与出版工作的常理。随着2019年《辞海》第七版修订时间的临近,相信出版社领导和编辑们更希望看到,哪些内容是需要增加、修改和改进的建议。

由于我的父亲曾经是一名中学校长,所以在我们的家中,早在1980年代就收藏有全套新一版《辞海》分册。我的外公邓嗣禹是毕业于哈佛大学的历史学家,并长期担任费正清的合作者,20世纪40年代曾与胡适有长期交往。近年来因为工作与家族的关系，在研究留美汉学家时，我首先要从2009年出版的《辞海》最新版本中查找。但遗憾的是，这类人物在《辞海》中收录的极少。借此机会，我要也为《辞海》提建议。

文献类人物条目收释不足

建议扩大条目的收释范围，增加有海外留学经历，并长期在国外工作的著名汉学家与知名学者的条目。

近年，国内有许多研究海外中国学的学者，他们发表大量文章指出：在海外汉学研究与传播过程中，一批杰出的华裔学者担当了十分重要的角色。西方人了解中国历史和文化，大多也是通过直接阅读这些人的著作与译著开始的。他们的学术活动本身，就已经成为中国文化新生长点的精华部分；他们对于中国文化的理解，已经并将继续对于西方人认识中国文化发生重要的影响，是中国文化向西方传播的重要媒介。讲好他们的故事，也就是"讲好中国故事，传播好中国的声音"的一个重要方面。

这批学者包括：裘开明、邓嗣禹、萧公权、何炳棣、袁同礼、杨联陞、钱存训等一批出身于清华、燕京、北大等中国名校，后留学美国的著名中国史学家。他们在民国时期或应邀请，或出于师生关系，或以个人之间的学术友谊，以不同形式与此前曾到过中国访学、进修后返回美国的汉学家开展学术合作。

民国史学家与美国汉学家的合作成果，在美国汉学界乃至国际汉学界曾经获得了极高的赞誉。美国学者林德贝克曾就这批留居美国的中国学者，对于美国汉学之影响给予这样的评价，"作为既受过中国和西方学术训练，同时又具有在东西方两个世界从事研究和教学的这一代华人学者，他们不仅在美国的中文教学和传统中国学研究方面起着不可替代的作用，而且他们在将美国的中国研究提升到专业学术水平方面，亦占有独一无二的地位。"

林氏的评价恰如其分。这一时期的留美学者，他们把中国的文史著作与知识引入美国，使美国人更加深刻地领略到中国文化的高深。以至于费正清如是感慨道："我们在美国所从事的对中国的研究主要有两个依靠，其中之一是来自中国富有才干的学者"。

2015年3月，习近平总书记会见哈佛大学福斯特校长，2012年在哈佛大学演讲，以及1997年江泽民主席、2003年温家宝总理在哈佛大学演讲时，对于费正清先生的学术成就和致力于中美友好的贡献，都给予了很高的评价。但目前许多人只知道费正清是汉学泰斗，并不了解邓嗣禹作为他长期的助手与合作伙伴，对于费正清所产生的作用与影响。

如果能让习近平等党和国家领导人深入了解到这段历史，必将会进一步加强他们演讲的力度和效果，彰显中国作为具有悠久文明与历史的大国，在国际舞台上作用与地位。因此说，加大对于民国时期海外留美学者的宣传工作，也是一种配合党和国家的中心工作及重大活动，为党和国家领导人再次出访提供宣传依据，唱响主旋律，传播正能量的重要措施。

《辞海》作为中国目前最大的综合性辞典，理应有义不容辞的宣传义务。

人物条目释文与义项问题

释文的全面，义项的完整是衡量一部辞书水平高低的重要标准。《辞海》（第六版）尚存在一些瑕疵。基于篇幅所限，现以"胡适"条目为例说明（彩图本第六版，第915页）：

胡适是中国近现代思想、文化史上影响深远的人物。他曾是中国新文化运动的先驱，早年因提倡文学革命而成为新文化运动的领袖之一。1954年10月到1955年春，中国大陆展开对胡适思想大批判运动。但是，在"五四运动"之后的三十多年中，胡适的思想在中国学术界产生过很大影响。《辞海》在释文的全面，义项的完整方面有待提高。

首先，人物的定位不够准确："中国学者"，应改为"中国留美学者"。

其次，人物出生地没有明确。大凡国人，对于名人的出生地都是相当重视的。在"百度百科"词目中，关于"胡适"的记载："出生地：上海浦东川沙"。这样的结论不是十分准确的。

胡适先生在其早年出版的自传《四十自述》一书中曾记载道："我生在光绪十一年十一月十七日（即1891年12月17日），那时候我家寄住在上海大东门外。我生后两个月，我父亲被台湾巡抚邵友谦奏调往台湾；江苏巡抚奏请免调，没有效果。我父亲于十八年二月底到台湾，我母亲和我搬到川沙住了一年"。胡适在《四十自述》中，提到的"上海大东门外"，属于今天上海黄浦区管辖地，但是具体地理概念比较模糊。

季维龙是原华东师大图书馆研究员，曾长期从事胡适研究，他在《胡适在沪的出生地》一文中明确指出："道光十八年开设的程裕新茶叶栈是胡适的出生地，其位置在里咸瓜街南段，门牌为251号。这是一幢正两层、假3层楼房，往南五十多米，即是大东门外大街（又名"大码头街"，笔者注：现为复兴东路东段），往北紧挨盐码头街，东边是里咸瓜街（笔者注：疑笔误，应为外咸瓜街），西边是护城河（1912年至1914年拆城填河，筑成半环型的中华路）。"

归纳以上所述，《辞海》应该增补："胡适出生于上海黄浦区，祖籍为安徽绩西县上庄镇。"

第三，原名与学名混淆。胡适原名为嗣穈，洪骍是其学名。

第四，任职时间应该具体说明，还需要补充完整。

第五，著作排列顺序不客观，与实际出版年代顺序有出入。

第六，人物去世年代与原因，要有所交待。

笔者收集、筛选并整合前人关于胡适生平的最新研究成果，对于《辞海》【胡适】条目逐字逐句进行斟酌之后，现归纳、修订如下：

> 胡适（1891-1962），中国留美学者，著名学者、诗人，原名嗣穈，学名洪骍，字希疆，后改名胡适，字适之。出生于上海黄浦区，原籍为安徽省绩溪县上庄村（现为上庄镇）。他以倡导"白话文"，领导新文化运动著文于世。幼年在家乡私塾读书，思想上深受程朱理学影响。1910年去美国求学，先后就读于康奈尔大学与哥伦比亚大学，师从著名哲学家约翰·杜威，1917年夏回国，受聘为北京大学教授。1918年加入《新青年》编辑部，发表新诗集《尝试集》，成为新文化运动的著名人物。他大力提倡白话文，宣传个性解放、思想自由，与陈独秀、李大钊、鲁迅等同为新文化运动的领袖人物。他提出"多研究些问题，少谈些主义"，倡导"大胆假设，小心求证"的研究方法，影响颇大。他于1920年代办《努力周报》，1930年代办《独立评论》，都属政治性刊物。1938～1942年出任国民政府驻美大使，代表国民政府签订了《中美互助条约》。1942年任行政院最高政治顾问。1946～1948年任北京大学校长。1949年去美国。1950-1952年应聘担任普林斯顿大学葛斯德东方图书馆馆长。1958年返台湾，任"中央研究院"院长，1962年在台北病逝。著有《中国哲学史大纲》（上卷）、《胡适文存》（四集）、《白话文学史》（上卷）、《四十自述》等。论著汇编有《胡适全集》。

此条目沿用了《辞海》中可征信的论述，同时也补充了胡适本人提供的史料，以及学者们的最新研究成果。相信《辞海》第七版的出版，会有一个全新的面貌呈现给读者。

原文收录于《我心目中的辞海》一书，并获得征文大赛三等奖

后 记

这本历史随笔文集，经过近两个月的选编、整理，现在终于可以出版了。

文集中选编的文章，写作于2012年末至2018年初，绝大多数已经在海内外期刊、报纸上摘要发表过，以国内的《中华读书报》和台湾的《传记文学》为多。其中一些文章还曾多次被中国社会科学院、复旦大学、中国语言大学、中国作家网、人民网等国内多家著名媒体收录，也有的被其它报刊和期刊等纸制媒体多次转载，说明这些文章曾经受到许多高校、研究单位、出版机构和读者的欢迎与喜爱。

值得欣慰是，近年我看到在国内几所著名大学，海外汉学研究中心研究人员出版的学术专著中，都曾引用过我对于恒慕义、邓嗣禹、裘开明等人的研究文章。这说明我的这些文章，已经对于海外中国学研究起到一定推动与促进作用。

相比于写作严肃的学术论文而言，我更倾向采用纪实文学、散文的体裁，以轻松的笔调，来揭示一些历史事件，以及对于海外名人、中国留美学者交往的描述。由于这一类文章的特点更加"大众化",因此也就有更多的学者和普通读者在关注。

此次,感谢刘雁总编的策划和推动,使我有机会出版这本随笔文集,同时还她还提出一些很好的建议,为提升本书质量尽心尽责。在本书即将出版之际,我向美国壹嘉出版公司的其他编辑、美编人员一并表示谢意。

最后需要说明的一点,本书所收入的文章,之前均为单独成篇发表。文章中时有"今年""至今"等时间概念,均系原文撰写与发表的时间;个别文章中的论说与引征,以及对于外公邓嗣禹的介绍,不免有重复之处,敬希读者谅解。至于书中存在的个别缺点、错误,恳请并欢迎读者批评、指正。作者邮箱:pengjing62917@sina.com。

彭靖 谨记

2018年7月29日

www.ingramcontent.com/pod-product-compliance
Lightning Source LLC
Chambersburg PA
CBHW020137130526
44591CB00030B/70